GÜTERSLOHER
VERLAGSHAUS

Gütersloher Verlagshaus. Dem Leben vertrauen

Stephan Marks

DIE WÜRDE DES MENSCHEN

oder: Der blinde Fleck in unserer Gesellschaft

Gütersloher Verlagshaus

Bibliografische Information der Deutschen Nationalbibliothek
Die Deutsche Nationalbibliothek verzeichnet diese Publikation in der Deutschen Nationalbibliografie; detaillierte bibliografische Daten sind im Internet über http://dnb.d-nb.de abrufbar.

FSC
Mix
Produktgruppe aus vorbildlich bewirtschafteten Wäldern und anderen kontrollierten Herkünften
Zert.-Nr. GFA-COC-001278
www.fsc.org
© 1996 Forest Stewardship Council

Verlagsgruppe Random House FSC-DEU-0100
Das für dieses Buch verwendete FSC-zertifizierte Papier *Munken Premium Cream* liefert Arctic Paper Munkedals AB, Schweden.

1. Auflage

Umschlagmotiv: fotolia
Satz: Satz!zeichen, Landesbergen
Druck und Einband: CPI – Ebner & Spiegel, Ulm
Printed in Germany
ISBN 978-3-579-06755-1

www.gtvh.de

INHALT

EINLEITUNG: EIN PROBLEM WIRD ENTSORGT

Bastian B. ist schmächtig und schüchtern. Von Mitschülern wird er seit der 7. Klasse als »Hurensohn« verhöhnt. Dann flüchtet der verschüchterte Junge unter die Eingangstreppe der Geschwister-Scholl-Realschule, voller Angst, Ohmacht, Scham und Wut im Bauch. In der 8. Klasse wird er von mehreren halbstarken Jungen auf dem Pausenhof mit einem glühenden Schlüssel gequält. Seinem Tagebuch vertraut er seine abgrundtiefen Ängste an, die sich allmählich in Hass verwandeln:

»Wenn ich einen von den Arschlöchern sehe, bin ich wie gelähmt. Ich laufe die Straße entlang und sehe welche von der Sorte, Jugendliche, HipHopper, Feinde, und ich bekomme wahnsinnige Angst.«

Wenn er angesprochen wird, kann er gar nicht mehr klar denken. Seine Pubertät erlebt Bastian als einzige Kränkung und Ausgrenzung, zumal er zweimal sitzen bleibt. Umso mehr zieht er sich in seine Scheinwelt zurück: gewalttätige Computerspiele. Wegen seines schwarzen Trenchcoats wird Bastian von Mitschülern als »Psycho« verspottet. Nach außen hin wirkt er so, als ob solche abfälligen Bemerkungen eiskalt an ihm abprallen, während sich »jede noch so kleine abfällige Bemerkung in sein Gedächtnis einbrannte« (Deggerich 2006, 37).

Im Juni 2006 schließt er die 10. Klasse ab und verlässt die Schule. Später notiert er in seinem Tagebuch:

»Stell dir vor, du stehst in deiner alten Schule, stell dir vor, der Trenchcoat verdeckt all deine Werkzeuge der Gerechtigkeit, und dann wirfst du den ersten Molotowcocktail, die erste Bombe. Du schickst deinen meist gehassten Ort zur Hölle!«

Auf seiner Internet-Seite veröffentlicht er einen Brief, in dem er unter anderem schreibt: »Das einzige, was ich intensiv in der Schule beigebracht bekommen habe, war, dass ich ein Verlierer bin. (…) Man musste das neueste Handy haben, die neuesten Klamotten und die richtigen ›Freunde‹. Hat man eines davon nicht, ist man es nicht wert, beachtet zu werden. Und diese Menschen nennt man Jocks. Jocks sind alle, die meinen, aufgrund von teuren Klamotten oder schönen Mädchen an der Seite über anderen zu stehen. Ich verabscheue diese Menschen, nein, ich verabscheue Menschen. (…)

Ihr habt diese Schlacht begonnen, nicht ich. Meine Handlungen sind ein Resultat eurer Welt, eine Welt, die mich nicht sein lassen will, wie ich bin. Ihr habt euch über mich lustig gemacht, dasselbe habe ich nun mit euch getan, ich hatte nur einen ganz anderen Humor!

Von 1994 bis 2003/2004 war es auch mein Bestreben, Freunde zu haben, Spaß zu haben. Als ich dann 1998 auf die GSS kam, fing es an mit den Statussymbolen, Kleidung, Freunde, Handy usw. Dann bin ich wach geworden. Mir wurde bewusst, dass ich mein Leben lang der Dumme für andere war, und man sich über mich lustig machte. Und ich habe mir Rache geschworen! (…)

Ich will meinen Teil zur Revolution der Ausgestoßenen beitragen!

Ich will R A C H E !

Ich habe darüber nachgedacht, dass die meisten der Schüler, die mich gedemütigt haben, schon von der GSS abgegangen sind. Dazu habe ich zwei Dinge zu sagen:

1. Ich ging nicht nur in eine Klasse, nein, ich ging auf

die ganze Schule. Die Menschen, die sich auf der Schule befinden, sind in keinem Falle unschuldig! Niemand ist das! In deren Köpfen läuft dasselbe Programm, welches auch bei den früheren Jahrgängen lief! Ich bin der Virus, der diese Programme zerstören will, es ist völlig irrelevant, wo ich da anfange.
2. Ein Großteil meiner Rache wird sich auf das Lehrpersonal richten, denn das sind Menschen, die gegen meinen Willen in mein Leben eingegriffen haben und geholfen haben mich dahin zu stellen, wo ich jetzt stehe; Auf dem Schlachtfeld! Diese Lehrer befinden sich so gut wie alle noch auf dieser verdammten Schule! (...)
Seit meinem 6. Lebensjahr wurde ich von euch allen verarscht! Nun müsst ihr dafür bezahlen! (...) Ich bin weg ...«

(B. 2006, Rechtschreibung wurde redaktionell angepasst)

Bald danach, am Morgen des 20. November 2006, verlässt der gerade 18 Jahre alt gewordene Bastian B. sein gutbürgerliches Elternhaus am Stadtrand von Emsdetten, um ein letztes Mal zum Mittelpunkt seiner Demütigungen zurückzukehren. Er ist ganz in Schwarz gekleidet und bewaffnet mit Sprengkörpern und drei Schusswaffen. Auf dem Schulhof zündet er eine selbst hergestellte Rohrbombe und einen Rauchkörper. Scheinbar wahllos schießt er auf entgegenkommende Schülerinnen und Schüler; wegen der Pause halten sich zu diesem Zeitpunkt viele Schüler und Lehrer im Freien auf. Mit einer Gasbombe verletzt er eine schwangere Lehrerin im Gesicht. Den Hausmeister schießt er in den Bauch. Durch den Haupteingang betritt er anschließend das Schulgebäude; in der Aula feuert er auf eine Schülergruppe und verletzt dadurch einen weiteren Schüler schwer. Im Treppenhaus schießt er auf weitere Schüler und verwundet zwei Mädchen. Er zündet weitere Sprengkörper; durch die starke Rauchentwicklung werden weitere Personen verletzt. Im oberen Flur des Schulgebäudes tötet sich Bastian anschließend mit einem Schuss in den Mund. Bastians Schreckenstat hinterließ 37, zum Teil Schwerverletzte.

Später, im Rückblick, beschreiben seine ehemaligen Mitschüler Bastian als verschlossen. Sie sagen: »Er sprach kaum mit jemandem, stand immer allein auf dem Schulhof rum. Es war nicht so, dass er mit Absicht ausgegrenzt wurde. Mir schien immer, er lege auch gar keinen Wert darauf.« Bastian sei nicht mehr ernst genommen worden: »Er spielte eine Rolle und machte sich dabei oft genug lächerlich.« Ein Lehrer erinnert sich an Bastians Schulabschluss: »Wir dachten, jetzt sind wir den endlich los« (Deggerich 2006, 37, 3).
Für den Oberstaatsanwalt Wolfgang Schweer wurde die Tat durch »allgemeinen Lebensfrust« ausgelöst. *Der Spiegel* schildert Bastian als jemanden, der »nach Aufmerksamkeit gierte«. Das Nachrichtenmagazin glaubt zu wissen: »Sebastian B. war ein Außenseiter – und gefiel sich in dieser Rolle.« Einige Monate später ist im *Spiegel* nur noch von Bastians »vermeintlichen Demütigungen« die Rede. Damit wurde das Problem Schritt für Schritt entsorgt: Der »Psychofreak«, so noch einmal *Der Spiegel*, habe sich die Demütigungen eben nur eingebildet, zumal er ja eine krankhafte »Gier nach Aufmerksamkeit« gehabt habe. Auch nach Meinung des *Focus* lag das Problem ganz bei Bastian: Er sei eben »unfähig« gewesen, »Niederlagen zu verkraften« und habe sich »als ewiger Verlierer« gefühlt.

Regelmäßig lösen Amokläufe ein großes Rätselraten aus, so auch im *Spiegel*: »Warum? Diese Frage stellen sich Lehrer und Mitschüler, stellt sich die Gesellschaft nach jedem Amoklauf.

Nach Erfurt. Nach Emsdetten. Nach Winnenden. Aber meistens gibt es auf diese Frage keine Antwort« (Kaiser 2010, 44). Eine Antwort hatte Bastian durchaus gegeben – sie wurde nicht zur Kenntnis genommen.

»Nicht der Mörder, der Ermordete ist schuldig«, so schrieb Franz Werfel 1920. Die deutsche Sprache verfügt über ein reichhaltiges Arsenal an Formulierungen, mit denen Ursache und Wirkung umgedreht und dem Opfer die Schuld angelastet wird, etwa von Missachtung, Folter, Mobbing oder auch Vergewaltigungen: »zu empfindlich«, »überempfindlich«, »Weichei«, »emotional nicht belastbar« oder »sie war aber auch aufreizend angezogen!«.

Aus diesem Arsenal bedienten sich viele der Kommentatoren in den Wochen nach Bastians Amoklauf. Binnen kurzer Zeit wurde so ein grundlegendes Problem deutscher Schulen aus dem Bewusstsein gedrängt. Ähnliches ist auch nach anderen Amokläufen zu beobachten: Nach wenigen Tagen wird nur noch über Randphänomene debattiert wie Waffengesetze, Computerspiele oder Alarmknöpfe. Auf diese Weise wird ein Problem entsorgt, das von Bastian klar benannt worden war:

Die Tatsache nämlich, dass Schulen in Deutschland für viele Kinder und Jugendlichen, aber auch viele Lehrer »Orte des Grauens« sind, wie der Mediziner und Lehrerfortbildner Joachim Bauer schreibt. Für die Lehrer: weil sie in Deutschland, wie kaum eine andere Berufsgruppe, öffentlich entwürdigt werden – von vielen Politikern, Medien, aber auch Eltern und Schülern. Für viele Schüler: weil sie sich im Unterricht häufig missachtet oder bloßgestellt fühlen. Annedore Prengel und Friederike Heinzel (2003, 18) schätzen, dass dies in jedem dritten oder vierten Klassenzimmer geschieht. Eine Befragung von Volker Krumm und Kirstin Eckstein kommt zum Ergebnis, dass etwa 17 Prozent der befragten Schüler durch

Lehrer gemobbt wurden.[1] Bei einer Befragung des Kriminologischen Forschungsinstituts Niedersachsen gaben mehr als ein Viertel der Schüler an, von Lehrern lächerlich gemacht worden zu sein (Irle 2010, 12). Noch kaum abzusehen ist die Zahl derjenigen Schülerinnen und Schüler, die von Lehrern auch sexuell missbraucht wurden.

Beim Mobbing[2] untereinander sind deutsche Schüler Weltspitze; verschiedene Untersuchungen kommen zum Ergebnis, das jeder dritte bis siebte Schüler gemobbt wird (Deggerich 2006, 39; Jeder 2005, 9). Es ist kaum verwunderlich, dass sich diese unerträgliche Situation immer wieder in Gewalt (wie sie zum Beispiel an der Berliner Rütli-Schule bekannt wurde) entlädt und in Extremfällen in Amokläufen:

- Am 9. November 1999 stürmt im sächsischen Meißen ein 15-jähriger Schüler maskiert in das Klassenzimmer der 9. Klasse des Gymnasiums Franziskaneum, geht mit zwei Messern auf eine Lehrerin los und sticht 22 Mal zu. Die 44-Jährige kann sich noch auf den Flur schleppen, stirbt dort. Der Schüler wird nach kurzer Flucht gestellt.
- Am 16. März 2000 schießt ein 16-jähriger Schüler in Brannenburg (Bayern) den Leiter des Realschulinternats in den Kopf und fügt sich dann selbst schwere Verletzungen zu. Das

••••••

1. Schriftliche Befragung von 3.000 deutschen, österreichischen und schweizerischen Studierenden, vgl. Krumm & Eckstein 2001, 8f.; vgl. Krumm & Weiß 2000.
2. Das Bundesarbeitsgericht hat in seiner Entscheidung vom 15.1.1997 (BAGE 85, 56 [58]) Mobbing definiert als »das systematische Anfeinden, Schikanieren oder Diskriminieren von Arbeitnehmern untereinander oder durch Vorgesetzte.« Die herrschenden Mobbing-Definitionen sind m. E. zu grob; sie übersehen, dass schon wenige Handlungen traumatisierend wirken können und stets Auswirkungen auf das ganze Team bzw. die ganze Schulklasse haben.

57-jährige Opfer der Straftat stirbt sechs Tage später. Der Täter war am Vortag von der Schule verwiesen worden.

- Am 19. Februar 2002 stürmt ein 22-Jähriger mit zwei Pistolen, drei Rohrbomben und einer Handgranate an seinen früheren Arbeitsplatz in Eiching bei München und erschießt zwei ehemalige Vorgesetzte. Anschließend fährt er im Taxi zu seiner früheren Wirtschaftsschule in Freising, tötet den Rektor mit einem Kopfschuss und verletzt mehrere Lehrer. Wenig später wird der Mann mit einem Kopfschuss in einem Raum der Schule gefunden.
- Am 26. April 2002 richtet ein Ex-Schüler in einem Gymnasium in Erfurt ein beispielloses Blutbad an. Schwarz vermummt und schwer bewaffnet zieht der 19-Jährige durch das Gebäude und erschießt 16 Menschen – acht Lehrerinnen, vier Lehrer, eine Schülerin, einen Schüler, die Sekretärin und einen Polizisten. Dann tötet er sich selbst. Der 19-jährige Schütze war zuvor von der Schule verwiesen worden.
- Am 2. Juli 2003 schießt ein 16-jähriger Realschüler im fränkischen Coburg während des Unterrichts auf seine Klassenlehrerin und verletzt anschließend eine Schulpsychologin. Danach tötet sich der Jugendliche.
- Am 12. März 2009 erschießt ein 17-jähriger Junge an seiner früheren Realschule in Winnenden acht Schülerinnen, einen Schüler und drei Lehrerinnen. Auf seiner Flucht bringt er drei weitere Menschen um, ehe er sich selbst erschießt.
- Am 17. September 2009 verschafft sich in Ansbach ein 18-jähriger Gymnasiast mit einer Axt Zugang in seiner Schule und bringt zwei Molotowcocktails zur Explosion. Acht Schüler und ein Lehrer werden verletzt. Die Oberstaatsanwältin Gudrun Lehnberger kommt zum Ergebnis, dass der Täter sich ausgegrenzt und nicht anerkannt gefühlt habe. In seinem Tagebuch schildert er, wie er während einer Klassenfahrt im Bus verprügelt wurde und niemand ihm beigestanden habe.

- Am 18. Februar 2010 dringt ein 23-Jähriger in seine ehemalige Berufsschule in Ludwigshafen ein und verletzt einen Lehrer mit dem Messer tödlich. Im Hauptgebäude gibt er mehrere Schüsse ab und entzündet im ersten Stock ein Feuer.

Von einigen Psychologen wird der Zusammenhang zwischen schulischen Kränkungen und Amokläufen durchaus benannt (Koch 2007); diese Überlegungen spielen aber in den politischen Konsequenzen auf die Amoktaten bisher so gut wie keine Rolle. Auch das mäßige Abschneiden deutscher Schüler in internationalen Vergleichen (wie z. B. PISA) hätte Anlass werden können, über die andauernde Misere des deutschen Schulsystems nachzudenken: Wie könnte Lehren und Lernen gelingen, solange die Schule für so viele der Beteiligten ein Ort der Entwürdigung ist? Nach wie vor werden jedoch die grundlegenden Probleme unserer Schulen weder thematisiert noch korrigiert:
Anstatt die Verletzungen der Würde von Schülern und Lehrern zu benennen, wird seit Jahren weitgehend nur über Zahlen, Ausstattungen, Lehrpläne und andere Randphänomene debattiert. Dabei bleibt schleierhaft, weshalb die Umstellung des Schulbetriebs auf Ganztagsschulen eine Lösung darstellen soll: Für die vielen Schüler, die die Schule als einen Ort des Grauens erleben, wird das Grauen dadurch nur noch verlängert. Ebenso schleierhaft ist, weshalb »Milliarden für die Bildung« (wie die Presse am 18. 12. 2009 ankündigte) die deutsche Schule retten könnten – solange unklar bleibt, wofür diese Gelder ausgegeben werden sollen: für ein besser finanziertes Grauen? Solange die zugrunde liegenden Probleme überhaupt nicht thematisiert werden, solange sind die Verlängerung der deutschen Schulmisere und weitere Gewalttaten vorprogrammiert.

Missachtungen der Würde sind auch in vielen anderen Bereichen unserer Gesellschaft zu beobachten. Zwar ist in den vergangenen Jahren vieles freundlicher geworden. Das Grundgesetz betont gleich in Artikel 1 die Unantastbarkeit der Menschenwürde. Dieser Artikel ist großartig. Tatsächlich aber *wird* die Würde von Menschen in Deutschland tagtäglich verletzt. Etwa im Straßenverkehr, mit den allgegenwärtigen Gesten der Verachtung. Eine französische Journalistin schrieb einmal: Wir nehmen den Deutschen nicht übel *dass*, sondern *wie* sie Mercedes fahren. Missachtungen gehören so sehr zu unserer Kultur, dass wir diese oft gar nicht bemerken. Etwa wenn alte Menschen mit Schrott verglichen werden, wie dies der damalige Bundesinnenminister Otto Schily tat – ohne dass dies von der öffentlichen Meinung kritisiert worden wäre. Wenn Arbeitslose als faule Schmarotzer und »Wohlstandsmüll« verachtet werden, wie dies durch die Hartz-IV-Gesetze suggeriert und durch viele Medien, große Teile der Öffentlichkeit und Politiker (aktuell: Guido Westerwelle) verbreitet wird. Wenn Ostdeutsche von Westdeutschen als zurückgebliebene »Ossies« verachtet werden. Oder wenn der damalige Bundesfinanzminister Peer Steinbrück die Schweiz mit Ouagadougou vergleicht.

Viele Menschen scheinen kein Bewusstsein dafür zu haben, wie sie durch ihr Verhalten die Würde anderer Menschen verletzen. Etwa der Vorgesetzter, der einen zynischen Witz auf Kosten eines Mitarbeiters macht und, darauf angesprochen, nur lachend abwinkt: »War doch nur ein Scherz, nicht so gemeint, nichts für ungut.« Der Hochschullehrer, der hinter den Kulissen die Arbeit eines Kollegen sabotiert. Oder die Hausfrau, die ungeprüft rufschädigende Gerüchte über Nachbarn aufnimmt und weiterverbreitet: Sie alle würden entrüstet von sich weisen, dass sie sich an Mobbing beteiligen.

Darum dieses Buch: Sein erstes Anliegen ist es, auf einen spezifischen blinden Fleck in der deutschen Gesellschaft aufmerksam zu machen. Ich möchte zeigen, dass viele unserer zwischenmenschlichen Beziehungen – gerade auch in Schule und Arbeitswelt – durch Verletzungen der Würde vergiftet werden.

Um diese Verletzungen ins Bewusstsein zu rufen, ist das vorliegende Buch unvermeidbar einseitig und unausgewogen. Indem ich zum Beispiel missachtende Kommunikation in der Schule benenne, soll nicht geleugnet werden, dass es viele Klassenzimmer gibt, in denen mit Wertschätzung und Freude gelernt wird.

Indem ich mich auf die deutsche Gesellschaft konzentriere, soll nicht behauptet werden, dass die Würde allein in unserem Land missachtet wird. Der Hinweis auf Würde-Verletzungen in anderen Ländern würde jedoch nichts an den Missachtungen ändern, die bei uns geschehen. Allerdings haben Entwürdigungen in unserer Gesellschaft ihre Wurzeln in unserer Geschichte (dies wird in Kapitel 2 ausgeführt). Sie werden wesentlich durch unsere Erziehung, Schulen, Hochschulen und berufliche Ausbildung sowie unsere politisch-wirtschaftlichen Strukturen und Haltungen weitergegeben. Für diese sind wir, die Bundesbürger, in erster Linie verantwortlich, und diese können wir verändern. Demgegenüber sind unsere Möglichkeiten, Strukturen und Verhaltensweisen in anderen Ländern zu verändern, vergleichsweise gering.

Man könnte auch einwenden, dass die Würde von Menschen früher noch viel verbreiteter verletzt wurde; vor allem im Nationalsozialismus, aber auch in den vorangegangenen Jahrhunderten. Dies ändert freilich nichts daran, dass es sinnvoll und an der Zeit ist, die *heutigen* Verletzungen zu thematisieren und abzubauen. Solche Verhaltensweisen lösen sich ja nicht von allein in Luft auf (im Gegenteil, sie tradieren sich

über viele Jahrhunderte weiter) jedenfalls nicht, solange wir kein Bewusstsein dafür entwickeln.
Dies ist das zweite Anliegen des vorliegenden Buches: Ich möchte Wege aufzeigen, wie wir zu einem Menschen-würdigenden Miteinander kommen können. Dazu wird zunächst der Begriff der Menschenwürde vorgestellt und diskutiert. Dieser wird von vielen Bundesbürgern als wichtiges, aber »abgehobenes« Ideal empfunden. Solange Würde jedoch mit den Alltagserfahrungen der Bürger wenig verbunden ist, solange wird ein großer Teil ihrer Wirkkraft verschenkt. Daher wird (in Kapitel 1) die Menschenwürde aus psychologischer Sicht konkretisiert und mit Leben gefüllt. Dabei ist es mir wichtig, den Bezug zu unserem Alltag herzustellen – ohne Anspruch, damit alle Aspekte und Anwendungsbereiche der Menschenwürde umfassend auszuloten.
Im zweiten Teil des Buches wird ausgeführt, was Menschenwürde für die Beziehung mit sich selbst und für die Arbeit mit Menschen bedeutet und wie sie verwirklicht werden kann; dies wird an verschiedenen Berufsfeldern aufgezeigt. Wichtig sind dabei auch die strukturellen und gesellschaftlichen Bedingungen, in denen Menschen mit Menschen arbeiten. In meinen zahlreichen Seminaren mit Berufstätigen verschiedener pädagogischer und psychosozialer Arbeitsfelder mache ich wiederholt die erschütternde Erfahrung, dass viele Berufstätige sich menschenwürdige Institutionen schlichtweg nicht vorstellen können. Auf die Frage: »Welche strukturellen Bedingungen brauchen Sie, damit Ihre Würde und die Ihrer Patienten gewahrt ist?«, antworten beispielsweise nicht wenige Pflegekräfte zunächst mit dem Ausruf: »So etwas wäre doch völlig utopisch!« Viele Lehrer, Eltern und bildungspolitisch Interessierte reagieren mit erstauntem Unglauben auf die Information, dass an kanadischen Schulen größten Wert auf ein respektvolles Lernklima gelegt wird.

Die deutsche Gesellschaft und insbesondere ihre Pädagogik scheint mir in folgendem Teufelskreis verfangen: Weil viele Deutsche in ihrer eigenen Schulzeit mit Entwürdigungen unterrichtet wurden, können sie sich eine nicht-entwürdigende Schule – und eine entsprechende Arbeitswelt – oft nicht vorstellen. Dies hat zur Folge, dass erfahrene Entwürdigungen häufig in der eigenen Berufspraxis wiederholt werden. Um diesen transgenerationalen Teufelskreis[3] zu durchbrechen, ist es notwendig, den Begriff der Menschenwürde zu konkretisieren, sodass er mit den Erfahrungen der Bürger wieder verbunden ist. Daher dieses Buch.

3. Vermutlich führen vergangene Entwürdigungen der eigenen Schulzeit – solange nicht aufgearbeitet – häufig dazu, dass stellvertretend die heutigen Lehrer beschämt werden.

DANK

Ich danke der Ertomis Stiftung für die Begleitung und Finanzierung des Lehrerfortbildungs-Projekts »Pädagogik der Anerkennung. Lehren und Lernen ohne Beschämungen«. Und ich danke den Teilnehmenden meiner Seminare und Fortbildungen, von denen ich viel gelernt habe.
Für die langjährige und fruchtbare Zusammenarbeit danke ich ganz besonders Ilse Schimpf-Herken, Hildegard Wenzler-Cremer, Jutta Heppekausen, Helmut Wetzel, Gabriele Sobiech, Manuel Vaulont, Monika Wierlacher-Engelhardt, Gudrun Winterhalter-Schneider, Thomas Schneider, Karin Joggerst und Bill Randall. Für ihre Freundschaft, Unterstützung und Hilfe für dieses Buchprojekt danke ich Christel und Ludwig Brüggemann, Werner Geigges, Erika Wunderling, Claudia Wirth-Risch, Barbara Angelè sowie Petra und Hans-Jürgen Böhles. Darüber hinaus bedanke ich mich bei Tonio Oeftering, Hans Werner Kuhn, Wolfgang Schwark, Bernd Feininger, Werner Nickolai und den Kolleginnen und Kollegen des Freiburger Instituts für Menschenrechtspädagogik.
Ich danke Christel Gehrmann vom Gütersloher Verlagshaus für ihre Unterstützung dieses Buchprojekts und die gute Zusammenarbeit.

Ganz besonders danke ich meiner Frau Heidi Mönnich-Marks, ohne die dieses Buch nicht möglich geworden wäre: für ihre Unterstützung und Begleitung, für unzählige Gespräche und viele wesentliche Einsichten. Dankbar bin ich auch für unsere Zusammenarbeit bei gemeinsamen Fortbildungen.

Stephan Marks

TEIL I

DER BLINDE FLECK IN UNSERER GESELLSCHAFT

Im ersten Teil dieses Buches stelle ich – ausgehend von der Psychologie der Scham – ein Verständnis des Menschenwürde-Begriffs vor. Anschließend skizziere ich die jahrhundertelange Tradition von Entwürdigungen, welche unsere Gesellschaft bis in die Gegenwart prägt und blockiert.

KAPITEL 1:

»Scham ist die Hüterin der menschlichen Würde«

(Leon Wurmser)

1.1 Menschenwürde – eine abstrakte, leere Phrase?

Der Begriff der Menschenwürde wird häufig, auch von Experten, als unklar empfunden; als Leerformel, die beliebig und inflationär verwendet und dadurch entwertet werde (Reiter 2004, 12; Birnbacher 2005). Dieser Vorwurf ist nicht neu: Schon Schopenhauer bemängelte im Jahr 1840, dass der Ausdruck zum Kennzeichen »aller rath- und gedankenlosen Moralisten« geworden sei, die ihren Mangel an Moral »hinter jenem imponierenden Ausdruck ›Würde des Menschen‹ verstecken« (Reiter 2004, 12). Sarkastisch formuliert Jens Jessen in *Die Zeit*, »dass jeder sich auf sie berufen kann, ohne genau angeben zu müssen (oder auch nur zu können), was er darunter versteht« (Jessen 2009).

Für den Rechtswissenschaftler Lazarus Sidiropoulos (2008, 69) besteht der Menschenwürde-Begriff aus »verschiedenen, inhaltlich nicht unbedingt deckungsgleichen Begriffen«. Der Philosoph Franz Josef Wetz nennt die Menschenwürde eine »Illusion« (Wetz 2005). Steven Pinker von der Harvard-Universität hält sie für ein schwammiges, nutzloses, gescheitertes und schädliches Konzept, da es banalisiert und missbraucht werde. Etwa wenn Patriarchen es für »unter ihrer Würde« halten, Geschirr abzuwaschen oder wenn die Fatwa gegen Salman Rushdie damit begründet wird, dessen »Satanische Verse« hätten den Islam beleidigt. Pinker plädiert dafür, den Begriff der Menschenwürde abzuschaffen.

Dabei steht die Menschenwürde in vielen Dokumenten und Rechtswerken an zentraler Stelle. Die Allgemeine Erklärung der Menschenrechte, die am 10. Dezember 1948 von der Generalversammlung der Vereinten Nationen verabschiedet wurde, betont gleich in der Präambel »die Anerkennung der allen Mitglieder der menschlichen Familie innewohnenden Würde und ihrer gleichen und unveräußerlichen Rechte (als) die Grundlage der Freiheit, der Gerechtigkeit und des Friedens in aller Welt«. Auch im Grundgesetz vom 8. Mai 1949 nimmt die Menschenwürde einen hervorragenden Rang ein. Gleich in Artikel 1, Absatz 1, heißt es: »Die Würde des Menschen ist unantastbar. Sie zu achten und zu schützen ist Verpflichtung aller staatlichen Gewalt.«[4] Somit bildet die Menschenwürde den Mittelpunkt der Menschenrechte. Auf ihr, so der frühere Bundesverfassungsrichter Dieter Grimm (2007, 14), »ruht die gesamte Verfassungsordnung. Sie gilt absolut«.

Die beiden ersten Sätze des Artikels 1 des Grundgesetzes drücken eine Doppeldeutigkeit des Würdebegriffs aus, der sich auch durch die abendländische Philosophie und Theologie zieht:

- Der erste Satz wird i. d. R. dahingehend interpretiert, dass die Menschenwürde ein *Wesensmerkmal,* eine angeborene Eigenschaft des Menschen, sei: »unantastbar«. Diese Auffassung findet sich schon beim römischen Philosophen Marcus Tullius Cicero (106–43 v. Chr.) und im Christentum, das den Menschen als Ebenbild Gottes versteht. Desgleichen in der

••••••

4. Ähnlich Art. 1 der Charta der Grundrechte der Europäischen Union, die auf dem Europäischen Gipfel in Nizza vom 7.–9. Dezember 2000 proklamiert wurde: »Die Würde des Menschen ist unantastbar. Sie ist zu achten und zu schützen.«

Aufklärung; so verweist etwa Immanuel Kant auf die Vernunft, Moralität, Freiheit und das Selbstbewusstsein des Menschen. Nach diesem Verständnis bestünde kein Handlungsbedarf seitens der Bürger oder des Staates, da ja die Würde unveräußerlich zum Mensch-Sein gehört.

- Im zweiten Satz wird die Menschenwürde als *Gestaltungsauftrag* verstanden: Sie ist »zu achten und zu schützen«. Sie ist demnach ein »Gut«, das davon abhängig ist, wie Menschen miteinander umgehen. Auch diese Auffassung hat eine lange Tradition, angefangen in der Antike, in der Würde erst durch individuelle Leistung und soziale Anerkennung erworben werden kann. Demnach können Männer (!) durch würdevolles Auftreten und hohen sozialen Rang zu »Würdenträgern« werden. Nach diesem Würde-Verständnis besteht durchaus Handlungsbedarf. So wurde im 19. Jahrhundert der Ruf nach einem »menschenwürdigen Dasein« zu einer Forderung der Arbeiterbewegung an den Staat. Handlungsbedarf bestand vor allem nach der Katastrophe des Holocaust.

Die Tatsache, dass sich die Menschenrechtserklärung wie auch das Grundgesetz ausdrücklich zur Menschenwürde bekennen, hat seinen Grund darin, dass beide unter dem Eindruck des kurz zuvor beendeten Zweiten Weltkriegs entstanden und sich als Gegenentwurf zum Nationalsozialismus und dessen entsetzlichen Verbrechen verstanden. In diesem Sinne wird die Menschenwürde oft verstanden als Verbot von »Folter, Sklaverei, Ausrottung bestimmter Gruppen, Geburtenverhinderung oder Verschleppung, Unterwerfung unmenschlicher oder erniedrigender Strafe oder Behandlung, Brandmarkung, Vernichtung so genannten unwerten Lebens oder durch Menschenversuche« (Reiter 2004, 8). Dieser historisch bedingte Bezug auf den Nationalsozialismus hat gewisse Vor- und Nachteile:

Menschenrechtserklärung, Grundgesetze und deren Bezug auf die Menschenwürde stellen ein klares Bekenntnis gegen menschenverachtende Praktiken und Systeme wie den Nationalsozialismus dar. Dies hat jedoch den Nachteil, dass der Würde-Begriff in Gefahr ist, für die Bürger der Bundesrepublik zu einem zwar wichtigen, aber abstrakten Ideal zu werden, das keinerlei Bedeutung für das eigene Leben oder Arbeiten hat: »Folter? Sklaverei? Ausrottung? Das gab es damals im ›Dritten Reich‹ und gibt es heute noch in irgend fernen Diktaturen. Aber was hat das mit mir zu tun?«

Eine solche Bürger-Ferne wird durch die juristische Fachliteratur bestärkt, welche die Menschenwürde vorwiegend an Konfliktfällen wie Abtreibung, embryonaler Stammzellenforschung, Gendiagnostik, Transplantationsmedizin und Sterbehilfe diskutiert (Wetz 2002; Thies 2009). Es bleibt der Eindruck zurück, dass die Würde, von diesen Extremfällen abgesehen, für das Leben eines normalen Bundesbürgers zwischen Geburt und Tod weitgehend irrelevant sei. Mein Anliegen ist es, die Bedeutung der Würde für das Leben, auch im Alltag, zwischen diesen beiden Extremen zu zeigen.

Dieser Eindruck der Alltags-Ferne ist wohl auch unausweichlich, solange die Würde vorwiegend aus juristischer Perspektive betrachtet wird: Neigt diese doch dazu, Verletzungen erst dann zu erfassen, soweit diese justiziabel sind, d. h. wenn sie über einer bestimmten Schwelle liegen, ab der ein Betroffener sich an ein Gericht wenden könnte. Wenn aber z. B. ein Schüler von Mitschülern als »Hurensohn« verhöhnt wird, dann dürfte dies kaum justiziabel sein. Somit werden Erfahrungen, wie sie unzählige Schüler tagtäglich machen, von einer juristischen Interpretation der Würde nicht erfasst. Sie haben dennoch erhebliche Auswirkungen.

Gewiss verbietet es sich, Mobbing auf heutigen Schulhöfen mit Konzentrationslagern zu vergleichen. Was hier und heute geschieht, erscheint geringfügig im Vergleich mit dem Nazi-Terror. Aber kann dies eine Rechtfertigung dafür sein, dass wir uns mit heutigen Entwürdigungen abfinden: weil diese weniger massiv sind als sie damaligen? Und weil sie damals im Auftrag des Staates, heute aber »nur« mit dessen Duldung geschehen?

Meiner Ansicht nach haben wir, die nicht-jüdischen Deutschen, gerade aufgrund unserer NS-Vergangenheit, allen Grund, besonders aufmerksam in Bezug auf die Menschenwürde und ihre Verletzungen zu sein. Inwieweit wir aus unserer Geschichte gelernt haben, zeigt sich nämlich nicht nur daran, wie gut wir heute kognitiv über den Nationalsozialismus informiert sind und wie häufig wir an dessen Opfer an den betreffenden Gedenktagen und -stätten erinnern. Diese beiden Aufgaben wurden von der deutschen Gesellschaft in den vergangenen Jahrzehnten in anerkennenswerter Weise geleistet.

Lernen aus der Geschichte wird sich letztlich vor allem daran erweisen, inwieweit wir unsere heutigen Beziehungen in Menschen-würdigender Weise gestalten. Diesbezüglich hat die bundesrepublikanische Gesellschaft noch erheblichen Nachholbedarf. *Jede* Verletzung der Würde eines Menschen ist unakzeptabel.

Die Menschenrechtspädagogin Anja Mihr schreibt, dass »alle Menschenrechtskataloge und -verträge der Welt mit dem Würdebegriff arbeiten, aber doch keiner so recht weiß, wie diese Würde des Menschen dauerhaft umgesetzt, geachtet oder gar gefördert werden kann.

Tatsache ist, dass dies wahrscheinlich der meist verletzte Absatz oder Artikel in jeder Menschenrechtserklärung dieser

Welt ist.«[5] Dies liegt m. E. auch daran, dass die Menschenwürde oft als Negativ-Programm dargestellt wird, als Gegenentwurf zum Nationalsozialismus. So wird die Würde häufig in der Verneinung beschrieben: als Verbot der Folter, der Sklaverei, der Ausrottung und anderer Formen der Entwürdigung. Dies alles sind zweifellos wesentliche Forderungen, sie ergeben aber noch keine Handlungsanleitung: Jemandem zu sagen, was er alles *nicht* tun solle, dies erzeugt Ratlosigkeit und Unklarheit darüber, was denn positiv zu tun sei. So wie es auch wenig aussagekräftig ist, Licht als »Nicht-Dunkelheit« zu beschreiben.

Mein Anliegen ist es, die Menschenwürde zu einem positiven Begriff zu machen und zu zeigen, worin Menschen würdigendes Verhalten sich konstruktiv ausdrückt. Mit diesem Buch möchte ich Perspektiven aufzeigen, was jede und jeder Einzelne zu einer Kultur der Menschenwürde beitragen kann.

Während Steven Pinker den Begriff der Menschenwürde aufgrund seiner Unklarheit ganz abschaffen möchte, plädiere ich mit Johannes Reiter dafür, ihn stärker auf die Lebenswirklichkeit der heutigen Menschen hin zu beziehen und ihn weiterzuentwickeln. Denn er ist ein dynamischer Begriff, der sich mit gesellschaftlichen Veränderungen weiterentwickelt und damit auch immer klarer erkennbar werden kann. Ich plädiere dafür, den Würde-Begriff zu konkretisieren, denn, so Reiter (2004, 13): »Vielleicht kann durch die Mehrzahl von Begründungsperspektiven die Geltung und die Akzeptanz der Menschenwürde innerhalb der pluralistischen Gesellschaft sogar noch zusätzlich gestützt werden.«

5. Persönliche Mitteilung.

Betrachtet man nämlich die umfangreiche Literatur zum Thema, dann fällt auf, dass sich bisher überwiegend Juristen, Philosophen, Theologen und Politiker über die Menschenwürde geäußert haben,[6] kaum jedoch Psychologen.[7] An diesem Defizit setzt das vorliegende Buch an: Ich möchte versuchen, den Würde-Begriff aus Sicht der Psychologie, vor allem aus Sicht der Scham-Psychologie, mit Leben zu füllen. Denn die Scham ist, so Leon Wurmser, »die Hüterin der menschlichen Würde«.

1.2 Die Menschenwürde aus Sicht der Scham-Psychologie

Die Funktionen der Scham

Was kann die Scham-Psychologie zu einer Konkretisierung des Menschenwürde-Begriffs beitragen? In diesem Abschnitt fasse ich einige grundlegende Informationen über Scham zusammen, insofern ich sie als hilfreich für ein vertieftes Verständnis der Würde erachte. Für eine ausführlichere Darstellung verweise ich auf die Fachliteratur zum Thema Scham (vor allem: Wurmser 1997; Hilgers 2006; Schüttauf, Specht & Wachenhausen 2002; Lewis 1993 u. a.) und mein Buch *Scham – die tabuisierte Emotion* (2009 a).

Was ist Scham? Sie ist universell, alle Menschen kennen sie – wenn auch in verschiedenen Ausprägungen, je nach Milieu- und Kulturzugehörigkeit. Sie ist verschieden für Frauen und

••••••

6. Das zeigt z. B. auch der Sammelband von Thies 2009.
7. Zu den Ausnahmen zählen Lindner 2006; Reddemann 2009; Baer & Frick-Baer 2009.

Männer und verändert sich mit Lebensalter und mit der Geschichte.[8]

Scham ist ein sehr peinigendes, »heimliches« Gefühl, das selten in Worte gefasst wird. Sie ist eng mit Körperreaktionen wie dem Erröten verbunden. Wenn wir uns schämen, bekommen wir keine klaren Gedanken heraus: Scham macht stumm.

Wer sich schämt, der zieht sich radikal auf sich selbst zurück, senkt den Blick, igelt sich ein, möchte im Erdboden versinken. So zeigt auch die Körpersprache, dass Scham narzisstisch macht. Beide, Scham und Narzissmus, hängen unmittelbar zusammen: Die Scham ist, so Leon Wurmser (1997, 24) »die verhüllte Begleiterin des Narzissmus«. Im Zustand der Scham kreist der Betroffene ganz um sich. Das drückt auch die Sprache aus, wenn es heißt: »Jemand schämt *sich.*« Scham trennt, entsolidarisiert und entpolitisiert die Menschen.

Scham kann von verschiedener Dauer sein, kurzzeitig bis langfristig: Sie kann ein flüchtiger Affekt sein oder zu einer Charaktereigenschaft chronifizieren. Sie kann auch verschieden intensiv sein: von leichter Verlegenheit oder Peinlichkeit bis hin zum abgrundtiefen Selbstwertzweifel, dem Gefühl, ein Nichts, unwert zu sein.

Scham kann in jeder zwischenmenschlichen Beziehung akut werden; sie ist *der* soziale Affekt: Sie reguliert Nähe und Distanz, Privatheit und Öffentlichkeit, Zugehörigkeit und Ausgeschlossenheit, Anpassung und moralisches Verhalten.

Scham wird häufig von Generation zu Generation weitergegeben. Der Autor Salman Rushdie (1990) vergleicht sie mit einer Flüssigkeit, die weiter und immer weiter gekippt wird. Die Weitergabe geschieht wesentlich durch die familiäre Erziehung (vor allem die frühe Eltern-Kind-Kommunikation),

8. Vgl. Bologne 2001; Duerr 1988; Elias 1937/1969; Paul 2007.

Schule, Militär, Arbeitswelt und die gesellschaftlichen Strukturen.

Grundsätzlich ist zu unterscheiden zwischen Scham und Beschämung: Erstere ist eine eigene Leistung des Sichschämenden, Letztere kommt von außen, von anderen Menschen bzw. der Gesellschaft.
Wenn auch Scham sehr schmerzhaft ist, ist sie nicht nur negativ, sondern hat auch positive Aufgaben (dazu gleich mehr). Dies wird auch als »gesunde Scham« bezeichnet; darunter verstehe ich ein Ausmaß an Scham, das von der betroffenen Person noch verkraftet und integriert werden kann, sodass es nicht in destruktiver oder selbstdestruktiver Weise abgewehrt werden muss. Erst ein Zuviel an Scham ist kontraproduktiv (»pathologische Scham«; manche Autoren sprechen auch von »giftiger Scham«, Bradshaw 2006). Dabei wird das Ich von Schamgefühlen wie überflutet; es droht, von ihnen psychisch »überschwemmt« zu werden (Hilgers 2006). Einen Fehler *gemacht* zu haben, wird dann als umfassendes Gefühl, ein Fehler zu *sein*, erlebt.
Schamgefühle können durch ganz unterschiedliche Situationen ausgelöst werden. Etwa wenn wir die Normen unseres Gewissens verletzt haben, wenn wir schuldig geworden sind. In vielen Fällen hat Scham jedoch gar nichts mit Schuld zu tun. Etwa wenn wir bloßgestellt, entblößt, beleidigt, verhöhnt, ausgelacht, vorgeführt, schikaniert, geohrfeigt, geschlagen, missbraucht, gefoltert oder vergewaltigt werden. Oder wenn wir ausgegrenzt, gemobbt oder wie Luft behandelt werden. Wir schämen uns, wenn wir uns nicht ausreichend vor Übergriffen durch andere schützen konnten. Scham kann aber auch ausgelöst werden, wenn wir miterleben, wie ein anderer Mensch sich selbst erniedrigt oder erniedrigt wird. Wir empfinden die Scham des anderen empathisch mit und schämen

uns vor uns selbst, weil wir die Erniedrigung oder Selbsterniedrigung eines Mitmenschen zugelassen haben.
Scham ist also keineswegs gleich Scham: Sie hat verschiedene Funktionen; sie kann nachwirken und vorbeugen. Für sinnvoll halte ich die Unterscheidung zwischen folgenden Grundformen der Scham:

Intimitäts-Scham hat schützende Funktion. Sie behütet »die Grenzen der Privatheit und Intimität«, den »Kern der Identität« eines Menschen (Wurmser (1997, 74, 87). Sie achtet darauf, wie viel wir von dem, was uns essenziell wichtig ist, in einer gegebenen Situation anderen Menschen zeigen können oder vor ihnen verbergen müssen. Sie reguliert z.B., welche unserer Fähigkeiten oder Fragen wir jeweils in eine Gruppe oder Gesellschaft einbringen oder zurückhalten. Dabei hängt es auch von der jeweiligen Kultur ab, was als privat zu schützen ist und was gezeigt werden kann. Zum Beispiel tragen Tuareg-Männer traditionell einen Gesichtsschleier; ohne ihn fühlen sie sich in der Öffentlichkeit »wie jemand, der gezwungen war, splitternackt auf eine von Menschen wimmelnde Straße zu treten« (Vázquez-Figueroa 1989, 295).
Schamgefühle bleiben zurück, wenn unsere seelischen oder körperlichen Grenzen verletzt wurden. Aktiv: Wenn wir uns in einer gegebenen Situation zu weit geöffnet haben (z.B. seelisch oder sexuell); wenn wir uns zu wenig »bedeckt« gehalten und intime Gedanken oder Gefühle offenbart haben. Wenn wir etwas von uns gezeigt haben, was uns sehr wichtig war (z.B. unsere Kreativität) und dies lächerlich gemacht wurde. Wenn wir in unserem Ausdruck zurückgewiesen wurden, z.B. in unserer Bewegung oder in etwas, was wir geschaffen haben.
Oder passiv: Wenn durch andere etwas von uns enthüllt, öffentlich sichtbar gemacht wurde, was wir lieber verborgen

gehalten hätten (Schüttauf, Specht & Wachenhausen 2002). Massive (traumatische) oder vielfach wiederholte (kumulativ-traumatische) Grenzverletzungen haben pathologische Intimitäts-Scham zur Folge (auch »traumatische Scham« genannt). Dies ist die Scham der Opfer. Charakteristischerweise bleiben die Überlebenden von massiver Ohnmacht, Entwürdigung, Missbrauch, Folter, Vergewaltigung oder anderen traumatischen Erfahrungen mit Schamgefühlen zurück; beispielsweise Überlebende des Holocaust oder vergewaltigte Frauen, wie z. B. im ex-jugoslawischen Bürgerkrieg. Neuere Untersuchungen zeigen, dass sich die Langzeitfolgen von körperlichen und seelischen Grenzverletzungen ähneln (Basolgu, Livanou & Crnobaric 2007): »Das menschliche Gehirn bewertet zugefügten körperlichen Schmerz auf die gleiche Weise wie soziale Ausgrenzung oder Demütigung« (Bauer 2008, 33).

Anpassungs-Scham ist die Hüterin der Zugehörigkeit. Sie reguliert unser Verhalten im Zusammenleben mit anderen Menschen und deren Erwartungen, Normen und Werten. Sie achtet darauf, dass man sich angemessen, nicht-peinlich verhält, sodass man nicht ausgelacht oder ausgegrenzt wird. Denn Zugehörigkeit ist ein menschliches Grundbedürfnis. Hier geht es um die Blicke der anderen: von Angehörigen der Familie, Gruppe oder Gesellschaft.
In Deutschland gilt traditionell Schwäche und soziale Schwäche als schändlich. Leon Wurmser (1997, 47) schreibt: »In vielen Kulturen und Subkulturen, besonders in jenen, die vorwiegend germanischen Ursprungs sind, führt die bloße Äußerung von Gefühlen, besonders von Gefühlen der Zärtlichkeit und von Gemütsbewegungen, wie das Weinen, zu Demütigung und Scham. Es wird als besonders unmännlich und unpassend erachtet, Weichheit und Güte zu zeigen.«

Traditionell ist Anpassungs-Scham mit dem Begriff der »Schande« verbunden und wird in Deutschland ausgelöst z. B. durch Krankheit, mangelnden Mut (»Feigheit«), Verrat, Armut, Arbeitslosigkeit, Abhängigkeit, Verlieren, Versagen, Scheitern, Fehler, mangelnde Bildung, geringen beruflichen Status oder Sprechen eines Dialekts. Schändlich kann es auch sein, Furcht vor Gewalt zu haben (»Feigling«) oder als »schwach« zu gelten (»Opfer« ist gegenwärtig ein häufiges Schimpfwort unter Jugendlichen). Anpassungs-Scham kann sich auch auf den eigenen Körper beziehen; etwa wenn dieser nicht dem herrschenden Schönheitsideal zu entsprechen scheint (z. B. durch Übergewicht, zu kleinem oder zu großem Busen bei Mädchen oder einen schmächtigen Körperbau bei Jungen).
Anpassungs-Schamgefühle bleiben zurück, wenn wir den Erwartungen unserer Mitmenschen nicht gerecht wurden und ausgegrenzt werden. Oder wenn wir uns nicht-zugehörig fühlen, weil wir »anders« oder »schwach« sind.

Moralische oder *Gewissens-Scham* hat die Aufgabe, unsere moralische Integrität zu behüten. Dieses Wort kommt vom lateinischen integritas: »Unversehrtheit«, »Echtheit«, »Reinheit«. Als integer soll hier – mit Bezug auf Arnd Pollmann (2005) – eine Person verstanden werden, die »ganz«, »unversehrt« ist, insofern sie moralische Werte lebt und vertritt, unbestechlich und sich selbst treu ist. Integrität ist ein menschliches Grundbedürfnis, für deren Befriedigung die Gewissens-Scham sorgt. Sie achtet darauf, dass wir uns selbst treu bleiben. Dass wir unserer Verantwortung gerecht werden. Dass wir in Übereinstimmung mit ethischen Grundwerten handeln, sodass wir uns auch künftig im Spiegel in die Augen schauen können. Bezugspunkt sind hier nicht Erwartungen der anderen, sondern die eigenen Werte.

Gewissens-Schamgefühle bleiben zurück, wenn wir die Werte unseres Gewissens verletzt haben. Sie entsteht, wenn wir Schuld auf uns geladen haben. Dies ist die Scham der Täter; eindrücklich wird sie z.B. von Khaled Hosseini (2003) im Roman *Der Drachenläufer* geschildert. Ob die Täter ihre Schuld und Scham bewusst auf sich nehmen oder nicht: Das ist noch eine ganz andere Frage. Beispielsweise haben nach Ende des Vietnam-Krieges mehr US-Kriegsveteranen durch Suizid ihr Leben verloren, als im Krieg selbst getötet wurden. Ähnliches ist gegenwärtig unter Veteranen des Irak-Krieges zu beobachten (Meyer 2010, 129); ganz anders nach dem Zweiten Weltkrieg in Deutschland.
In der Gewaltforschung standen lange Zeit Täter und Opfer im Mittelpunkt; dabei wurde übersehen, dass Gewalt-Szenen (z.B. wenn in einer Fußgängerzone ein Passant zusammengeschlagen wird) auch Auswirkungen auf die Zeugen hat: Diese bleiben häufig mit Schamgefühlen zurück, mit quälenden Gedanken: Warum habe ich nicht geholfen? Gewissens-Scham ist somit auch eine Nachwirkung für die Zeugen, Zuschauer, Mitläufer oder Mit-Täter von Unrecht.
Dies ist auch die Scham, die wir empfinden, wenn wir in erniedrigenden Strukturen arbeiten und diese dadurch am Leben erhalten. Oder wenn wir unseren eigenen Normen, den Erwartungen an uns selbst, nicht gerecht werden. Wenn wir uns selbst »etwas schuldig bleiben«, indem wir unseren Lebens-Sinn versäumen (vgl. Frankl 1972).

Anmerkung: Da Scham und Schuld häufig verwechselt werden, sollen die acht Unterschiede hier kurz zusammengefasst werden (ausführlich in Marks 2009a, 59–61): (1) Scham hat oft nichts mit Schuld zu tun, z.B. wenn jemand missbraucht oder ausgegrenzt wird, weil er arm oder »schwach« ist. (2) Scham ist ein Gefühl, Schuld eine Tatsache. (3) Scham ist entwicklungspsychologisch ein sehr frühes Gefühl, während die Fähigkeit, Schuld anzuerkennen und zu verarbeiten, eine späte Errungenschaft des Erwachsenenalters ist. (4) Schuld ist immer spezifisch, auf eine bestimmte Tat bezogen, während sich Scham umfassend auf die ganze Person bezieht. (5) Die Kontrollinstanz bei der Scham (Ausnahme Gewissens-Scham) ist außen, der Blick der anderen; bei der Schuld idealerweise innen (Gewissen). (6) Schuld ist dialogisch, auf die Beziehung zwischen Täter und Opfer bezogen. Scham ist monologisch, narzisstisch; wer sich schämt, ist ganz auf sich bezogen. (7) Scham ist ein Makel, der, wenn überhaupt, nur durch eine grandiose Aktion zur Rettung seiner Ehre (im Extrem, z. B. im alten Japan, durch Suizid) getilgt werden kann. Schuld kann abgetragen werden wie eine finanzielle Verschuldung durch folgende Schritte: (a) Schuld-Einsicht (b) Gewissens-Scham, sublimiert zu Reue und persönliche Veränderung (c) Eingeständnis seiner Schuld gegenüber dem Opfer (d) Bitte um Entschuldigung und (e) Angebot von Wiedergutmachung.

Zusammengefasst: Die Themen der drei genannten Scham-Formen sind Schutz, Zugehörigkeit und Integrität. Menschen werden mit Scham erfüllt, wenn ihre Grenzen verletzt werden, wenn sie ausgeschlossen oder in ihrer Integrität verletzt sind. Positiv gewendet: Die Würde des Menschen zu achten, bedeutet, ihn in seinen Grundbedürfnissen nach Schutz, Zugehörigkeit und Integrität anzuerkennen und zu unterstützen.

Zwei weitere Grundformen der Scham sind zu erwähnen: *Empathische Scham* bezeichnet die Fähigkeit des Menschen, die Scham eines Mitmenschen empathisch mitzufühlen, wenn dieser entwürdigt wird oder sich selbst entwürdigt.

Neurobiologisch wird dies durch die Spiegelneuronen bewirkt (Bauer 2005). Dies ist etwa die Scham, die wir empfinden, wenn wir an einem Bettler vorbeigehen oder wenn wir miterleben, wie ein Kollege in einer Sitzung erniedrigt wird. Jede öffentliche Erniedrigung hat Auswirkung auf die Zeugen – und diese Wirkung ist oft auch intendiert: Die Zuschauer werden mit Scham erfüllt. Aus diesem Grund verwende ich den Begriff Mobbing auch in einem allgemeineren Sinn.
Besonders gravierend wirkt sich empathische Scham auf kleine Kinder aus: Wenn diese in einer Scham-erfüllten Familie, Gruppe oder Gesellschaft aufwachsen, dann saugen sie die Scham ihrer Umwelt wie ein Schwamm auf.

Eine letzte Grundform bezeichne ich als *Gruppen-Scham*: Das ist die Scham, die sich nicht auf die eigene Person bezieht, sondern auf andere Menschen, wenn diese die herrschenden Erwartungen und Normen nicht erfüllen; etwa Angehörige der eigenen Familie, Gruppe oder Nation. Dies ist die Scham, die man empfindet für ein behindertes Kind, für das »schwarze Schaf« in der Familie oder für das Land, dem man angehört.

Die Entwicklung der Scham

Wie entsteht Scham, und wie entwickelt sich gesunde bzw. pathologische Scham? Im eigentlichen Sinne beginnt Scham etwa ab Mitte des zweiten Lebensjahres. Um diese Zeit macht das kindliche Gehirn einen Entwicklungsschritt, der es zur so genannten »objektiven Selbsterkenntnis« befähigt. Das bedeutet, dass das kleine Kind in der Lage ist, sich selbst quasi von außen wie ein Objekt zu betrachten und zu bewerten: »So jemand bin ich also!« Metaphorisch ist dieser Entwick-

lungsschritt in der Schöpfungsgeschichte beschrieben: Adam und Eva waren nackt, aber sie vermochten dies erst zu erkennen, nachdem sie eine Frucht vom Baum der Erkenntnis (sinnbildlich für Gehirnwachstum) gegessen hatten.
Allerdings ist dieser Blick, den wir ab Mitte des zweiten Lebensjahres auf uns selbst werfen, keineswegs »objektiv«, sondern bereits vorgeprägt durch vorangegangene Erfahrungen. Entscheidend sind hierbei besonders die ganz frühen Erfahrungen, die der Heranwachsende mit seinen Eltern macht (Eltern steht hier für: primäre Bezugspersonen). Daher spricht Leon Wurmser von den Vorläufern der Scham, die in den ersten Lebensmonaten gelegt werden und die wesentlich durch die Eltern-Kind-Kommunikation geprägt werden.
Diese Kommunikation geschieht vor allem über Körper- und Blickkontakt. Die Qualität des Blickes, den der Heranwachsende erfährt, wird im Laufe der Entwicklung verinnerlicht zum inneren Blick auf sich selbst: positiv, mit gesundem Selbstvertrauen, als Grundlage dafür, Scham-Erfahrungen im weiteren Lebensverlauf in konstruktiver Weise verarbeiten zu können (»gesunde Scham«). Oder negativ, mit geringem Selbstvertrauen, mit der Folge, dass Scham-Erfahrungen als Zusammenbruch des Selbstwertes, als existenziell bedrohliche Krisen erlebt werden (»pathologische Scham«).

Kleine Kinder, so Heinz Kohut, suchen den liebevoll spiegelnden Glanz im Auge der Eltern. Wird ein Baby liebevoll angelächelt, dann freut es sich, jauchzt und strampelt mit Armen und Beinen. Neurobiologisch betrachtet führt diese Freude zur vermehrten Produktion bestimmter Hormone, die wiederum das Wachstum wichtiger Gehirnregionen fördern: Regionen, die unter anderem zuständig sind für Lernen und Gedächtnis, für die Regulierung der Affekte und die Entwicklung eines kohärenten Selbst-Erlebens. Für die frühkindliche

Entwicklung sind also Anerkennung, Wertschätzung, gesehen und angelächelt werden von wesentlicher Bedeutung. Damit bestätigt die moderne Bindungstheorie Einsichten, die schon von Georg Wilhelm Friedrich Hegel und später von Tzvetan Todorov, Jessica Benjamin, Axel Honneth u.a. formuliert wurden: Wie die Pflanze das Sonnenlicht benötigt, so braucht der Mensch die Anerkennung. Dies ist ein menschliches Grundbedürfnis:
Das Neugeborene ist hilflos und existenziell bedürftig nach Anerkennung, Schutz, Zugehörigkeit und Integrität. Für die Entwicklung von gesunder bzw. pathologischer Scham ist entscheidend, wie diese existenzielle Bedürftigkeit des Kindes von den Eltern bzw. Bezugspersonen beantwortet wird. In der folgenden idealtypischen Gegenüberstellung geht es nicht um einzelne Erfahrungen, sondern um dauerhafte Beziehungsmuster:

- Die Vorläufer von *gesunder Scham* werden gelegt, je mehr die frühe Eltern-Kind-Kommunikation im Großen und Ganzen gelingt, das heißt wenn das Kind liebevoll gespiegelt wird und die Erfahrung macht, dass es sicher ist, geschützt und versorgt wird. Wenn es erfährt, dass es geliebt wird und dazugehört, so, wie es *ist* – auch dann, wenn es »unangepasste« Gefühle wie Trauer, Frustration, Schmerz oder Ärger zum Ausdruck bringt. Wenn das Kind erfährt, dass seine Grenzen gewahrt werden. Wenn das Kind eine sichere Bindung und Urvertrauen entwickeln kann.
- Die Vorläufer von *pathologischer* Scham werden gelegt, je mehr die frühe Eltern-Kind-Kommunikation gestört ist: Etwa wenn die Grenzen des Kindes nicht respektiert werden, z. B. wenn die Eltern zudringlich sind, wenn sie das Kind zum Objekt machen oder wenn sie es emotional, körperlich oder sexuell für ihre eigenen Zwecke missbrauchen. Wenn das

Kind beschämt, erniedrigt, vernachlässigt oder missachtet wird, z. B. weil es nicht gewollt ist. Wenn das Kind abgelehnt, bestraft oder ausgegrenzt wird, wenn es sich so zeigt, wie es ist, z. B. wenn es sich mit seiner Hilflosigkeit (»Schwäche«) oder seinen Schmerzen zeigt. Wenn dem Kind durch Schläge oder Liebesentzug die Botschaft vermittelt wird: »So, wie du bist, bist du nicht liebenswert.« Oder wenn die Eltern unverlässlich mal nah, mal fern sind, sodass das Kind kein Urvertrauen darin entwickeln kann, dass verlässlich jemand präsent ist, um es zu nähren, zu pflegen und zu schützen.

Pathologische Scham-Entwicklung kann durch individuelles Versagen von Eltern verursacht sein. Häufig stehen jedoch hinter deren Verhalten gesellschaftliche, ökonomische oder historische Faktoren oder Schicksale:

- Etwa wenn die Eltern depressiv, suchtkrank oder ihrerseits traumatisiert sind und deshalb die Grundbedürfnisse des Kindes nicht befriedigen können. Das nach liebevoller Spiegelung suchende Kind blickt in die stumpfen Augen der innerlich abwesenden Bezugsperson.
- Wenn Eltern aufgrund ihrer eigenen Werte-Erziehung so übervoll mit Scham sind, dass sie diese durch Ablehnung an ihre Kinder weitergeben. Etwa wenn ein Neugeborenes mit enttäuschten Augen begrüßt wird, weil es das unerwünschte Geschlecht hat. Auch in Deutschland waren – mindestens bis vor wenigen Jahrzehnten – erstgeborene Mädchen häufig unerwünscht.
- Ein weiterer Faktor sind Entfremdung und Stress infolge der Arbeitsbedingungen. Berufstätige, die tagtäglich acht oder mehr Stunden entfremdet malochen müssen oder gemobbt werden, sind spätabends vielleicht zu kaputt, um ihre Kinder noch liebevoll spiegeln zu können. Wenn ihr Arbeitsplatz

weit vom Wohnort entfernt liegt, können sie nur wenig Zeit mit ihren Kindern verbringen und kaum eine verlässliche Bindung zu ihnen aufbauen; traditionell wird diese Rolle der Abwesenheit in unserer Gesellschaft eher den Vätern zugewiesen. Schon Alexander Mitscherlich (1963) wies auf die Gefahren der »vaterlosen Gesellschaft« hin.

- Zurückweisungen können auch kollektive Erfahrungen sein, etwa wenn wir in einer Gesellschaft aufwachsen, in der Menschen nur selten Anerkennung erfahren. Wenn es zur Erziehungstradition gehört, Kinder zu missachten. In vielen Kulturen oder Berufen müssen Heranwachsende oder Lehrlinge erst ein Erniedrigungsritual durchstehen, ehe sie in den Kreis der Erwachsenen aufgenommen werden und dazugehören.
- Missachtungen treffen vor allem die Angehörigen unterdrückter Ethnien, Kasten, Schichten oder Klassen. Das Gefühl, »minderwertig« zu sein, wird ihnen von Anfang an, Tag für Tag, vermittelt. Etwa durch Botschaften wie: »Du bist nur ein dummer Bauer (oder: Prolet, Unberührbarer usw.).«
- Häufig erfolgt Unterdrückung nicht nur in Form direkter, personaler Gewalt, sondern durch strukturelle Erniedrigungen. Diese werden von den Betroffenen oft gar nicht mehr bewusst wahrgenommen, weil sie zu einem selbstverständlichen Teil der Kultur und der eigenen Biografie geworden sind.

In allen solchen Fällen ist das kleine Kind noch nicht in der Lage, zwischen den Lebensumständen seiner Eltern und deren Auswirkungen auf sich selbst zu unterscheiden. Es ist noch nicht fähig, sich klarzumachen: »Meine Eltern können mich zwar nicht liebevoll spiegeln, weil sie (beispielsweise) selbst traumatisiert sind oder entfremdet arbeiten müssen – dennoch bin ich liebenswert.« Vielmehr wird das Kind sich abgeschoben fühlen und die Botschaft verinnerlichen: Ich *bin* nicht liebenswert.

Aus solchen Erfahrungen *kann* sich im weiteren Leben pathologische Scham entwickeln. Die Betonung liegt auf »kann«, da die psychische Entwicklung nicht monokausal verläuft und auch von so genannten Resilienz-Faktoren beeinflusst wird. Als Resilienz werden günstige Einflüsse bezeichnet, die es ermöglichen, dass ein Mensch trotz ungünstiger Kindheitserfahrungen zu einem gesunden Erwachsenen heranwachsen kann (z. B. durch eine kräftige Konstitution, liebevolle Verwandte, einen unterstützenden Freundeskreis oder eine fördernde Lehrerin).
Aus ungünstigen frühkindlichen Erfahrungen kann sich pathologische Scham umso eher dann entwickeln, wenn im Verlauf des Lebens weitere Erfahrungen von Beschämung, Erniedrigung, Missbrauch, Folter oder andere Grenzverletzungen, Ausgrenzungen oder Verletzungen der Integrität hinzukommen. Dies können einzelne, extrem schmerzhafte, traumatische Erfahrungen sein – oder eine Vielzahl von erniedrigenden Erfahrungen, die sich zu einem kumulativ-traumatischen Beziehungsmuster aufaddieren.
Pathologische Scham bedeutet, dass ein Betroffener in die frühkindliche Situation zurückgeworfen wird und damit in die existenzielle, abgrundtiefe Angst: »Ich bin wehrlos ausgeliefert. Ich gehöre nicht dazu. Ich werde abgelehnt. Ich bin falsch.« Der Leidende, so Leon Wurmser (2007, 21), gerät in »abgrundtiefe Verzweiflung und Panik«, er »versinkt im Gefühl der absoluten Verworfenheit«.

Zusammengefasst: Die Hauptthemen bei der Scham-Entwicklung sind Anerkennung sowie Schutz, Zugehörigkeit und Integrität. Gesundes Scham-Erleben kann sich entwickeln, wenn diese Grundbedürfnisse weitgehend befriedigt wurden. In der Folge kann die betreffende Person ein Bewusstsein für ihre Würde entwickeln und ist fähig, diese zu wahren. Durch fehlende Anerkennung sowie durch massive Grenzverletzungen, Ausgrenzungen oder Beschädigungen seiner Integrität kann jedoch ein pathologisches Zuviel an Scham entstehen. In der Folge kann einer Person das Bewusstsein ihrer Würde verloren gehen und ihre Fähigkeit eingeschränkt sein, ihre Würde zu wahren.

Was aber ist die Würde eines Menschen? In einer Annäherung aus Sicht der Scham-Psychologie (und ohne Anspruch, die Würde damit umfassend zu definieren) ist darunter das zu verstehen, was von der Scham behütet wird: Das, was einem Menschen wesentlich ist, der Kern seiner Identität, sein einzigartiges Selbst: sein Körper und seine Gefühle und Gedanken; seine Sexualität und Kreativität; seine Werte, Entwicklungsmöglichkeiten und sein Lebens-Sinn. Auch deren Ausdruck durch Stimme, Blick, Bewegung und selbstverwirklichende, nichtentfremdete Arbeit. Würde beinhaltet die Geschichte eines Menschen: seine Entwicklung (auch sein Scheitern) und Eigen-Zeit (z.B. seine Geschwindigkeit des Lernens). Die Würde eines Menschen umfasst seine Integrität, d.h. sein Streben danach, die genannten Facetten seines Selbst zu integrieren und ein sinnvolles, Werte orientiertes Leben zu führen.
Würde existiert jedoch nicht im luftleeren Raum, sondern ist eingebettet in Beziehungen: Jeder Mensch benötigt auch Zugehörigkeit und Anerkennung (die sich in seinem Ansehen, Ruf, Leumund oder seiner »Ehre« zeigt). Jedoch nicht nur in oberflächlicher Weise (man wird nur anerkannt und gehört nur dazu, solange man sich ganz konform verhält), sondern in dem, was einem wesentlich ist: Es geht darum, anerkannt zu werden und dazuzugehören *in* seinem Selbst.

Die Würde eines Menschen ist somit nicht etwas Abstraktes. Sie verbindet uns einerseits mit dem Menschheitlichen und ist andererseits etwas ganz Persönliches, Individuelles.[9] Die Würde eines Menschen zu wahren bedeutet, ihn in seinen Grundbedürfnissen nach Schutz, Zugehörigkeit, Integrität und Anerkennung anzunehmen und zu unterstützen. Diese vier Themen werden im weiteren Verlauf dieses Buches in ihrer Bedeutung für die Deutschen, ihre Geschichte und Gegenwart durchbuchstabiert.

Zuvor ist jedoch noch ein weiterer Aspekt der Scham-Psychologie vorzustellen:

Scham-Abwehr

In verschiedenen Zusammenhängen wurde beobachtet, dass Opfer von Entwürdigungen nicht selten später zu Tätern werden, welche die Würde anderer Menschen verletzen. Beispielsweise Bastian B., der jahrelang von seinen Mitschülern beschämt, gequält und ausgeschlossen wurde, bis er eines Tages »den Spieß herumdrehte« und an seiner früheren Schule wild um sich schoss. Wie ist dies möglich? Wäre es nicht logischerweise zu erwarten, dass Entwürdigungs-Opfer besonders respektvoll mit anderen Menschen umgehen? Psychologisch ist dieses scheinbare Paradox zu erklären mit Besonderheiten der Scham:
Scham ist äußerst schmerzhaft, vor allem dann, wenn sie in pathologischer Weise erlebt wird.

9. Diese Auffassung von Würde konkretisiert einige Artikel der Allgemeinen Erklärung der Menschenrechte (vgl. S. 227f.), geht teilweise darüber hinaus.

Wie auch die Gehirnforschung beobachtet hat, befindet sich das Ich dabei in einem Zustand von existenzieller Angst, d.h. von extremem Stress. Dabei werden andere, primitivere neuronale Systeme aktiviert als z.B. dann, wenn wir anerkannt werden oder uns geschützt und zugehörig fühlen. Das Nervensystem ist ganz darauf ausgerichtet, der Angstquelle zu entkommen. Akute Scham wirkt wie ein Schock, »der höhere Funktionen der Gehirnrinde zum Entgleisen bringt« (Nathanson 1987, 26; vgl. Schore 1998). Vernünftiges Denken ist dabei nicht möglich. Diese Erfahrung kennen alle, die schon einmal vorne an der Tafel standen und wegen einer falschen Antwort ausgelacht wurden: Nichts geht mehr! Selbst eine einfache Physik-Formel, vor 10 Minuten noch im Kopf präsent, kann nicht erinnert werden. Scham blockiert, zumindest vorübergehend, höhere Gehirnfunktionen; wiederholte Beschämungen können das machen, was umgangssprachlich als »Dummheit« bezeichnet wird.

Weil Armut häufig mit Scham (also mit extremem Stress) verbunden ist, kann sie sogar das Gehirn schädigen. Wie Neurowissenschaftler jetzt nachgewiesen haben, weisen Kinder aus armen Verhältnissen einen deutlich höheren Spiegel des Stresshormons Kortisol auf. Dadurch wird die Entwicklung ihres Gehirns beeinträchtigt; besonders betroffen sind die Fähigkeiten zur Lösung von Problemen, logisches Denken, Steuerung der Aufmerksamkeit und kognitive Flexibilität (Einzmann 2009).

Wie bei jeder Form von extremem Stress wird bei Scham das zentrale Nervensystem in den Hintergrund gedrängt. Die höheren, komplexeren Gehirnfunktionen werden überlagert durch das so genannte primitive »Reptilienhirn«. Dies erklärt die charakteristischen körperlichen, emotionalen und kognitiven Reaktionen auf Scham: Angreifen, Fliehen oder Verstecken, Verschwinden, im Erdboden versinken wollen.

Weil Scham so schmerzhaft, kaum auszuhalten ist, wird sie häufig abgewehrt; dies geschieht meistens unbewusst. Abwehr von Scham bedeutet, dass sie durch ein anderes, weniger unerträgliches Gefühl oder Verhalten ersetzt wird. Damit sucht das Ich sich davor zu schützen, von Schamgefühlen erdrückt oder psychisch überschwemmt zu werden. Einige der wichtigsten Formen der Scham-Abwehr sind folgende:

Durch *Anpassung*, Disziplin, Unterwürfigkeit bis zur Selbstaufgabe versucht man, Schamgefühle zu vermeiden.

Durch *emotionale Erstarrung* versucht ein Mensch, sich aus einer emotional gefährlichen Situation zu retten, indem er sich innerlich in einen Eisblock verwandelt. Man zeigt keine »Schwäche« (wie z. B. Liebe, Hoffnung, Trauer, Schmerz, Mitgefühl oder Angst), um nicht Gefahr zu laufen, beschämt zu werden. Erstarrung drückt sich in einer harten, hölzernen Maske oder einer eisigen Kälte aus. Dies kann bis zu einer durchdringenden, chronischen Langeweile werden, die zur Depression und zum Suizid führen kann.
Der Extremfall von emotionaler Erstarrung wird in der Traumaforschung als Alexithymie bezeichnet. Diese geht auf körperliche Prozesse zurück, mit denen z. B. während einer traumatischen Situation (z. B. an der Kriegsfront) die Verarbeitung von Gefühlen abgeblockt wird. Dadurch sind die Betroffenen fähig, kühlen Kopf zu bewahren und sich aus der Lebensgefahr zu retten. Problematisch wird es, wenn durch fortgesetzte Extremsituationen die Verarbeitung von Gefühlen dauerhaft blockiert wird. Dies kann zur Folge haben, dass die Betroffenen zwar körperlich überleben, ihr Gefühlsleben aber chronisch wie zu einem Eisblock erstarrt bleibt (Krystal (1968). Häufig wird emotionale Erstarrung an die eigenen Kinder weitergegeben, etwa wenn Väter ihre Söhne verachten

(»Heulsuse«), wenn diese die Gefühle zeigen, die die Väter im Krieg ausschalten mussten: »schwache« Gefühle wie Trauer, Angst oder Schmerz.

Projektion bedeutet, dass andere mit den Eigenschaften ausgestattet werden, für die man sich selbst schämt (z. B. Schwäche oder homosexuelle Fantasien) und mit den entsprechenden Ausdrücken beschimpft werden (»Du Schwächling«, »schwule Sau«).

Beschämung und *Verachtung*: Um die eigene Scham nicht fühlen zu müssen, werden andere gezwungen, sich zu schämen. Dazu werden sie beschämt, verhöhnt, bloßgestellt, gemobbt, ungerechtfertigt beschuldigt, lächerlich gemacht, entwürdigt, schikaniert, verachtet, mit Tieren verglichen, wie Luft behandelt, ignoriert, zu Zahlen oder Objekten gemacht, zu Werkzeugen degradiert, missbraucht, ausgegrenzt oder vernichtet – insbesondere diejenigen, die als schwach betrachtet werden.
Verachtung kann sich auch gegen das eigene Kind richten, etwa wenn dieses mit der unerwünschten Geschlechtszugehörigkeit geboren wurde (»nur ein Mädchen«).

Auch *Zynismus* ist eine Form von Verachtung, die sich gegen Werte und damit letztendlich auch gegen Menschen richtet. Häufig fehlt das Bewusstsein für die vernichtende Wirkung, die von »nur ein paar zynischen Worten« ausgehen kann. Wo Menschen eben noch offen und kreativ zusammenarbeiteten, herrscht nur Sekunden später eisige Erstarrung und Vereinzelung. Für die Zusammenarbeit in Teams, für das Zusammenleben in einer Familie oder Gesellschaft ist die Gegenwart eines Zynikers äußerst destruktiv und kräftezehrend.

Mit *Negativismus* ist eine ablehnende, negative Grundhaltung gemeint, die häufig mit Kritik verwechselt wird. Wer sich immer nur negativ äußert, glaubt sich auf der »sicheren Seite«. Diese Haltung zeigt sich etwa daran, dass ein zu 99 Prozent gefülltes Glas so kommentiert wird: »Da fehlt ja ein Prozent!«

Arroganz, protziges Macho-Verhalten, betont lärmendes oder »zickiges« Auftreten sind oft eine Fassade, um Selbstsicherheit vorzutäuschen. Im Gegensatz zum bekannten Sprichwort kommt Hochmut häufig *nach* dem Fall: Er ist ein Versuch, Scham und Selbstwertzweifel zu kaschieren.

Wenn Verlieren, Versagen oder Fehler als existenziell bedrohlich erlebt werden (»ein Fehler sein«), dann müssen diese verleugnet, verschwiegen, verheimlicht, vertuscht oder durch *Rechtfertigungen* »wegerklärt« werden. Oder sie müssen um jeden Preis vermieden werden, sei es durch Schummeln, Lügen oder Betrug.

Ehrgeiz – in gesundem Maße – kann ein konstruktiver Versuch sein, sich vor Scham und Beschämung zu schützen. Die Botschaft an sich selbst lautet etwa: »Wenn ich mich anstrenge und noch mehr übe, dann vermeide ich künftig die Peinlichkeit, eine falsche Antwort zu geben.«
Zu viel an Ehrgeiz steht jedoch in Gefahr, in (selbst)destruktiven *Perfektionismus* oder absolut gesetztes *Leistungsdenken* umzuschlagen. Etwa wenn die Botschaft ist: »Nur wenn ich perfekt bin, kann mich keiner angreifen. Ich werde nur dann geliebt und nicht zurückgewiesen, wenn ich absolute Spitzenleistung bringe, einen idealen Körper und makellose Haut habe, Top-Kleidung trage, eine perfekte Frau bin und erfolgreiche Kinder usw. habe.«

Eine Variante davon ist die *Unverständlichkeit*, die z. B. in deutschen Behörden und Hochschulen oft zu beobachten ist, wenn Lehrende sich schwer verständlich ausdrücken. Die Botschaft lautet etwa: »Indem ich mich unverständlich ausdrücke, mit vielen Fremdwörtern und perfekten Schachtelsätzen, mache ich mich unangreifbar.« Stattdessen werden die Zuhörer einschüchtert und gezwungen, sich dumm zu fühlen. Entsprechend bewirken unverständliche Formulierungen im »Behördendeutsch«, dass die Bürger sich inkompetent, klein und unbedeutend vorkommen.

Durch *Trotz, Wut, Rache* und *Gewalt* wird Ohnmacht in Macht gewendet. Das passive Gefühl der Scham wird in aktiv umgedreht. Man ist lieber ein Täter als ein Nichts. Fragt man z. B. jugendliche Straftäter, weshalb sie jemanden umgebracht haben, dann bekommt man nicht selten solche Antworten: »Ich wollte meinen Kumpels beweisen, dass ich kein Feigling bin.« Oder: »Der hat mich so komisch angeguckt!« Offenbar wurde hier der Blick eines Passanten als beschämend erlebt. Micha Hilgers (2006) weist auf die Gefahr hin, dass Scham-motivierte Straftäter in einen Teufelskreis von Scham – Delinquenz – Scham – Delinquenz etc. geraten: Wenn sie ihre Verhaftung, Verhöre, Gerichtsverhandlung und Bestrafung als beschämend erleben, verlassen sie das Gefängnis mit noch mehr Schamgefühlen, die wiederum abgewehrt werden müssen. Erneute Straftaten führen zu erneuter Bestrafung, die noch mehr Scham hervorrufen etc. Eindrücklich wird dieser Teufelskreis im Buch Pinocchio (Collodi 1990) geschildert: eine schwer erträgliche Aufeinanderfolge von Beschämungen und Delinquenz.

Das tief verwurzelte Gefühl bei der Scham, ungeliebt zu sein, kann auch zu einer Art chronischem Hunger führen: zu ei-

nem gierigen, *süchtigen Verhalten* in Bezug auf Essen, Tätigkeiten (z. B. Arbeit oder Computerspiele), Erfolg, Macht, Besitz oder anderen Suchtmitteln. Jedoch macht dieser Konsum nicht wirklich satt, denn im Grunde besteht ein Hunger nach Liebe und Anerkennung, der durch kein Suchtmittel zu stillen ist. Daher muss immer noch mehr konsumiert werden. Diese Flucht vor der inneren Leere kann z. B. auch das ruhelose Erfolgsstreben antreiben, wie es charakteristisch für den herrschenden Erfolgskult ist (Neckel 2009).
Der Teufelskreis von Scham und Sucht ist auch in der Suchtforschung bekannt. In »Der kleine Prinz« von Antoine de Saint-Exupéry (2006) sagt der Alkoholiker zusammengefasst: »Ich trinke, weil ich mich schäme, und ich schäme mich, weil ich trinke.«

Weitere Abwehrformen sind etwa *Größenfantasien*, mit denen man sich aus einer erniedrigenden Existenz herausträumt. Oder *Idealisierung* einer Person, Gruppe oder Nation, mit der man sich identifiziert und dadurch in der Fantasie an deren Größe teilhat.

Die Liste der Abwehrformen ließe sich noch ergänzen. Die Beispiele zeigen, dass durch abgewehrte Scham die zwischenmenschlichen Beziehungen häufig vergiftet werden. Indem Mitmenschen beschämt, verachtet, arrogant oder körperlich verletzt werden, entsteht nicht Nähe, Bezogenheit und Solidarität, sondern Distanz und Entfremdung. Man entledigt sich eigener, unerträglicher Schamgefühle, indem diese z. B. an Mitmenschen weitergegeben werden. Auf diese Weise kann es geschehen, dass ehemalige Opfer (oder deren Nachkommen) später zu Tätern werden. So entstehen Teufelskreise, die über viele Generationen weiterwirken können.

Scham-Abwehr sind pathologische Versuche, die eigene Würde zu retten. Ich komme auf die vier Hauptthemen der Scham zurück und formuliere die Botschaften der Scham-Abwehr:

- Anerkennung: »Ich möchte nie mehr übersehen werden! Durch mein herrisches Auftreten, durch mein machohaftes Imponiergehabe, durch meine Gewalt sorge ich dafür, dass ich gesehen, gehört und respektiert werde.« Oder, in selbstdestruktiver Weise: »Wenn ich tot bin, dann werden meine Eltern mich endlich sehen.«
- Schutz: »Ich möchte nie mehr beschämt werden! Deshalb beschäme, verachte, schikaniere ich andere, um sie auf Abstand zu halten und ihnen zuvorzukommen.« Oder: »Ich igle mich ganz ein und zeige nichts von mir. Dann kann mich keiner verletzen« (Riedel 1991).
- Zugehörigkeit: »Ich möchte nie wieder ausgegrenzt werden! Deshalb tue ich alles, um dazuzugehören. Ich passe mich an, unterwerfe mich bis zur Selbstaufgabe. Um nicht als Feigling ausgegrenzt zu werden, bin ich sogar zum Töten bereit.«
- Integrität: »Ich habe so viele Erniedrigungen schlucken müssen. Um nicht auch noch die Achtung vor mir selbst zu verlieren, muss ich jetzt all diese Leute erschießen.«

Ziel der Abwehr ist es, die Scham *los*zuwerden: Schamlosigkeit. Für dieses Ziel sind Menschen zu unglaublichen Taten bereit. Wer übervoll mit Schamgefühlen ist, der braucht oft Objekte, auf die er die eigene Scham richten und buchstäblich »ausdrücken« kann. Ich stelle mir das wie eine Tube vor, die mit einer giftigen Flüssigkeit prall gefüllt ist. Steht die Tube unter zu viel Druck, muss dieser abgebaut, das Gift aus-gedrückt werden. Diese Bereitschaft, Scham zu »verspritzen«, ist etwa bei gewaltbereiten Jugendlichen zu beobachten. Ihre Körpersprache, ihr Verhalten und ihr suchender Blick signalisieren, wie die englische Sprache treffend beschreibt: »They are looking for trouble.« Sie suchen Objekte, um ihre überschüssigen Schamgefühle an anderen abzureagieren. Dieses Objekt können andere Menschen sein oder das eigene Selbst:

- Destruktive Abwehrformen richten sich gegen andere Menschen, etwa in Form von Arroganz, durch Beschämung, Verachtung, Zynismus, Wut, Gewalt oder Mord. Diese Abwehrformen sind, gemäß den traditionellen Rollenvorbildern, eher charakteristisch für Jungen oder Männer. Dies sind zugleich die Verhaltensweisen, die in unserer Gesellschaft vorherrschen und mit denen wir gegenwärtig die Schöpfung ruinieren.
- Selbstdestruktive Abwehrformen richten sich gegen den eigenen Körper oder das eigene Selbst; diese sind eher verbreitet bei Mädchen und Frauen, etwa in Form von Selbstwertzweifeln, Depression, Bulimie, Sucht oder, im Extremfall, Suizid. Wenn Rot die Farbe der Scham ist, dann gilt oft der Satz: »Ich bin lieber tot als rot.«
- Destruktive und selbstdestruktive Scham-Abwehr können auch zusammenfallen, so bei Selbstmordattentaten oder Amokläufen. Dies zeigt z. B. die Geschichte des Bastian B.

Die meisten Menschen haben gelernt, Scham abzuwehren, da ein bewusstes Umgehen mit diesem Gefühl nicht erlernt wurde. Allerdings unterscheiden sich die Menschen in der Art und Weise, wie wir uns jeweils vor Scham zu schützen suchen. Auch Gesellschaften unterscheiden sich darin, welche Formen von Scham-Abwehr sie jeweils bejahen, akzeptieren oder verwerfen. Viele Gruppen, Milieus oder Kulturen schreiben ihren Mitgliedern implizit oder explizit vor, was

sie tun müssen, um »Schande« zu vermeiden bzw. ihre verlorene »Ehre«, Ansehen oder Respekt wiederherzustellen:
In Erich Kästners (2006) Roman »Das fliegende Klassenzimmer« wird geschildert, wie ein Schüler mit einem Regenschirm von einer hohen Leiter springt, um seinen Mitschülern zu beweisen, dass er kein Feigling ist. Zahllose Männer riskieren Kopf und Kragen, um zu demonstrieren, dass sie nicht »weibisch« sind: Sie fahren schneller Auto, nehmen häufiger Alkohol und andere Drogen zu sich.
Viele Jungen überspielen ihre Unsicherheiten durch eine Fassade von Coolness, Dominanz und Aggressivität. Eine Bühne dafür bietet ihnen z. B. der traditionelle Sport-Unterricht, in dem diese Verhaltensweisen gefördert werden. Verlieren gilt als Zeichen von Unmännlichkeit. Berührung, Mitgefühl und Verständnis werden als »schwul« und Tanzen als »Weiberkram« verachtet (Schmerbitz & Seidensticker 1997).
In einigen Gesellschaften mit einem archaisch-patriarchalischen Ehrenkodex wird von Männern erwartet, dass sie für ihre Ehre die geliebte Tochter oder Schwester ermorden, etwa wenn diese vorehelichen Geschlechtsverkehr hatte. Es wird geschätzt, dass bis heute jährlich weltweit mindestens 5.000 so genannte Ehrenmorde geschehen, auch in Deutschland.
Seit Jahrhunderten setzen unzählige Männer ihr Leben aufs Spiel, um ihre Ehre zu retten oder wiederherzustellen, etwa indem sie sich selbst töten, duellieren oder in den Krieg ziehen.
Auch militaristische Organisationen machen sich Scham-Abwehr zunutze: Typischerweise beginnt die Initiation von Neulingen, etwa in der Grundausbildung, damit, dass die Rekruten intensiv mit Scham erfüllt werden. Dazu werden sie ihrer Privatheit beraubt (durch erzwungene Nacktheit, Unterbringung in Massenquartieren usw.), ihrer Individualität entledigt (uniformiert), schikaniert, erniedrigt, beleidigt

und zu Tätigkeiten gezwungen, die als weiblich und somit erniedrigend gelten (Betten bauen, putzen, Kleiderappelle u. v. a.). Diese Beschämungen schüren die Bereitschaft der Rekruten, ihre Ehre wiederherzustellen – nach den Verhaltensmustern, welche das Militär ihnen dazu bereitstellt: durch »soldatisches« Auftreten und die Bereitschaft zu Gewalt. Insbesondere die Angst um die eigene Existenz wird als »Feigheit« verachtet und soll durch das Ideal von Mut und Rücksichtslosigkeit bekämpft werden. Diese Bereitschaft kann von der militärischen Führung sodann quasi »geerntet« und instrumentalisiert werden.

Die Beispiele zeigen, dass Scham, dieses heimlichste, intimste aller Gefühle, keine Privatsache ist. Sie ist *der* soziale Affekt. Sie reguliert das menschliche Verhalten und steuert Nähe und Distanz, Privatheit und Öffentlichkeit, Zugehörigkeit und Ausgrenzung, Anpassung und Integrität. Der Umgang mit der Scham hat immer auch Auswirkungen auf die Mitmenschen und die Gesellschaft. Und umgekehrt wirkt sich die Qualität einer Gruppe oder Gesellschaft auch auf die Schamgefühle seiner Mitglieder aus. Diese Wechselwirkung zwischen Scham und Gesellschaft wird im folgenden Kapitel am Beispiel der deutschen Geschichte und Gegenwart gezeigt.

KAPITEL 2:
DIE DEUTSCHEN UND DIE MENSCHENWÜRDE

»Die Tradition aller toten Geschlechter
lastet wie ein Alp
auf dem Gehirne der Lebenden.«
(Karl Marx)

Eine umfassende Geschichte der Menschenwürde in Deutschland kann an dieser Stelle nicht dargestellt werden; nicht zuletzt angesichts der Verschiedenheiten der Regionen, die heute die Bundesrepublik Deutschland ausmachen. Daher können hier nur einige Grundzüge skizziert werden, ohne Anspruch auf Vollständigkeit.

Der Fokus liegt auf den Aspekten der Würde, die aus den vier Hauptthemen der Scham abgeleitet wurden: Schutz, Zugehörigkeit, Integrität und Anerkennung. Folgende Fragen versuche ich skizzenhaft zu beantworten: Welche Erfahrungen machen die Deutschen im Verlauf ihrer Geschichte mit der Missachtung ihrer körperlichen und seelischen Grenzen? Inwieweit werden ihre Grundbedürfnisse nach Zugehörigkeit, Integrität und Anerkennung verletzt?

Der folgende Blick auf die deutsche Geschichte und Gegenwart ist einseitig. Denn ohne Zweifel gab und gibt es auch in Deutschland Frauen und Männer, die Respekt, Zugehörigkeit, Integrität und Anerkennung erfahren und praktizieren. Das ist großartig und belegt die bemerkenswerte Fähigkeit des Menschen, trotz einer belastenden Geschichte ein menschenwürdiges Leben zu entwickeln; ich werde in Kapitel 6 darauf zurückkommen.

Vorherrschend in unserer Geschichte sind jedoch Missachtungen der Würde, wie ich zunächst am Beispiel der Zeit zwischen dem Mittelalter und 1945 skizzieren möchte:

2.1 Land der Mobber und Henker

Ein traumatisiertes Volk

»Deutsche Eigenschaften bleiben allerdings das mangelnde Gefühl für die ›liberalitas‹ des von innen her souveränen Menschen und das mangelnde Gefühl für ›dignitas‹. Die Nachwirkungen des 30-jährigen Krieges lasten eben noch in tragischer Weise auf der Geschichte unseres Volkes und haben den Reifeprozess aufgehalten. Wann werden die Schatten endlich weichen, wird das Versäumte nachgeholt sein?« [10] Mit diesen Worten beschrieb der Historiker Friedrich Oertel 1947 die Langzeitwirkungen des Dreißigjährigen Krieges:
Von 1618 bis 1648 werden ganze Landstriche Deutschlands verheert. Von ca. 17 Millionen Menschen kommen schätzungsweise drei bis vier Millionen ums Leben; in Süddeutschland überlebt nur jeder Dritte. Diese fast nicht endende Aufeinanderfolge mordender, plündernder, brennender und vergewaltigender Heere und Söldnertrupps, verbunden mit Hunger und Seuchen, ließ eine traumatisierte Bevölkerung zurück.

In struktureller Weise traumatisiert werden die Deutschen auch durch den Feudalismus. Diese Gesellschaftsform, die

••••••

10. Brief an Thomas Mann v. 16.2.1947, in: Paul E. Hübinger, Thomas Mann, die Universität Bonn und die Zeitgeschichte, München 1974, S. 598f. Zit. in Wikipedia http://de.wikipedia.org/wiki/Drei%C3%9Figj%C3%A4hriger_Krieg#cite_ref-1 Zugriff 15.1.2010.

vom frühen Mittelalter über Jahrhunderte die deutsche Gesellschaft prägt, besteht psychologisch betrachtet wesentlich in Verachtung, Ohnmacht und Scham: Verächtlich ist die Haltung der oberen Stände (Klerus, Feudalherren, städtische Bürger) gegenüber den Bauern. Diese gelten als dumm, plump, bösartig, minderwertig, dreckig und faul – obwohl sie es sind, die den Wohlstand der Feudalherren erarbeiten, über Jahrhunderte mehrheitlich als Leibeigene.

Diese sind weitgehend rechtlos und verpflichtet zu hohen Abgaben. Gegenüber ihren Herren sind sie hörig; häufig müssen sie deren Religionszugehörigkeit übernehmen. Sie gehören zu dem Grund und Boden, den sie bearbeiten und den sie ohne Erlaubnis nicht verlassen dürfen. Nicht selten »gehört« in gewissem Sinne dem Feudalherrn auch die Ehefrau des unfreien Bauern: Als ein Sinnbild für die Willkür, der die Abhängigen unterworfen sind, gilt das »Recht der ersten Nacht«, wonach der Feudalherr das Recht hat, bei der Hochzeit »seiner« Bauern die Braut zu entjungfern. Dieses Recht ist seit dem 13. Jahrhundert vielfach belegt (wie oft es tatsächlich praktiziert wurde, ist unter Historikern heute umstritten, Wettlaufer 1999, 334). Es zeigt die Ohnmacht der Abhängigen, die Machtmissbrauch und Übergriffe durch ihre Herren häufig hinnehmen müssen.

In den meisten deutschen Staaten wird die Leibeigenschaft erst zwischen der zweiten Hälfte des 18. und Beginn des 19. Jahrhunderts aufgehoben, z. B. in Baden 1783, in Preußen 1810 und in Württemberg 1817. Angestoßen wird die Bauernbefreiung durch die Aufklärung und durch die Einsicht, dass freie Bauern für Gutsbesitzer vorteilhafter wirtschaften. Auch für die Industrialisierung werden zunehmend Arbeitskräfte benötigt. Dort werden die Arbeiter strukturell und personal entwürdigt: durch entfremdete Arbeitsbedingungen, die sie zu Werkzeugen degradieren, und durch Verachtung als dumme, minderwertige »Proleten«. Diese Vorurteile sind bis in die Gegenwart lebendig.

Wie ist es möglich, dass das Feudalsystem über Jahrhunderte aufrechterhalten werden kann? Warum führt das schreiende Unrecht nicht häufiger zu Revolten der Unterdrückten? Diese Frage ist m. E. allein mit der Grausamkeit der Bestrafungen nicht hinreichend zu erklären. Denn diese sind gewiss eindrücklich und daher von großer Wirkung (darüber gleich mehr); aber sie sind nicht Alltag.

Alltäglich und viel grundlegender für die Aufrechterhaltung des Feudalsystems ist seine psychologische Wirkung auf die Unterdrückten: Durch Verachtung wird Scham ausgelöst, die wiederum die geistigen Fähigkeiten der Verachteten blockiert (denn Scham macht, wie erwähnt, das, was gemeinhin als »dumm« bezeichnet wird); sie lähmt und vereinzelt. Durch die tagtäglich erlittene Verachtung werden die Unterdrückten gezwungen, Scham und immer noch mehr Scham zu akkumulieren. So wird die erfahrene Verachtung verinnerlicht. Mit der Folge, dass sich viele der Unterdrückten ihrer selbst schämen, überzeugt von der eigenen Dummheit, Minderwertigkeit und Unfähigkeit.

Der Mechanismus, durch den die Unterdrückung verinnerlicht wird, wurde in der Psychologie vielfach beschrieben (»Identifikation mit dem Aggressor«), auch in der Kolonialismus-Forschung. So schildert Frantz Fanon (1969, 42) in »Die Verdammten dieser Erde« das Verhalten des Kolonialisierten: »Er wirft sich vor dem Kolonialherrn und vor dem Schicksal auf den Bauch und gelangt durch eine Art innere Wiederherstellung des Gleichgewichts zu steinerner Gelassenheit.« Er korrumpiert sich, gibt seine Integrität auf. Er internalisiert die Werte und Normen der Kolonialisatoren und deren Demütigungen. Weil er als dumm verachtet und

entsprechend behandelt wird, handelt er, so Ilse Schimpf-Herken (1979, 24) »unbewusst im Sinne der ›self-fulfilling prophecy‹«.
Statt an sich selbst glaubt er an die kirchlichen und weltlichen Autoritäten, denen er sich untertänig unterwirft und gehorsam folgt. Diese Scham wird über Jahrhunderte erzeugt; diesem Zweck dienen Erziehung, Schule, Militär, Religion, Rechtssystem und die gesellschaftlichen Strukturen. Dies wird durch öffentlich inszenierte Folterungen, Entwürdigungen, Hinrichtungen und Ächtungen noch bekräftigt.

Verletzung von Zugehörigkeit

Soweit sich die Entwürdigung der Bauern in gewaltsamen Befreiungsversuchen entlädt – durch eher wütende Aktionen Einzelner (wie z. B. Michael Kohlhaas) oder durch sozialrevolutionäre Aufstände (wie etwa unter Thomas Müntzer) –, werden diese brutal unterdrückt und geahndet. So kommen bei den Bauernkriegen im Süddeutschen Raum ab 1524 etwa 100.000 Bauern ums Leben. Die überlebenden Aufständischen werden grausam bestraft, hingerichtet oder geächtet:
Mit der uralten Strafpraxis der Ächtung (auch Acht, Reichsacht, Friedlosigkeit oder Bann genannt) wird der Verurteilte aus der menschlichen Gemeinschaft ausgestoßen. Es ist verboten, ihm beizustehen. Der Geächtete verliert seine Rechtsfähigkeit; er wird vogelfrei, jedermann kann ihn straflos töten. Seine Ehefrau gilt von nun an als Witwe, seine Kinder als Waisen; sein Lehen geht wieder an den Lehnsherrn.
Ächtung ist über Jahrhunderte eines der wesentlichen Bestrafungsmittel. So sind z. B. in Frankfurt im 17. Jahrhundert 97 Prozent aller Strafen mit Landesverweis kombiniert. In Nürnberg werden z. B. 1575 jugendliche Diebe drei Tage hin-

tereinander für einige Zeit am Pranger ausgestellt, dann zur Hinrichtung ihres älteren Komplizen geführt und anschließend lebenslänglich der Stadt verwiesen. Nicht selten wirkt die Ächtung wie ein Todesurteil, da der Betreffende den Schutz der Gemeinschaft verliert. So wird im Winter 1692 in Nürnberg eine arme Besenbinderin (sie hatte einen Korb mit Geschirr, Kupfer und Stoffen gestohlen) zu halbstündigem Pranger, Auspeitschung und Stadtverbot verurteilt. In der folgenden Nacht erfriert sie im tiefen Schnee (Dülmen 1985, 53–67).

Erst 1743 wird in Preußen die Bestrafung durch Landesverweisung abgeschafft. Im Nationalsozialismus wird sie wieder eingeführt, indem jüdische Mitbürger ab 1933 zunehmend isoliert, schikaniert, in das Exil gedrängt und deportiert werden.

Bestrafung durch Grenzverletzung

Spätestens ab dem Mittelalter verbreitet sich die Folter rasch über die deutschen Gebiete und andere Teile Europas. Kein Körperteil wird ausgelassen, um Menschen möglichst große Schmerzen zuzufügen, um sie zu Geständnissen zu zwingen oder hinzurichten. Vom Abhacken von Körperteilen, Absengen der Haare, Abziehen der Haut, Aufschlitzen, Augen ausstechen, Aufhängen bis zur Zahnfolter und Zangentortur (Herrmann 2004). Viele deutsche Kleinstaat-Fürsten demonstrieren ihre Eigenständigkeit durch eigene Foltermethoden; daher die Redensart »jedem Ländchen sein Tormentchen«: Bambergische Tortur, Dessauer Trog, Dresdner Schnürung, Mecklenburgisches Instrument, Paderbornische Folter, Pommersche Mütze u. v. a. (Herrmann 2004, 78).

Lange Zeit wird willkürlich gefoltert. 1532 stimmt der Reichstag in Regensburg der »Peinlichen Gerichtsordnung Kaiser

Karls V.« zu; von nun an soll »ordentlich«, nach bestimmten Regeln, gefoltert werden. Einen ersten – halbherzigen – Versuch, die Folter in Preußen zu beenden, unternimmt Friedrich der Große im Jahr 1740. Es dauert noch Jahrzehnte, bis die Folter in Deutschland abgeschafft wird (zuletzt 1828 in Coburg-Gotha und 1831 in Baden; Baldauf 2004, 201). Aber auch danach wird auf verschiedenen Wegen versucht, das Verbot zu umgehen, etwa durch Androhung von Folter, Prügel, Auspeitschen, Isolation, Nahrungsentzug oder anderen Schikanen. Im Nationalsozialismus wird wieder massiv gefoltert, vor allem durch die Gestapo und in Konzentrationslagern.

Im Mittelalter wird vorwiegend dadurch bestraft, dass die Verurteilten körperlich verletzt und beschämt werden: Verbreitet sind Schläge, Auspeitschen (z. B. lediger Mütter), Abschneiden der Haare oder Brandmarkung, dabei wird ein Zeichen in das Gesicht eingebrannt. Oder Verstümmelungen, etwa durch Abhauen der Hand, eines Fußes, einzelner Finger oder Fingerglieder; Ausreißen der Zunge (z. B. bei »Gotteslästerung«); Ausstechen der Augen, Abschneiden der Nase oder Ohren (z. B. bei Diebstahl), daher auch der Begriff »Schlitzohr«. Dies alles mit dem Zweck, den Verurteilten kenntlich zu machen.
Große Bedeutung haben öffentliche Demütigungen. Der Verurteilte muss barfuß oder in einem besonderen Büßergewand durch den Ort gehen und dabei einen Gegenstand tragen, der ihn lächerlich macht (z. B. einen Hund oder »Lasterstein«). Mancherorts müssen Frauen, die einen Juden lieben, einen »Judenhut« aufsetzen. Ab dem 13. Jahrhundert richten viele Städte auf öffentlichen Plätzen Pranger ein: Dies ist z. B. ein Schandpfahl, an den der Verurteilte angekettet wird; ein eiserner Käfig, in dem der Betreffende ausgestellt wird; oder

ein hölzernes Gestell, auf dem der Verurteilte sitzen muss. Oft ist der Pranger ein erhöhtes Podest, welches das Opfer wie auf einer Bühne exponiert, um der Menge eine bessere Sicht zu bieten. Am weitesten verbreitet sind zwei parallel angeordnete Bretter mit Öffnungen für Hals und Handgelenke (»Halsgeige«), z. B. als Strafe für »schwatzhafte Frauen«.

Häufig werden die Exponierten gezwungen, sich selbst zusätzlich lächerlich zu machen, z. B. indem sie ein Musikinstrument spielen müssen, das sie nicht beherrschten. Sie werden, vorzugsweise an Sonn- und Markttagen – oft für etwa ein oder zwei Stunden, manchmal auch mehrfach – ausgestellt und von der Menge verhöhnt, beleidigt, bespuckt, getreten, geschlagen oder mit Urin, Kot, Tierkadavern, Dreck, faulen Eiern oder Steinen beworfen.

Adelige und ehrbare Bürger sind vom Pranger ausgenommen. Meistens werden nur einfache oder fremde Leute auf diese Weise bestraft (Herrmann 2004, 255), etwa für »unehrliche« Delikte wie Arbeitsscheu, Trunksucht, Zänkerei, nächtliche Ruhestörung, Diebstahl, Betrug oder Meineid. Oft wird dem Verurteilten ein Schild umgehängt, auf dem seine Tat beschrieben oder dargestellt ist.

Erst im 19. Jahrhundert kommt der Pranger außer Gebrauch – um im Nationalsozialismus wieder eingeführt zu werden: Schon bald nach der Machtübernahme durch die Nationalsozialisten 1933 werden jüdische und kritische Bürger durch Innenstädte getrieben und gezwungen, Schilder mit ehrverletzenden Texten zu tragen (wie z. B. »Ich habe ein Christenmädchen geschändet!«). Ab 1941 müssen Juden in Deutschland einen »Judenstern« an ihrer Kleidung tragen. Frauen, denen Liebesbeziehungen mit Zwangsarbeitern vorgeworfen werden, werden auf öffentlichen Plätzen auf erhöhten Podesten an Pfosten festgebunden und mit Schildern (»Polendirne«) und Abschneiden der Kopfhaare entwürdigt (Schwarze 2009).

Die Todesstrafe gilt im Mittelalter für eine große Zahl von Verbrechen und wird mit verschiedenen Methoden exekutiert, etwa durch Abreißen der Haut, Herausreißen von Körperteilen mit glühenden Zangen, Hängen, Enthaupten, Vierteilen oder Rädern. Oder durch lebendig Begraben, Pfählen, Ertränken (oft in einem Sack, zusammen mit einem Tier), Verbrennen oder Sieden in Wasser oder Öl. Verschärfend werden Verurteilte nicht selten auch zur Richtstätte geschleift oder unterwegs ihr Körper mit glühenden Zangen gequält. Oft werden noch die Leichen geschändet, gefleddert und öffentlich zur Schau gestellt. So wird der Kopf des 1525 hingerichteten Thomas Müntzer auf eine hohe Stange gespießt und zur Schau gestellt.

Ab dem 16. Jahrhundert werden auch Arbeitsstrafen verhängt, etwa indem die Verurteilten vor aller Augen Bau- oder Straßenreinigungsarbeiten verrichten müssen; dabei sind sie durch bestimmte Kleidung und zuweilen Glöckchen gekennzeichnet (Herrmann 2004, 314f.).
Erst ab dem 17. und 18. Jahrhundert setzen sich in Deutschland weniger inhumane Methoden der Bestrafung durch: Freiheitsstrafen (Gefängnis) oder »Erziehung durch Arbeit« (Zuchthaus). Die Verstümmelung von Straftätern wird im 18. Jahrhundert abgeschafft. Die körperliche Züchtigung von Verurteilten wird ab dem 19. Jahrhundert zurückgedrängt (und zugleich in die Erziehung eingeführt: als gesetzlich verankertes Recht des Vaters gegenüber seinen Kindern).
Die Zahl der Todesstrafen geht zurück. Erste Ansätze, sie ganz abzuschaffen, gibt es in einzelnen Ländern nach der Märzrevolution von 1848/49. Für das Deutsche Reich bleibt sie ab 1871 als Strafe für Mord und für Mordversuche am Landesherrn vorgeschrieben. Während der Weimarer Repu-

blik sinkt die Zahl der Hinrichtungen, da sie auf wenige spektakuläre Fälle beschränkt wird.
Im Nationalsozialismus wird die Zahl der Tatbestände, die mit dem Tod zu bestrafen sind, in inflationärer Weise ausgeweitet. Sie droht z. B. »Volksschädlingen«, »gefährlichen Gewohnheitsverbrechern«, »Sittlichkeitsverbrechern« und »Minderwertigen«; ab 1944 kann die Todesstrafe sogar für Taten verhängt werden, die gegen das »gesunde Volksempfinden« verstoßen (Schmitz-Berning 1998, 270f.). Etwa 12.000 Todesurteile werden vollstreckt; hinzu kommen über 20.000 Todesurteile von Kriegsgerichtshöfen. Sehr viel größer ist die Zahl der Tötungen ohne Gerichtsurteile: von mehr als 100.000 psychisch und körperlich Behinderten; von 6 Millionen vorwiegend jüdischen Menschen in Konzentrations- und Vernichtungslagern sowie von schätzungsweise 15 bis 18 Millionen Osteuropäern durch Einsatzgruppen, SS und Wehrmacht.
Die meisten dieser Morde sind ausgelagert, sie werden außerhalb des Blickfeldes der deutschen Öffentlichkeit durchgeführt, in eroberten Gebieten bzw. Konzentrationslagern in Osteuropa. Insofern setzt der Nationalsozialismus einerseits die Entwicklung der vergangenen Jahrhunderte fort, wonach Hinrichtungen zunehmend vor der Öffentlichkeit verborgen werden (Evans 1984, 245). Andererseits werden Deserteure vor den Augen ihren Kameraden exekutiert. In den letzten Kriegsmonaten werden auf Reichsgebiet monatlich etwa 500 Todesurteile von Standgerichten gefällt und oft sofort vollstreckt; häufig an Angehörigen des Volkssturms und an Zivilisten, die die unsinnige Zerstörung ihrer Heimat verhindern wollen. Damit greift der Nationalsozialismus eine alte Tradition wieder auf:

Über Jahrhunderte werden Bestrafungen und Exekutionen in der Öffentlichkeit vollzogen; häufig sind sie Hinrichtungsfest und Volksschauspiel. Im Barock werden sie als pomphafter Umzug gestaltet: Richter, Verurteilter, Scharfrichter und Schulmeister mit den Schulkindern ziehen mit geistlichen Gesängen zum Richtplatz. Nicht selten werden Todesurteile so inszeniert, dass sie für die Betrachter noch grausamer wirken, als sie tatsächlich vollstreckt werden, etwa wenn die Opfer vor dem Rädern heimlich erdrosselt werden oder Betäubungsmittel erhalten. Erst ab Ende des 19. Jahrhunderts werden Hinrichtungen in den Innenraum von Gefängnissen verlegt; die letzte öffentliche Hinrichtung findet 1908 in Sachsen statt – dann wieder im Nationalsozialismus.

Die große Brutalität und Öffentlichkeit der Bestrafungen wird in der Forschung oft damit begründet, dass dem schaulustigen, von Gewalt faszinierten Volk ein Vergnügen bereitet werde (Herrmann 2004, 279f.): Worin dieses »Vergnügen« besteht, wird noch zu klären sein. Eine andere Interpretation lautet, dass das zuschauende Volk abgeschreckt und somit diszipliniert werden solle; etwa wenn aufständische Bauern hingerichtet werden. Nach diesem Verständnis wird der Zeuge mit abgrundtiefer Angst erfüllt vor dem, was ihm selbst geschehen *könnte,* falls er sich nicht konform und gesetzestreu verhalten sollte. Seine Angst bezieht sich auf eine mögliche *Zukunft* und soll bewirken, dass der Zeuge seine Anstrengungen zur Anpassung vervielfacht.
Hinzu kommen m.E. noch zwei weitere, tiefer gehende Wirkungen: Erstens werden die Teilnehmenden – *alle* Teilneh-

menden – einer öffentlichen Bestrafung oder Hinrichtung intensiv mit Scham erfüllt: Die Verurteilten, indem sie bloßgestellt, erniedrigt, verhöhnt werden – aber auch die Zeugen. Diese Scham (sie wurde oben als »empathische Scham« bezeichnet) wirkt auf die Zuschauer: Sie blockiert das Denken, lähmt, vereinzelt und entsolidarisiert. Später, wenn sie wieder klar denken können, schämen sich die ohnmächtigen Zeugen der Entwürdigung dafür, dass sie dem Opfer nicht beigestanden haben. So werden sie in ihrer Integrität gebrochen.

Der Auschwitz-Überlebende Primo Levi gibt ein Zeugnis dieser ihm »wohlbekannten Scham, die uns nach den Selektionen und immer dann überkam, wenn wir Zeuge einer Misshandlung sein oder sie selbst erdulden mussten: jene Scham, die die Deutschen nicht kannten, die der Gerechte empfindet vor einer Schuld, die ein anderer auf sich lädt, und die ihn quält, weil sie existiert, weil sie unwiderruflich in die Welt der existenten Dinge eingebracht ist und weil sein guter Wille nichts oder nicht viel gilt und ohnmächtig ist, sie zu verhindern« (Levi 1964, 8).

In einem Punkt möchte ich Primo Levi widersprechen: Ich bin überzeugt, dass wir Deutschen diese Scham besonders gut kennen. Wir haben sie über Jahrhunderte intensiv erlernt und verinnerlicht, wesentlich durch öffentliche Bestrafungen, wie sie in diesem Kapitel dargestellt sind. Tragischerweise haben wir jedoch kein Bewusstsein für diesen Teil unserer Geschichte, mit der Folge, dass wir Entwürdigungen häufig an unseren Mitmenschen wiederholen.

Damit zur zweiten, pädagogischen Funktion öffentlicher Entwürdigungen: Die Zeugen werden nicht nur intensiv mit Scham erfüllt, sondern lernen zugleich die gesellschaftlich erwünschte Methode, mit ihnen umzugehen. Sie lernen, sie dadurch »loszuwerden«, indem man sie an anderen Menschen

ablädt, etwa durch Häme, Spott, Verachtung oder Gewalt gegen gesellschaftliche Außenseiter – dazu lädt die inszenierte Hinrichtung ein. Aber auch im Alltag gegen Schwächere: Frauen, Kinder oder Tiere.
In dieser Spannungsabfuhr besteht das besondere »Vergnügen«, das viele Zuschauer einer öffentlichen Erniedrigung oder Hinrichtung erleben: Sie werden intensiv mit Scham erfüllt und in ihrer Integrität gebrochen – und bekommen zugleich die Gelegenheit, die Scham nach außen abzuführen. Scham und ihre Abwehr, dies ist die zweifache Lektion der öffentlich inszenierten Entwürdigung.
Der entscheidende Punkt ist: Diese Lektion kennen die Zuschauer, das einfache Volk, bereits zur Genüge. Denn die Erfahrung, verachtet, beschämt, entwürdigt zu werden, ist ihr Alltag. Insofern erkennt der Zeuge in der öffentlich inszenierten Entwürdigung das wieder, was er seelisch bereits erlitten hat und täglich erleidet. Er hat, so Jorge Icaza (1978, 141), »unbewusst den traurigen Eindruck, das eigene Schicksal vor sich zu sehen«. So zielen öffentlich inszenierte Entwürdigungen nicht nur auf eine abschreckende Wirkung für die Zukunft, sondern treffen und bekräftigen auch die seelische Gegenwart.

Pädagogik der Beschämung

Scham und ihre Abwehr, diese zweifache Lektion wird schon den Kindern von klein an in die Seele gebrannt. Wesentliche Erziehungsmittel der »schwarzen Pädagogik« sind Ausgrenzung, Brechung der Integrität, Beschämung sowie seelische und körperliche Grenzverletzungen, wie Katharina Rutschky (1977) und Alice Miller (1980) anhand zahlreicher pädagogischer Schriften aus dem 18. bis frühen 20. Jahrhundert zeigen.

In diesen Erziehungsratgebern werden die verschiedensten Grausamkeiten gegenüber Kindern empfohlen: demütigen, verachten, verspotten, beschämen, kränken, erniedrigen, schlagen, ängstigen, verunsichern, schimpfen, ausgrenzen, wegschließen, mit Blicken strafen, ohrfeigen, auspeitschen, Härte, Kälte, militärischer Drill und foltern. Die Botschaft, die dem Kind durch diese Pädagogik eingebläut wird, lautet: »Schäm dich! Du bist von Grund auf schlecht und musst durch Erniedrigung erst noch zu einem guten Menschen gemacht werden.« Noch in den 1970er- und 80er-Jahren prügelt der spätere Bischof Walter Mixa Kinder mit den Worten: »In dir ist der Satan, den werde ich dir schon austreiben.«
Im Ratgeber »Über den Kinderfehler des Eigensinns« fordert z. B. ein H. Grünewald im Jahr 1899, die Individualität der Kinder, ihr »Eigensinn«, müsse schon »in den früheren Jahren durch das Gefühl entschiedener Übermacht gebrochen werden. Später wirkt Beschämung nachhaltiger, namentlich auf kräftige Naturen« (Rutschky 1977, 425).
Ein pädagogisches Handbuch aus dem Jahr 1887 führt aus: »Auf den eigentlichen Höhepunkt der Strafen gelangen wir mit der energischsten Straftat, der körperlichen Züchtigung. Wie die Rute als Symbol der väterlichen Zucht im Haus gilt, so der Stock als das Hauptwahrzeichen der Schulzeit.« Für eine »wahrhaft christliche Pädagogik« seien körperliche Züchtigungen unerlässlich. »Dieselbe ist für manche Verfehlungen gerade die angemessene Strafe: sie demütigt und erschüttert, sie bezeugt tatsächlich die Notwendigkeit der Beugung unter eine höhere Ordnung und gibt dabei doch die ganze Energie der väterlichen Liebe zu erkennen« (Rutschky 1977, 433–436).
Auch Hinrichtungen gelten als pädagogisch wertvoll. So verlangt etwa C.F. Weisse im Erziehungsratgeber »Der Kinderfreund« von 1792 (Rutschky 1977, 6–9) von seinen Söhnen,

an Hinrichtungen teilzunehmen, denn »eine Mannsperson muss fürs Erste weniger weichlich sein. Mut und Tapferkeit ist des Mannes Anteil, seine vorzügliche Tugend, und nicht selten Pflicht.« Jeder Beruf bringe es mit sich, dass man »blutige Auftritte« nicht nur sehen, sondern auch auszuüben habe: »Als Geistlicher, als Richter oder Sachwalter, als Arzt, als Soldat fordert ihn oft sein Beruf dazu auf, selbst Blut zu vergießen.« Daher sei es ratsam, dass ein Junge schon früh »seinem Herzen Gewalt antut, mit einer gewissen Standhaftigkeit ein solches Schauspiel anzusehen; so spart man sich gewiss manche Qual auf seine Lebenszeit«.

Zwar gab es auch in der Vergangenheit schon Ansätze zu einer humanen Pädagogik; vor allem Ende des 19. und Anfang des 20. Jahrhunderts. Dass diese nicht mehrheitsfähig werden konnten, lag an den engen Wechselwirkungen zwischen »schwarzer Pädagogik« und Militär, einer entsprechenden Interpretation des Christentums und den gesellschaftlichen Bedingungen: Autoritäre Gesellschaftssysteme wie Feudalismus, Kaiserreich und Nationalsozialismus benötigen nicht selbstbewusste, »eigensinnige« Bürger, sondern Scham erfüllte, unkritische, unsolidarische Untertanen.
Folgerichtig greift auch die Pädagogik im Nationalsozialismus in starkem Maße auf die Tradition der beschämenden und ausgrenzenden Pädagogik zurück; auch die frühkindliche Erziehung. So rät etwa Johanna Haarer in ihrem Erziehungsratgeber von 1934 »Die deutsche Mutter und ihr erstes Kind«, Säuglinge handwerklich korrekt zu versorgen, sie »im Übrigen aber vollkommen in Ruhe (zu lassen). Am besten ist das Kind in einem eigenen Zimmer untergebracht, in dem es auch allein bleibt«. Vor allem wenn das Kind trotz Schnuller schreit, wird es »nach Möglichkeit an einen stillen Ort abgeschoben, wo es allein bleibt, und erst zur nächsten Mahlzeit wieder

vorgenommen. Häufig kommt es nur auf einige wenige Kraftproben zwischen Mutter und Kind an – es sind die ersten! – und das Problem ist gelöst!« Demnach wird schon der Säugling mit Ächtung bestraft, wenn er Angst, Schmerz oder Trauer ausdrückt: genau dann, wenn er in größter Not ist. Durch soziale Ausgrenzung, die der Säugling als existenziell bedrohlich erlebt, wird er von klein an darauf konditioniert, sein wahres Selbst zu verleugnen und ein angepasstes, »pflegeleichtes« Verhalten zu entwickeln. So wird seine Ganzheit früh gebrochen. Diese Erziehung ist besonders fatal, da *frühe* Traumatisierungen besonders schwierig bewusst zu machen und zu heilen sind, weshalb sie besonders langfristig wirksam sind, auch über viele Generationen. Hinzu kommt, dass Haarers Buch (mit geringfügig verändertem Titel und Inhalt) bis 1987 (!) mit einer Auflage von mehr als 1,2 Millionen Exemplaren verlegt wurde.

Zur Rolle von Militär und Religion

Bis Ende des 19. Jahrhunderts bestehen die Heere in Mitteleuropa in der Regel aus Söldnern. 1813 wird in Preußen die allgemeine Wehrpflicht eingeführt; von nun an werden breite Schichten der Bevölkerung durch die militärische Erziehung geprägt und militarisiert. Deren Auswirkungen auf die betroffenen Männer werden noch potenziert, wenn diese in Kriege befohlen werden (in Preußen z. B. 1864 gegen Dänemark; 1866 gegen Österreich, 1870/71 gegen Frankreich und gegen die halbe Welt in den beiden Weltkriegen). Das Trauma, das diese jungen Männer durch die »schwarze Pädagogik« und die militärische Ausbildung erlitten haben, wird durch Erfahrungen an der Front oft noch vertieft. Diese sind nicht für alle, aber doch für viele Soldaten traumatisch, ohne dass sie nach Kriegsende die Chance bekämen, ihre seelischen

Verletzungen zu verarbeiten. Der Gedanke, Kriegsveteranen (z. B. durch Psychotherapie) bei der Verarbeitung ihrer Kriegstraumata zu unterstützen, entwickelt sich erst sehr spät, ab den 1980er-Jahren, ausgehend vom Leiden US-amerikanischer Vietnam-Veteranen.
In aller Regeln tragen die Kriegsveteranen ihre seelischen Wunden in die Zivilgesellschaft zurück und geben so etwas davon an die nächste(n) Generation(en) weiter: als Väter und Erzieher, aber auch als Ausbilder, Lehrherren, Vorgesetzte, Seelsorger oder Lehrer. Immerhin ist der Lehrerberuf lange Zeit eine Männerdomäne (Marks 2009 b). Im »Dritten Reich« werden Frauen aus dem Lehrberuf gedrängt: 1935 sind 83 Prozent der hauptamtlichen Lehrkräfte an öffentlichen Schulen männlich. Jungen werden ausschließlich von männlichen Lehrkräften unterrichtet: Somit von Männern, die mehrheitlich durch schwarze Pädagogik, Militär und den Albtraum des Ersten Weltkriegs geprägt sind (vgl. Said 1981, 114, 119). Dies ist einer der transgenerationalen Teufelskreise, durch die erlittene Erniedrigungen von Generation zu Generation, weiter und immer weiter delegiert werden.

Legitimiert wird die Pädagogik der Beschämung auch durch die herrschende Interpretation des Christentums, wonach der Mensch von Grund auf schlecht sei (die Lehre von der Ur-Sünde meint im Grunde Ur-Scham). Entwürdigung wird verklärt und überhöht, bezugnehmend auf eine fragwürdige Interpretation des Satzes aus dem Neuen Testament: »Wer sich selbst erhöht, wird erniedrigt, und wer sich selbst erniedrigt, wird erhöht werden.«
Diese Verklärung wird auch durch die unzähligen Kruzifixe vermittelt, die in vielen Gegenden Deutschlands alle wenige Kilometer an Straßenrändern zu sehen sind. Dieser Anblick mag uns Deutschen, aufgrund unserer Vergangenheit ver-

traut sein; für einen außenstehenden Beobachter muss dieser Anblick furchtbar sein. Desgleichen die Innenräume zahlloser Kirchen mit den Darstellungen gekreuzigter, durchbohrter, gedemütigter, verbrannter oder anderweitig gefolterter Menschen. Noch unverständlicher muss es einem Außenstehenden erscheinen, dass dieser Anblick auch vielen Kindern zugemutet wird, Sonntag für Sonntag.

Über Jahrhunderte werden katholische Gottesdienste in lateinischer Sprache abgehalten, somit für Laien unverständlich. Auch die kirchliche Architektur sowie viele Gebete (z. B. »Herr, ich bin nicht würdig …«) und sprachlich unverständliche Kirchenlieder vermitteln dem Einzelnen die Botschaft: »Du bist dumm, schlecht, unwürdig, unbedeutend und klein!« Eine bedrückende Veranschaulichung eines so verstandenen Christentums und seiner Pädagogik bietet der Film »Das weiße Band. Eine deutsche Kindergeschichte« von Michael Haneke (2009). Er schildert die religiöse, häusliche und strukturelle Gewalt in einem deutschen Dorf am Vorabend des Ersten Weltkriegs. Gegenüber der gezeigten seelischen Verelendung muss der Kriegsbeginn wie eine Erlösung gewirkt haben.

Ein traumatisierendes und retraumatisiertes Volk

Der Erste Weltkrieg hinterlässt die Deutschen mit massiven Schamgefühlen (dies habe ich an anderer Stelle ausgeführt: Marks 2007, 2009a): Nach Kriegsende 1918 besteht fast ein Fünftel der deutschen Bevölkerung aus Kriegsveteranen, von denen viele massivste Verletzungen ihrer seelischen und körperlichen Grenzen erfahren haben. Sie kehren nicht als strahlende Helden, sondern als schändlich Geschlagene zurück. Der Versailler Vertrag verpflichtet Deutschland zu hohen Reparationen, Gebietsabtretungen sowie Beschränkungen seines Militärs; dies wird als weitere schändliche Schwächung erlebt. Hinzu kommen die verbreitete Armut, Arbeitslosigkeit, Geldentwertung sowie politische Schwäche der Weimarer Republik, die von großen Teilen der Bevölkerung als Zeit der Schande erlebt wird – eine Wahrnehmung, die durch die Propaganda der Rechten massiv gefördert wurde. Hinzu kommt die Gewissens-Scham Millionen Deutscher, die diesen Krieg enthusiastisch begrüßt und mitgetragen hatten.

All diese Scham anzunehmen und aufzuarbeiten, dafür gibt es in der Weimarer Gesellschaft keinerlei Voraussetzungen, weder im wilhelminisch-militaristischen Wertesystem noch in der (fehlenden) psychosozialen Versorgung der Kriegsveteranen. Viel näher liegt es, die Scham abzuwehren: Daher die wachsende Popularität der NSDAP mit ihrer Politik der Verachtung, Ausgrenzung und Vernichtung gegenüber Juden, Behinderten, »Schwachen« und »Minderwertigen«; mit ihrer Idealisierung Hitlers und der Deutschen (»Herrenrasse«); mit ihren größenfantastischen Ansprüchen auf Weltherrschaft; mit ihrem zynischen Weltbild der Härte und Gefühlskälte und mit ihrem Versprechen, die »Ehre« Deutschlands wiederherzustellen. Scham-Abwehr ist eine wesentliche Voraussetzung für das »Dritte Reich« und damit den Zweiten Weltkrieg, Holocaust und die Verbrechen der Wehrmacht (Marks 2007, 2009a).

2.2 Ein Land, gebaut aus Schutt und Scham

Die Kapitulation der deutschen Wehrmacht am 8. Mai 1945 wird gerne als »Stunde Null« und »Neubeginn« bezeichnet. Dies kann aus Scham-psychologischer Sicht nicht bestätigt werden:

Die »deutsche Scham«, Voraussetzung für den Nationalsozialismus, wurde durch dessen Ende noch vermehrt; ich komme auf die drei Grundformen der Scham zurück:
Scham folgt aus der Tatsache, dass Millionen nicht-jüdischer deutscher Männer und Frauen Hitler und die NSDAP gewählt und sich für das »Dritte Reich« begeistert und engagiert hatten. Millionen zogen dafür in den Krieg; viele von ihnen beteiligten sich an den Verbrechen des Holocaust und der Wehrmacht. Damit haben große Teile der deutschen Bevölkerung ungeheure Verletzungen grundlegender ethischer Werte mitzuverantworten; sie haben ihre Integrität in massivster Weise verletzt.
Scham ist auch eine Konsequenz aus dem katastrophalen Scheitern des nationalsozialistischen Versuchs, die »Ehre« Deutschlands wiederherzustellen und von der Welt anerkannt zu werden. Wir, die Deutschen, haben unsere Zugehörigkeit zur Menschheit massiv aufgekündigt. Spätestens seit 1945 ist das Bild der Deutschen in der Welt für Jahrzehnte, vielleicht für immer, untrennbar mit dem größten Verbrechen in der Menschheitsgeschichte verknüpft; Adolf Hitler ist Synonym für »das Böse« schlechthin.
Und noch mehr Scham: Zweiter Weltkrieg, Holocaust und Wehrmachtsverbrechen sind in erster Linie traumatisch für seine Opfer; aber auch für Angehörige des Tätervolks: Millionen deutscher Kinder, Frauen und Alte durchleben die Schrecken der Bombennächte. Schätzungsweise 14 Millionen Kinder wachsen zwischen Trümmern, Asche und Kriegslärm auf. Etwa zwei Millionen deutsche Frauen werden gegen Kriegsende vergewaltigt, nicht selten mehrfach, nicht selten vor den Augen ihrer Kinder. Ungefähr 12 bis 14 Millionen Deutsche müssen fliehen oder werden vertrieben, oft unter schrecklichen Bedingungen; dabei kommen etwa 2 Millionen ums Leben (Faulenbach 2002, 1). Millionen deutscher Solda-

ten durchleben den Krieg; mehr als zehn Millionen geraten in Kriegsgefangenschaft. Von den 3,3 Millionen Männern, die in sowjetische Gefangenschaft kommen, kehren nur knapp 2 Millionen nach Deutschland zurück, die letzten 1956. Sie sind gezeichnet von Zwangsarbeit, Hunger und Krankheit.

Viel von dieser Scham wurde kaum bewusst gemacht und verarbeitet: Scham ist kein Thema in unserer Gesellschaft. Dies hat erhebliche Auswirkungen auf die folgenden Jahrzehnte und Generationen. Diese möchte ich in den folgenden Abschnitten an einigen Themen skizzieren, ohne Anspruch auf Vollständigkeit oder Ausgewogenheit (z. B. in Bezug auf die verschiedenen Entwicklungen in West- und Ostdeutschland).

Ver-wahr-losung

Jahrzehntelang stellt sich die große Mehrheit der Deutschen nicht der Schuld und moralischen Scham, die sie durch ihre Beteiligung am Nationalsozialismus auf sich geladen hat; »die Sache« wird totzuschweigen versucht (Arnim 1989). Es ist eine Zeit der Verwahrlosung, im buchstäblichen Sinne von »wahrheitslos«, »ohne Wahrheit« sein. Es dauert Jahrzehnte, bis die Details der NS-Verbrechen geschichtswissenschaftlich erforscht werden und Eingang in das Bewusstsein der Deutschen finden, zumindest in das *öffentliche* Bewusstsein. Was die millionenfachen Verbrechen der Wehrmacht in Osteuropa anbetrifft, so sind diese, trotz der Wehrmachtsausstellung, bis heute kaum ein Thema. Nur etwa 1.200 Männer und Frauen wurden wegen NS-Tötungsdelikten verurteilt; die überwiegende Mehrheit der NS-Täter wurde strafrechtlich nicht zur Verantwortung gezogen. Der Tod von Millionen sowjetischer Kriegsgefangenen und bis zu 18 Millionen sowjetischen Zivilisten ist juristisch ungesühnt (Bönisch 2008). Dieser Nicht-Umgang mit unvorstellbar großer Schuld und Scham hat Konsequenzen für unsere Gesellschaft:

Integrität ist in Deutschland außerordentlich rar. Millionen von Kindern und Jugendlichen wachsen in einem Umfeld auf, in dem mit Schuld nicht umgegangen wird, in der sich keine Kultur des Umgehens mit ihr entwickeln kann. In der nur wenige, glaubhafte Vorbilder (wie z. B. Willy Brandt) zu erkennen sind: Integre Menschen waren entweder von den Nazis ermordet oder aus dem Land vertrieben worden. Politiker und Prominente wie Hans Globke, Kurt Georg Kiesinger, Werner Höfer und Hans Filbinger, um nur einige zu nennen, tragen zu einer Kultur der Leugnung und Heuchelei bei, die bis in die Gegenwart wirkt; z. B. in der langen und schmutzigen Geschichte der Parteienfinanzierung und deren Vertuschungen. Wie sollen Eltern und Lehrer in so einem Umfeld ihre Kinder zu integren Menschen erziehen?

Umso erstaunlicher und wertvoller ist der Schritt, den etwa Klaus Mertens, Rektor des Berliner Canisius-Kollegs Anfang 2010 macht: Er informiert die Öffentlichkeit über Fälle von sexuellem Missbrauch in seiner Einrichtung und ermöglicht dadurch eine seit Jahrzehnten überfällige Auseinandersetzung. Wertvoll ist auch der Rücktritt von Margot Käßmann, ebenfalls Anfang 2010: Sie bekennt sich zu ihrer Schuld und tritt zurück. Genau dadurch hat sie »ihre Würde behalten«, wie *Der Spiegel* kommentiert und die Hoffnung hinzufügt, dass »damit ein neues Kapitel in der langen Geschichte im Umgang mit Schuld« (Fleischhauer u.a. 2010) beginnt. Das scheint auch mir dringend notwendig:

Wie der Psychoanalytiker Matthias Hirsch herausarbeitet, wird uneingestandene Schuld häufig von den Schuldigen unbewusst an die folgenden Generationen weitergereicht. Dort verursacht sie Schuldgefühle und Scham: »Die Nachgeborenen schämen sich, Deutsche zu sein, können mit Juden nicht unbefangen umgehen« (Hirsch 1998, 307). Sie fühlen sich schuldig für Verbrechen, die vor ihrer Geburt geschahen. Und zwar, so Hirsch (1998, 307) weiter, »gerade dann, wenn die Eltern eben diese Gefühle nicht haben können, da sie sich mit ihrer Verantwortung und ihrer Schuld nicht auseinandergesetzt hatten. Wenn sie es konnten, waren sie auch in der Lage, mit ihren Kindern darüber zu sprechen – und mit ihnen zu trauern.«

Dies erklärt die Ergebnisse einer Untersuchung von 1989, wonach 65 Prozent der befragten Jugendlichen Scham empfinden für die Verbrechen, die Jahrzehnte vor ihrer Geburt von ihren Vorfahren während des »Dritten Reiches« begangen wurden (Brendler 1997, 54). Einiges deutet darauf hin, dass sich daran weitere zwanzig Jahre später wenig geändert hat:

In einer Pilotstudie führte Manuel Vaulont (Vaulont & Marks 2009) im Jahr 2009 Interviews mit Schülern im Alter von 17 und 18 Jahren, d.h. mit Angehörigen der dritten oder vierten Nachkriegsgeneration,[11] die eine große Zahl von Unterrichtseinheiten zu Nationalsozialismus absolviert hatten. Befragt nach ihren Gefühlen über ihr Land und seine Geschichte, nannten fast alle Schüler Scham. Diese wurde von den Befragten stets in Abgrenzung und in einem Atemzug mit ihrem Gegenpol, Stolz, genannt: Stolz auf Deutschland wird vehement abgelehnt. Schon das Zeigen der bundesrepublikanischen Flagge wird als Zeichen neonazistischer Gesinnung missbilligt. Es entsteht der Eindruck, als seien Scham

••••••

11. Obwohl der Begriff Generation problematisch und unscharf ist, verwende ich ihn hier, weil er die transgenerationale Qualität von unverarbeiteten Erfahrungen besser zum Ausdruck bringt als z. B. der Begriff Kohorte.

und Stolz die einzigen Gefühle, die ein Mensch empfinden könne.

Aufgrund ihrer Scham für Deutschland und seine Geschichte können sich auch nur die wenigsten der befragten jungen Menschen mit ihrem Land identifizieren. Zum Beispiel äußert eine Schülerin: »Ich könnte genauso gut Teil eines anderen Landes sein.« Trotz ihres fehlenden Bezugs zu Deutschland sind die Befragten jedoch ganz erfüllt vom Nationalsozialismus: Deutsche Geschichte wird ausschließlich auf die 12 Jahre zwischen 1933 und 1945 bezogen – so als ob die Jahrzehnte danach und Jahrhunderte davor nicht stattgefunden hätten, auch nicht im Geschichtsunterricht. Es ist, als ob Hitlers Vision eines »tausendjährigen Reiches« in psychologischer Weise Wirklichkeit geworden wäre.

Auffällig ist auch, dass viele der interviewten Schüler betonen, »eigentlich« keine Schuld zu haben, da sie »damals« (wie es oft vage heißt) noch nicht geboren waren. Diese Einsicht ist richtig: Die befragten jungen Menschen sind nicht schuldig für Verbrechen, die von anderen Menschen und Jahrzehnte vor ihrer Geburt begangen wurden. Diese Einsicht vermögen die Interviewten aber nicht durchzuhalten, wie schon das Wörtchen »eigentlich« andeutet. Es gelingt ihnen nicht, sich klar von Schuld abzugrenzen. Vielmehr scheinen sie unter einem starken Erwartungsdruck zu stehen, Scham und Schuldgefühle haben zu sollen. So antwortet etwa eine Schülerin: »Wir müssen uns schämen.«

Fatalerweise wird die transgenerationale Weitergabe von Scham durch manchen Schulunterricht noch verstärkt. Es gibt sogar Geschichtsdidaktiker, die explizit das Lernziel Scham formulieren (Oeftering 2009): So fordert etwa Joachim Rohlfes in seinem Buch »Geschichte und ihre Didaktik« noch im Jahr 2005 (S. 365), bereits in der dritten Auflage, für den Unterricht zum Thema Nationalsozialismus: »Solcher Unterricht soll (...) Betroffenheit, Entsetzen, Scham erzeugen.« Ähnlich schreibt Gerhard Henke-Bockschatz im Jahr 2004 (S. 309): Die Schüler »sollen (...) begreifen, welche Ungeheuerlichkeiten Menschen in dieser Zeit anderen Menschen angetan haben und darüber Betroffenheit, Entsetzen und Scham empfinden«.

Ich halte das Lernziel Scham für unverantwortlich, da der Unterricht damit ungewollt einem neuen Rechtsextremismus den Boden bereitet. Neonazistische Agitatoren brauchen die Schamgefühle der jungen Menschen nur noch aufzugreifen, um sie für ihre Zwecke zu instrumentalisieren. Etwa indem sie, wie damals die NSDAP, Scham-Abwehr anbieten, z. B. durch Gewalt gegen Ausländer und durch Versprechen, die »Ehre« Deutschlands bzw. der Großväter zu retten. So wirbt z. B. die NPD 2004 mit Plakaten »Für die Ehre der Deutschen Wehrmacht! Wir verachten Euch nicht!«.

Zwar ist es unvermeidlich, dass wir Scham empfinden, sobald wir uns dem Thema Nationalsozialismus zuwenden. Dies kann aber nur der *Anfang* des Unterrichts sein, nicht sein *Ziel*. Lernen aus unserer Geschichte muss m. E. darin bestehen, Scham in Verantwortung zu verwandeln. Schüler dürfen nicht mit Scham zurückgelassen werden, denn diese vereinzelt, entsolidarisiert und entpolitisiert: Wer sich für sein Land schämt, der distanziert sich von der Gesellschaft, der er angehört. Der bringt seine Kritik, sein Engagement, seine Kreativität und seine Fähigkeiten nicht in die Gesellschaft ein. Der übernimmt nicht seine gesellschaftliche Verantwortung. Dem ist es auch gleichgültig, wie die Menschen miteinander umgehen, ob in Menschen-würdigender oder in verächtlicher Art und Weise. Unser Land verwahrlost.

Ein Symptom dafür ist es, dass unsere Gesellschaft keine Kultur des Umgangs mit Fehlern entwickelt hat; z. B. zählen Fehler im Krankenhaus zu den zehn häufigsten Todesursachen in Deutschland, noch vor Verkehrsunfällen, Aids oder Brustkrebs.

Fehler werden in der Regel vertuscht, weil sie oft als existenziell bedrohlicher Zusammenbruch des Selbstwerts erlebt werden und weil unser Umgang mit Fehlern so erbarmungslos ist: Der Betreffende muss mit Hohn und Gespött rechnen, beispielsweise ein wagemutiger Unternehmer, der Bankrott gemacht hat. Er bekommt hierzulande keineswegs die gesellschaftliche Akzeptanz, die er z. B. in den USA für seinen Pioniergeist erfahren würde (Schmider 2005). Viele depressive oder suchtkranke Menschen versäumen es, über ihre seelische Not zu sprechen und sich psychotherapeutische oder ärztliche Hilfe zu holen, weil sie sich schämen und befürchten, als »verrückt«, »schwach« oder »unzuverlässig« beschämt zu werden. Dies führte vermutlich auch zum Suizid von Robert Enke, dem Torhüter der deutschen Fußballnationalmannschaft, im Jahr 2009.

Die grundsätzliche Fehlerhaftigkeit des Menschen wurde verdrängt durch eine Illusion von Perfektionismus. Diese wird zunehmend auch von einer fehlerfeindlichen Technostruktur gefordert: »Menschliches Versagen«, z. B. im Umgang mit Atomkraft, hat gleich katastrophale Auswirkungen (Osten 2006).

Weil Fehler vertuscht werden, kann aus ihnen nichts gelernt werden – mit der Folge, dass sie wieder und wieder gemacht werden. Eine Umfrage der Deutschen Gesellschaft für Chirurgie ergab, dass nur in jeder fünften Klinik, in der junge Chirurgen ausgebildet werden, Krankheits- und Todesfälle analytisch diskutiert werden. Das Unterlassen solcher Fehlerkonferenzen wäre, so Manfred Osten (2006, 93), in angelsächsischen Ländern ein Grund, einem Klinikchef die Ausbildungsermächtigung zu entziehen. Lohnenswert ist der

Vergleich mit anderen Ländern, in denen man konstruktiver mit fehlerhaftem Hinfallen umgeht: »Zur Kunst, Fehler zu machen, zählt dort vielmehr, ob man wieder aufgestanden ist. Stolpern hilft. Geschätzt wird die Kunst des Aufstehens. Der Fehler des Hinfallens gilt als menschliche Selbstverständlichkeit« (Osten 2006, 80). In vielen deutschen Einrichtungen und Unternehmen werden stattdessen hohe Ressourcen in das Vermeiden von Risiken verschwendet. Mit der Gefahr, dass man neuen, unbekannten Entwicklungen und Möglichkeiten gegenüber wenig offen ist.
In einer Gesellschaft, in der Fehler geleugnet werden, kann sich auch keine Kultur des Umgehens mit Konflikten entwickeln. Die Gesellschaft stagniert.

Das Beschämen, Verachten und Ausgrenzen geht weiter

Auch nach Ende des »Dritten Reiches« setzen viele Deutsche die vertraute Tradition des Beschämens, Verachtens und Ausgrenzens durchaus fort. In aller Regel werden jedoch nicht die heimkehrenden Täter – die SS-Männer und Wehrmachtssoldaten – als Mörder beschimpft und ausgegrenzt, wie dies z. B. viele US-Kriegsveteranen nach Ende des Vietnam-Krieges erlebten. Entwürdigung erfahren eher die überlebenden Opfer des Nationalsozialismus:

So wird zum Beispiel Maria K., zurück von einem KZ-Außenlager, in ihrem Heimatort beim Kirchgang als »Polenhure« und »Polenliebchen« beschimpft. Tausende von Frauen waren im Nationalsozialismus der »Rassenschande«, sexueller Beziehungen mit Zwangsarbeitern, beschuldigt worden. Häufig wurden sie, wie Frau K., von Nachbarn oder Kollegen denunziert, durch prügelnde Gestapo-Beamte zu falschen Geständnissen gezwungen und öffentlich angeprangert. Danach

wurde Frau K. in verschiedene Erziehungsheime und in das »Jugendschutzlager Uckermark« eingeliefert, das von der SS für junge Delinquentinnen eingerichtet und an das KZ Ravensbrück angegliedert war. Maria K. wurde zur Häftlingsnummer degradiert und mit Prügel, Hunger und Demütigungen gequält.
Viele dieser Frauen leiden noch Jahrzehnte nach Kriegsende. Bis heute sind diese NS-Opfer nicht in der bundesrepublikanischen Öffentlichkeit anerkannt. Einen wichtigen Schritt aus dieser Ausgrenzung leistet die Historikerin Gisela Schwarze, die das Schicksal dieser Frauen erforschte und in ihrem Buch »Es war wie Hexenjagd« (2009) beschreibt. Im Gespräch mit der Autorin hält die 82-jährige Maria K. vor Scham die Hände vor ihr Gesicht, als sie von dem damaligen erzwungenen Geständnis spricht (Schwarze 2009; Friedmann 2010).

»Nicht der Mörder, der Ermordete ist schuldig«, dieser Satz charakterisiert auch die Entschädigungsverfahren, die für viele Überlebende des Holocaust mit erneuten Entwürdigungen verbunden sind: Sie werden wie Bittsteller behandelt und von Gutachter zu Gutachter geschickt; die Verfahren dauern Jahre und erfordern ein Durchhaltevermögen, das viele der Traumatisierten nicht aufbringen können. Wieder und wieder müssen sie ihre schrecklichen Erfahrungen berichten – in Situationen, die wie Polizciverhöre wirken und einschüchtern. Zumal vor Zuhörern, die nicht der Schmerz über das verlorene Kind interessiert, sondern nach Widersprüchen in den Aussagen suchen. Solche werden gegen die Antragsteller ausgelegt – obwohl Störungen des Gedächtnisses und des Zeiterlebens zu den charakteristischen Folgen traumatischer Erfahrungen gehören. Das Entwürdigende dieser Verfahren charakterisiert der Psychoanalytiker Kurt Eissler 1963 in einem Psyche-Artikel mit der sarkastischen Überschrift: »Die

Ermordung von wie vielen seiner Kinder muss ein Mensch symptomfrei ertragen können, um eine normale Konstitution zu haben?« (Eissler 1963; Braining 1998).

Während des Krieges waren über 100.000 Wehrmachtssoldaten desertiert; über 35.000 Todesurteile wegen Fahnenflucht wurden ausgesprochen, davon mehr als 22.000 vollstreckt. Noch Jahrzehnte nach Kriegsende werden sie als »Vaterlandsverräter« und »Feiglinge« verachtet. Erst 2002 werden die Urteile der NS-Militärjustiz gegen Deserteure, Kriegsdienstverweigerer und »Wehrkraftzersetzer« pauschal aufgehoben; erst ab jetzt gelten sie nicht mehr als vorbestraft (Wette 1995, 19). Ausdrücklich ausgespart sind dabei so genannte »Kriegsverräter«; ihnen wird bis heute unterstellt, sie hätten möglicherweise deutschen Soldaten oder Zivilisten geschadet. Dabei galt schon als Kriegsverräter, wer sich im privaten Gespräch oder in seinem Tagebuch regimekritisch äußerte (Deggerich 2009, 37).

Hohn, Spott und Verachtung erfährt zum Beispiel auch Willy Brandt. Während des Wahlkampfes 1961, als Kanzlerkandidat der SPD, wird er wiederholt von Konrad Adenauer als »Brandt alias Frahm« tituliert: Anspielungen auf Brandts nicht eheliche Geburt und seine Zeit im Exil. Letztere wird immer wieder zum Vorwurf des Landesverrats benutzt. Etwa in Franz Josef Strauß' höhnischem Angriff: »Eines wird man Herrn Brandt doch fragen dürfen: Was haben Sie zwölf Jahre lang draußen gemacht? Wir wissen, was wir drinnen gemacht haben.«
So machen viele Heimkehrer, zugespitzt formuliert, die Erfahrung: Heimat ist da, wo ich verhöhnt, verachtet und ausgegrenzt werde. Nicht besser ergeht es jüngeren Deutschen, während des Krieges oder nach dessen Ende geboren: Soweit

sie kritische Fragen stellen, werden sie von Älteren häufig als »Nestbeschmutzer« beschimpft. Ihnen wird Arbeitslager (»schafft lieber was!«) und Ausgrenzung anempfohlen (»geht doch rüber!«).
Vielleicht ist die Scham über ihre Beteiligung am NS und seinen Verbrechen zu groß, sodass sie vehement abgewehrt werden muss?

Hörig – gehörig – zugehörig?

Schätzungsweise 12 Millionen Deutsche werden vertrieben oder müssen fliehen. Nicht genug, dass sie den Verlust ihrer Heimat und die häufig traumatische Flucht verkraften müssen. Oft werden sie von ihren Landsleuten im Westen unfreundlich empfangen. Da die »Zugereisten« aus den deutschen Reichsgebieten östlich von Oder und Neiße, aus dem Sudetenland und osteuropäischen Siedlungsgebieten kommen, werden sie mit Osteuropäern in Verbindung gebracht. Beide galten vor allem im Nationalsozialismus als »minderwertig«, entsprechend werden viele Flüchtlinge behandelt: »Polacken«, »Hurenflüchtlinge«, »Gesindel«. So wachsen Millionen von Kindern in einer feindseligen Umgebung auf, ausgegrenzt, als Außenseiter.[12]
Freilich: An welche Tradition hätten die Deutschen auch anknüpfen können, als sie vor der Herausforderung standen, Millionen von Menschen in ihrer Mitte aufzunehmen und ihnen Zugehörigkeit zu geben? Statt wirklicher, lebendiger Gemeinschaft hatten die Deutschen über Jahrhunderte über-

12. Teegen und Meister (2000) befragten ehemalige deutsche Flüchtlinge, die während der Flucht 15 Jahre alt waren. Dabei zeigte sich, dass 62 % der Befragten unter intrusiven Symptomen sowie 25 bzw. 5 % unter partieller bzw. voll ausgeprägter PTBS leiden; vgl. Lenz (2007, 186).

wiegend pathologische Formen von Zugehörigkeit erfahren: Hörigkeit (als Leibeigene gegenüber ihren Feudalherren); »Gehörigkeit« (insofern die unfreien Bauern zwangsweise »zu« dem Grund und Boden des Feudalherrn und dessen Religion »gehörten«); Gehorsam (als Untertanen in autoritären, obrigkeitsstaatlichen Regimes); Zerstrittenheit (der Kleinstaaten untereinander, fortgesetzt nach dem Zweiten Weltkrieg, da West- und Ostdeutschland sich feindselig gegenüberstehen[13]); nationalsozialistische »Volksgemeinschaft« der Gleichgeschalteten (unter Ausgrenzung ihrer »schwachen«, jüdischen, osteuropäischen Mitmenschen) und Männer-bündische Kameradschaften mit einem Ehrenkodex, wonach gemeinsam verübte Verbrechen gemeinsam zu verschweigen sind.

Nach den Vertriebenen und Flüchtlingen kommen schon ab den 1950er-Jahren weitere Millionen von Menschen, überwiegend in die Bundesrepublik:

- Zunächst Gastarbeiter, vor allem aus Italien, Spanien, Jugoslawien, Griechenland, Portugal und der Türkei. Im Jahr 1962 sind dies über 600.000, 1973 bereits mehr als zweieinhalb Millionen Menschen. Auch die DDR beschäftigt Gastarbeiter, allerdings sind deren Verträge in der Regel auf 5 Jahre begrenzt.
- Darüber hinaus ziehen, vor allem ab 1993, etwa viereinhalb Millionen Spätaussiedler in die Bundesrepublik, vorwiegend aus der ehemaligen Sowjetunion, Polen, Rumänien u. a.

••••••

13. Über die Verachtung der Ostdeutschen durch Westdeutsche im Zuge der Wiedervereinigung berichtet Simon 1992.

- Hinzu kommen Asylbewerber, vor allem in den Jahren zwischen 1985 bis 1992. Ihre Zahl erreicht 1990 fast 400.000 und sinkt auf rund 29.000 im Jahr 2005.

Heute leben in Deutschland mehr als 15 Millionen Menschen mit Migrationshintergrund, das ist fast ein Fünftel der Bevölkerung.[14] Viele von ihnen wurden mit Verachtung empfangen. Was wir diesen Menschen angetan haben und bis heute antun, ist bitteres Unrecht. Durch Arroganz ihnen gegenüber haben wir auch die Bereitschaft vieler Menschen, sich konstruktiv in die Gestaltung unserer Gesellschaft einzubringen, vor den Kopf gestoßen; damit haben wir auch uns selbst und unsere Wirtschaft geschädigt.
Bis heute sind große Teile der Bevölkerung feindselig gegenüber »Ausländern« eingestellt: Mehr als die Hälfte der Deutschen ist der Meinung, es gäbe zu viele Ausländer im Land.[15] Viele Bundesbürger werfen ihnen vor, Arbeitsplätze wegzunehmen, das Sozialsystem zu belasten und kriminell zu sein. Trotz aller Bemühungen um Integration gehören Entwürdigungen von Ausländern zum deutschen Alltag. Dabei leben viele, die als »Ausländer« betrachtet werden, schon in der zweiten oder dritten Generation in Deutschland und besitzen deutsche Pässe: Sie *sind* Deutsche.
Dennoch werden sie oft feindselig behandelt und benachteiligt. So bekommt etwa ein türkischstämmiger Unternehmensberater vom Leiter eines großen Unternehmens zu hören: »Sie können drei deutsche Pässe haben, für mich bleiben Sie ein Türke« (Sontheimer 2008, 53). Eine Studentin der Medizintechnik sagt: »Bildung hin oder her, man fühlt sich aus-

14. Im Jahr 2008 sind Türken die größte ausländische Gruppe (mehr als 1,6 Mio), Italiener (eine halbe Mio) und Polen (knapp 400.000).
15. Allensbach-Umfrage, zit. in Elger, Kneip & Theile (2009, 36).

gegrenzt und nicht akzeptiert.« Ein Betriebswirt aus Düsseldorf fühlt sich auch nach 26 Jahren noch nicht ganz heimisch. Schon ein türkischer Name ist bei Bewerbungen gewöhnlich ein Nachteil. Dies wurde durch eine Studie des Instituts zur Zukunft der Arbeit (IZA) nachgewiesen.[16]
Navid Kermani (2009) beschreibt das Lebensgefühl, immer als Fremder betrachtet zu werden – auch wenn der oder die Betreffende in Deutschland geboren und aufgewachsen ist: Man bleibt immer ein Migrant, gehört nie dazu, kann nie ein Deutscher werden. Das Krefelder Institut futureorg befragte 250 türkische und türkischstämmige Akademiker, von denen knapp drei Viertel in der Bundesrepublik geboren wurden. 42 Prozent gaben an, dass ihnen das »Heimatgefühl« fehle.

Die bittere Ironie ist, dass auch viele Deutsche mit traditionell deutscher Herkunft sich im eigenen Land nicht heimisch fühlen. Zum Beispiel die von Manuel Vaulont interviewte Schülerin, die zu Protokoll gibt: »Ich könnte genauso gut Teil eines anderen Landes sein.« Wie schwer wir Deutschen uns mit Zugehörigkeit tun, dies zeigt auch die Tatsache, dass Nachbarschaftskonflikte die größte Zahl aller Gerichtsfälle darstellen. Üble Nachrede, Mobbing bis hin zu Gewalt ist vielerorts Alltag. Dies zeigt auch der Konflikt, der 2005 unter dem Stichwort »Maschendrahtzaun« bundesweit öffentlich wird.

••••••

16. Über die Studie »Ethnische Diskriminierung auf dem deutschen Arbeitsmarkt: Ein Feldexperiment« berichtet http://www.migration-info.de/mub_artikel.php?Id=100202 (Zugriff: 27.5.2010).

Eine Kultur der Grenzverletzungen

Seit Anfang des Jahres 2010 beginnt eine wachsende Zahl von Fällen bekannt zu werden, bei denen Kinder und Jugendliche von katholischen Geistlichen und Internatslehrern sexuell missbraucht und misshandelt wurden. Nicht wenige Kommentatoren zeigen sich überrascht über das Ausmaß von Grenzverletzungen und darüber, dass diese so lange nicht öffentlich thematisiert wurden. Vor dem Hintergrund der deutschen Geschichte ist dies jedoch wenig überraschend: Wann hätten die Deutschen die Achtung vor den körperlichen und seelischen Grenzen ihrer Mitmenschen erlernen können? Denn unsere lange Tradition der Grenzverletzungen zieht sich bis in die Gegenwart:

Das Ende des Zweiten Weltkrieges ist für Millionen deutscher Kinder, Frauen und Männer mit massiven Grenzverletzungen verbunden. Das Leid der schätzungsweise 2 Millionen vergewaltigten Frauen ist bis heute kaum aufgearbeitet. Erst seit Anfang des neuen Jahrtausends wird das Tabu langsam überwunden: Durch die Wiederveröffentlichung der Tagebuchaufzeichnungen einer vergewaltigten Berlinerin (»Anonyma« 2003) und deren Verfilmung »Anonyma – Eine Frau in Berlin« (Färberböck 2008).[17]
Millionen von Kindern wachsen zwischen Trümmern auf, mit »Asche im Herzen« (Koenen 2001). Sie erleben Bombenangriffe und oft den Verlust der Wohnung; Evakuierung oder Kinderlandverschickung; den lang anhaltenden oder dauernden Verlust des Vaters; Hunger, Unterernährung, Verarmung,

••••••

17. Zur Überwindung dieses Tabus trägt auch das Buch von Gabi Köpp (2010) bei: »Warum war ich bloß ein Mädchen?« (vgl. Beyer 2010).

Krankheiten und oftmals Vertreibung oder Flucht (Brähler, Decker & Radebold 2003; Radebold 2005; Lenz 2007). Auf den Schmerz und die Trauer dieser Generation macht Gertrud Ennulat mit dem Buch »Kriegskinder« (2008) aufmerksam. Angesichts dieser Entwicklungen ist es plausibel, weshalb sich in Deutschland die Achtung vor den körperlichen und seelischen Grenzen des Menschen nur ganz langsam und spät entwickeln konnte.

In der DDR war die Menschenwürde zwar in der Verfassung verankert. So hieß es in Artikel 19 (Artikel 2 und 3): »Achtung und Schutz der Würde und Freiheit der Persönlichkeit sind Gebot für alle staatlichen Organe, alle gesellschaftlichen Kräfte und jeden einzelnen Bürger. Frei von Ausbeutung, Unterdrückung und wirtschaftlicher Abhängigkeit hat jeder Bürger gleiche Rechte und vielfältige Möglichkeiten, seine Fähigkeiten in vollem Umfang zu entwickeln und seine Kräfte aus freiem Entschluss zum Wohle der Gesellschaft und zu seinem eigenen Nutzen in der sozialistischen Gemeinschaft ungehindert zu entfalten. So verwirklicht er Freiheit und Würde seiner Persönlichkeit. Die Beziehungen der Bürger werden durch gegenseitige Achtung und Hilfe, durch die Grundsätze sozialistischer Moral geprägt.« Dies hinderte die DDR-Regierungen nicht daran, die Würde ihrer Bürger in vielfältiger Weise zu verletzen; um nur einige Stichworte zu nennen:
Durch die staatlichen Überwachungssysteme werden die DDR-Bürger systematisch ausspioniert; vor allem durch das 1950 gegründete Ministerium für Staatssicherheit (»Stasi«) mit seinen inoffiziellen und offiziellen Mitarbeitern. Im Oktober 1989 sind dies allein 91.000 hauptamtliche Mitarbeiter. (Zum Vergleich: Die Gestapo beschäftigte weniger als 10.000 Mitarbeiter; Giesecke 2000, 557; Aly 2005, 64.)

Das Grundbedürfnis nach Schutz der Privatsphäre wird staatlicherseits systematisch verletzt: Briefe werden geöffnet, Telefonate abgehört, Aussagen aus privaten Begegnungen protokolliert und an die Stasi weitergegeben. Dieses System hat Auswirkungen auf die zwischenmenschlichen Beziehungen, da kaum ein Raum als geschützt gelten und sich in der Folge nur schwer Vertrauen zwischen den Menschen entwickeln kann. So wird ein Klima der Verunsicherung und lähmenden Angst erzeugt. Das ganze Ausmaß der Überwachung kommt durch die Besetzung der Stasi-Zentralen durch Bürgerkomitees Ende 1989 ans Licht: Sechs Millionen Akten waren zusammengetragen, sogar Geruchsproben von Oppositionellen gesammelt worden. Besonders schmerzhaft ist es für diejenigen, die nun erfahren, dass sie von Freunden oder sogar dem Ehepartner an die Stasi verraten worden waren.

Kritische Bürger werden eingeschüchtert, auch mit Morddrohungen und Entführungen. Oppositionelle wie Wolf Biermann, Jürgen Fuchs, Roland Jahn u. v. a. werden ausgebürgert; schätzungsweise 150.000 bis 250.000[18] werden mit Haft bestraft. Viele werden mit Folter gefügig zu machen versucht: mit Fußtritten, Schlägen mit Faust, Kabelenden oder Stöcken und psychologischem Terror. Verdächtige werden z. B. damit erpresst, dass ihren Familienangehörigen Konsequenzen angedroht oder angetan werden; sie werden mit gefälschten Briefen getäuscht; Verhöre dauern bis zu 14 Stunden; durch nächtliches An- und Ausschalten von Licht werden sie um den Schlaf gebracht u. v. a. (Fricke 1989, 129f.).

Der Katalog von Strafen in der DDR umfasst neben Freiheitsstrafen auch Berufsverbote, Einschränkungen der Bildung,

••••••

18. Die Zahl der politischen Häftlinge in der DDR wird zwischen 110.000 (Raschka 2000, 325) und 250.000 Personen angegeben (Werkentin 1995).

Ortsverweise, Zerstörung privater Beziehungen, gesellschaftliche Isolation sowie Entfremden oder Zwangsadoption der Kinder (Pingel-Schliemann 2002, 277ff.). Die Todesstrafe kann ab 1949 und bis zu ihrer Abschaffung 1987 u.a. für Mord, Kriegsverbrechen, Spionage oder Sabotage verhängt werden. Sie wird über 160 Mal vollstreckt; die Hinrichtungen (per Guillotine oder »unerwarteten Nahschuss«) werden geheim gehalten (Kloth 2007). Mehrere hundert Menschen werden bei Fluchtversuchen aus der DDR an der deutsch-deutschen Grenze getötet.[19]

Auch in der Bundesrepublik ist die Menschenwürde in der Verfassung verankert; Todesstrafe und Folter sind verboten. Dennoch werden immer wieder Würde-Verletzungen publik, z.B. wenn Demonstranten von Polizisten eingekesselt werden und über 10 Stunden ihre Notdurft öffentlich, innerhalb des Kessels, verrichten müssen. Vor allem im Umgang mit Asylbewerbern kommt es immer wieder zu Übergriffen, etwa als ein Migrant durch den Einsatz von Brechmitteln stirbt. Oder als ein Flüchtling bei der Abschiebung durch den Bundesgrenzschutz zu Tode geknebelt wird (Jelpke 2003). Auf die Zustände in unseren Gefängnissen werde ich in Kapitel 6 zurückkommen.
Auch aus der Bundeswehr werden immer wieder Folter-Vorfälle publik. So werden 2004 in Coesfeld Soldaten gefesselt, mit Wasser abgespritzt und mit Elektroschock und Schlägen gequält. Im Februar 2010 wird bekannt, dass sich in Mittenwald Soldaten vor Kletterübungen vor ihren versammelten

••••••

19. Die Berliner Staatsanwaltschaft spricht von 270, die Zentrale Ermittlungsgruppe für Regierungs- und Vereinigungskriminalität (ZERV) von 421 Todesfällen; darin eingeschlossen sind Tote durch Minen und Selbstschussanlagen.

Kameraden entkleiden müssen. Wer in der internen Hierarchie aufsteigen will, muss entwürdigende Aufnahmerituale durchstehen, z. B. Alkohol trinken bis zum Erbrechen und rohe Leber essen. 2007 berichten die Medien, dass an einer bayerischen Polizei-Hundeschule junge Polizeibeamte Abfälle aus Hundefressnäpfen essen, Urin trinken oder auf allen vieren am Halsband laufen müssen.[20]

Immerhin: Es besteht die Möglichkeit, dass solche Vorfälle öffentlich und gerichtlich angeklagt werden. Mehrfach wurde die Bundesrepublik vom Europäischen Gerichtshof für Menschenrechte wegen Verstößen gegen die UN-Antifolterkonvention verurteilt. Als im September 2002 der Bankierssohn Jakob von Metzler entführt wird, lässt der Frankfurter Polizeipräsident Wolfgang Daschner dem Entführer Magnus Gäfgen durch einen seiner Beamten Folter androhen, um das Versteck des entführten Jungen herauszufinden. Im Dezember 2004 wird Daschner wegen Aussage-Erpressung zu einer Geldstrafe auf Bewährung verurteilt.

Zwar werden bis zur Gegenwart vereinzelt immer wieder Forderungen laut werden, die Folter in bestimmten Fällen offiziell zuzulassen, z. B. bei Terrorismus oder Entführung. Insgesamt scheint sich jedoch in Deutschland allmählich eine gewisse Aufmerksamkeit für die Menschenwürde entwickelt zu haben, zumindest gegenüber *massiven* Verletzungen.

Diese Entwicklung wird relativiert durch einige gegenläufige Entwicklungen:

20. Lindauer Zeitung vom 31. Oktober 2007.

Heimliche Verletzungen

Viele Verletzungen der menschlichen Würde werden nicht publik, weil sie hinter verschlossenen Türen geschehen: von Privatwohnungen, Klassenzimmern, Beichtstühlen, Kasernen, Betrieben, Gefängnissen, Vereinen oder Internaten. Entsprechend hoch sind die Dunkelziffern, etwa bei häuslicher Gewalt: Eine repräsentative Untersuchung ergab, dass 40 Prozent der in Deutschland lebenden Frauen in ihrem Erwachsenenleben körperliche und/ oder sexualisierte Gewalt erlebt haben. Das Bundesfamilienministerium schätzt, dass jährlich 50.000 bis 300.000 Kinder sexuell missbraucht werden. *Der Spiegel* geht davon aus, dass jedes vierte bis fünfte Mädchen und jeder neunte bis zwölfte Junge sexuell missbraucht werden (Lakotta 2008, 63); 90 Prozent dieser Fälle geschehen im Nahbereich: Familie, Nachbarschaft, Kita, Schule, Verein, Kirche usw.
Über Jahre wurde (wird?) die Privatsphäre Hunderttausender Menschen verletzt: die Mitarbeiter von Firmen wie Deutsche Bahn, Lidl, Telekom und vielen anderen wurden (werden?) ausspioniert.

Gewöhnung

Viele Verletzungen der Würde sind so alltäglich, dass wir sie oft gar nicht bewusst wahrnehmen. Gewiss sind viele Deutsche freundlicher und weltoffener geworden; dies konnte etwa während der Fußball-Weltmeisterschaft 2006 beobachtet werden. In vielen Betrieben wurden die Mitarbeiter in Kundenfreundlichkeit trainiert; dies macht sich bezahlt. Aber Kundenfreundlichkeit ist nicht dasselbe wie Achtsamkeit gegenüber der Würde des Menschen.
Wer in Deutschland aufwächst, erfährt Entwürdigungen von klein auf und lernt, diese zu verinnerlichen und hinter einer

Maske zu verbergen. Dies ist der heimliche Lernplan in vielen Klassenzimmern, beruflichen Ausbildungen, Hochschul-Seminaren und Kasernen. Wer diese Lektion dann immer noch nicht gelernt haben sollte, der kann sich heute durch »Arroganz-Trainings« weiterbilden. Dabei lernen die Teilnehmerinnen u. a. »Imponier- und Dominanzhaltungen« zu spielen und »Überlegenheit« »angemessen« auszudrücken, so der Trainer Peter Modler.

Heute wird die bundesrepublikanische Gesellschaft von einem Klima der Kälte und Rücksichtslosigkeit beherrscht. Emotional erstarrt (»cool«) zu sein, gilt als »in«. Die herrschende Sprache ist die der Manager: Wachstumsraten, Produktion, Märkte. Politik besteht aus Aktenkoffern, Limousinen, Pressekonferenzen und neuen Waffensystemen (Brueggemann 1985). In dieser kalten Welt ist die Schöpfung nur dazu da, um nach Kosten und Nutzen, Preis und Leistung »gemanaged« zu werden. Vorfahrt haben die Starken, die Erfolgreichen, die Rücksichtslosen, die Schönen, die Schnellsten, die Lauten.[21] Wer Menschlichkeit, Empathie, Hoffnung, Trauer oder Solidarität zeigt, der muss damit rechnen, als »Gutmensch« belächelt zu werden. Wer sich anderen gegenüber rücksichtsvoll verhält, gilt oft als schwach und »nicht durchsetzungsfähig«.

Viele diese Symptome sind nicht auf Deutschland beschränkt. Leon Wurmser (1997, 395) beschreibt die Gegenwart als »Zeitalter der Schamlosigkeit«. Es gehört fast zum guten Ton, respekt- und ehrfurchtslos zu sein. Die niederländische Journalistin Myrthe Hilkens (2010) kritisiert die »Pornofizierung unserer Gesellschaft«. Ein Beispiel dafür sind die Werbepla-

21. Die Zusammenhänge zwischen Scham und Geschwindigkeit sowie Lärm können an dieser Stelle leider nicht ausgeführt werden.

kate, in denen Eis essen wie Oralsex inszeniert ist. Kürzlich entdeckte ich in Herrentoiletten von Münchner Restaurants Plakate mit dem Slogan: »Voll dick und echte 19 cm lang«: Werbung für Micky-Maus-Hefte.
Weitere Symptome für die herrschende Schamlosigkeit ist die unfassbare Rücksichtslosigkeit und Geldgier vieler Manager. Oder die Erbarmungslosigkeit der Zugschaffnerin, die im Januar 2010 nachts um 22 Uhr bei minus 19 Grad ein 16-jähriges Mädchen aus dem Zug wirft, weil sie nur 5,10 Euro statt der verlangten 7,10 Euro bei sich hat.

Die neue Grenzenlosigkeit

Das Computerprogramm Windows verspricht ein »Leben ohne Grenzen«. Die Illusion der Grenzenlosigkeit wird z. B. auch durch die viel bewunderten Helden der Arbeit vermittelt: scheinbare Übermenschen, die ihre Grenzen chronisch missachten, deren Tage aus mehr als 24 Stunden zu bestehen scheinen, in denen sie zig Überstunden einfahren und sich weiterbilden und sich politisch engagieren und kulturell auf dem Laufenden sind und täglich ihre Körper im Fitness-Studio stählen usw. usw. Wie schaffen die das nur? Zunehmend wird bei der Ausschreibung von Arbeitsplätzen die Verletzung der eigenen Grenzen von vornherein mit einkalkuliert, etwa durch unmenschliche Forderungen nach so genanntem »Multitasking« und fast unbegrenzter Mobilität.
Unterstützt wird unsere herrschende Kultur der Grenzverletzungen durch die pharmazeutische Industrie, die immer neue Mittel auf den Markt wirft, deren Zweck es ist, den Menschen aufzuputschen und seine Begrenztheit zu manipulieren. Stets mit der unvermeidlichen Nebenwirkung, dass der Punkt der Erschöpfung umso später und heftiger eintritt:

als Burnout-Syndrom, Zusammenbruch, Herzinfarkt oder Entzugssyndrom.

Einer dieser Wachmacher ist Amphetamin, das von den Nationalsozialisten entwickelt und unter dem Namen Pervitin massiv von Wehrmachtssoldaten eingenommen wurde; heute bekannt unter dem Namen »Speed« (Marks 2007). Wie Jörg Blech u. a. (2009) berichten, nimmt gegenwärtig vor allem der Verbrauch so genannter Neuro-Enhancer wie Ritalin stark zu. Mit dessen Wirkstoff Methylphenidat wird die Konzentrationsfähigkeit des menschlichen Gehirns künstlich erhöht. Es wird inzwischen häufiger als Kokain geschnupft; die Zahl der kassenärztlich verordneten Tagesdosen in Deutschland hat sich zwischen 1999 und 2008 von 8 auf 53 Millionen erhöht.[22] Nach einer anonymen Umfrage der Deutschen Angestellten Krankenkasse rüsten regelmäßig etwa 800.000 Deutsche ihr Gehirn chemisch auf. Noch verbreiteter sind diese Mittel in den USA; dort werden sie vor allem von Studenten und Wissenschaftlern eingenommen sowie von Börsenmaklern. Dies erklärt vielleicht den moralischen Bankrott vieler Finanzmanager.

Eine narzisstische Gesellschaft

Eine Scham erfüllte Gesellschaft ist eine narzisstische Gesellschaft. Für den Psychologen Gerhard Dammann (2007, 175) ist Narzissmus »die Leitneurose der Gegenwart«.

Genauer betrachtet ist zwischen gesundem und übersteigertem (»pathologischem«) Narzissmus zu unterscheiden. Unter Letzterem versteht Neville Symington (1999) die Anstren-

••••••

22. Ritalin wird auch an 400.000 Kinder in Deutschland verabreicht, zwischen 1993 und 2007 mit einer Steigerung von 3.590 Prozent.

gungen eines Menschen, sich vor unerträglichen psychischen Schmerzen zu schützen, die in traumatischen Erfahrungen begründet sind, etwa als Kind missachtet worden zu sein. Wenn ein solches Traumata nicht durchgearbeitet werden konnte, schlägt es häufig um in Hass gegen die Grundtatsache der menschlichen Existenz: dass nämlich der einzelne Mensch immer in Beziehung zu anderen Menschen steht. Es fehlt dem Betreffenden dann die Bereitschaft, die Welt mit anderen zu teilen. Dies kann zu einer Haltung führen, wonach z. B. die Autobahn NUR FÜR MICH da ist: »Schwache« Fahrzeuge müssen per Lichthupe, »Stinkefinger« und drängelndes Auffahren weggeschafft werden. Wonach die Stille der Nacht NUR FÜR MICH existiert, damit ICH sie mit dem Wummern der Bässe MEINER Stereoanlage vernichte. Wonach eine Gesprächsrunde NUR FÜR MICH da ist, auf dass ICH MICH in den Vordergrund stelle. Wonach der Rest der Menschheit nur den Zweck hat, MEINEN Wohlstand zu finanzieren, die Natur bloße Kulisse für MEINEN Fun ist.

Neville Symington (1999, 78) vergleicht das pathologisch-narzisstische Selbst mit einem Vakuum oder einem »Wesen mit einem Außenskelett – ohne innere Struktur, ohne inneres Vitalitätsprinzip«. Weil die eigene Bedürftigkeit nach Anerkennung überaus groß ist, werden andere Menschen funktionalisiert und narzisstisch missbraucht. Etwa indem das eigene Kind benutzt wird, um der Mutter Aufmerksamkeit, Bewunderung und Bestätigung zu geben, z. B. durch perfekte Schulleistungen. Es wird zu einem Objekt gemacht, um ein Loch im Selbstwertgefühl der Mutter zu stopfen wie eine Plombe (Heyne 1993, 341). So steht hinter pathologisch-narzisstischem Verhalten die Botschaft: »Beachtet mich! Hört mich an! Bewundert mich!«

Pathologischer Narzissmus ist eine Grundvoraussetzung der gegenwärtigen Warenwelt. Eine wachsende Zahl von Produkten wird mit dem Versprechen beworben, das beschädigte Selbstwertgefühl ihrer Käufer zu reparieren bzw. (was nur ein anderer Ausdruck dafür ist) ihre Scham zu kaschieren. Dieser Zusammenhang wurde vor einigen Jahren durch ein interessantes psychologisches Experiment belegt (Knopf 2006, 12). Dabei wurden junge Männer durch verstecktes Theater zunächst beschämt, ehe sie befragt wurden. Dabei zeigte sich, dass die Versuchspersonen (häufiger als eine nicht-beschämte Vergleichsgruppe) den Kauf protziger Geländewagen befürworteten – und den Irak-Krieg.

Outsourcing: Wir lassen entwürdigen

Viele Entwürdigungen sind außerhalb der Grenzen Deutschlands gelagert. Beispielsweise indem die Warenproduktion in Länder der so genannten »Dritten Welt« verlegt ist, wo billige Arbeitskräfte unter unwürdigen Bedingungen für den globalisierten Markt produzieren.

Ein zweites Beispiel ist die Katastrophe, die sich an den Rändern Europas abspielt: Die Freizügigkeit innerhalb Europas, die das Schengener Abkommen ermöglicht, wurde mit einer massiven Abschottung nach außen bezahlt. Während wir, wohlhabende Europäer, uns in der »Festung Europa« einigeln, wurde die Ausgrenzung der Armen an die Ränder Europas ausgelagert: Nacht für Nacht machen sich unzählige Asylsuchende von Küsten Nordafrikas oder des östlichen Mittelmeeres auf eine ungewisse Fahrt in der Hoffnung, die Küsten von Gibraltar, Südspanien, Malta, Lampedusa oder ostgriechischer Inseln zu erreichen. Viele ertrinken oder verdursten unterwegs; die Organisation *Pro Asyl* schätzt ihre Zahl auf über 5.000 allein in den ersten 10 Jahren des Schengener Abkommens.

Wer die Reise in den überfüllten Schlauchbooten übersteht, der wird nicht selten von –überforderten – Polizisten verächtlich, wie Dreck, behandelt. Wie meine Frau und ich letztes Jahr auf der ostgriechischen Insel Agathonissi beobachteten, müssen Asylbewerber zum Teil stundenlang ohne Wasser in der glühenden Sonne sitzen. Sie werden in überfüllten Häusern untergebracht. Allein in Griechenland fehlen gegenwärtig Tausende von Aufnahmeplätzen; dort stranden jeden Monat rund 10.000 Flüchtlinge. In den vergangenen zwei Jahren kamen mehr als 10.000 unbegleitete Minderjährige; für sie gibt es in ganz Griechenland nur 400 geeignete Schlafplätze. Die meisten dieser Kinder kommen aus Afghanistan: Sie sind die Leidtragenden unserer verfehlten und strukturell entwürdigenden Politik gegen Afghanistan und die so genannte »Dritte Welt«.

entwuerdigung.com

Millionen von Fernsehzuschauern werden Tag für Tag mit Darstellungen von Gewalt, Folter und Mord geradezu bombardiert. Die schnelle Taktfolge, mit der Bilder von Flüchtlingen, Ertrunkenen, Erschlagenen und Ermordeten gezeigt werden, erlaubt keine Verarbeitung der damit verbundenen Emotionen, denn sogleich kommt die nächste Meldung mit weiteren Bildern, anschließend die übernächste ... Dies hat zur Folge, dass die Emotionen verdrängt werden müssen: Die Zuschauer stumpfen ab und verlieren ihre Leidenschaft, sich gegen das herrschende Unrecht zu engagieren. So verlieren sie ihre Integrität.

Regelmäßig werden Menschen in Sendungen wie z.B. »Deutschland sucht den Superstar« vorgeführt, zum Gespött gemacht; etwa von Kommentatoren wie Dieter Bohlen (»Du singst beschissen«). So tragisch es ist, wenn Menschen ihre Grenzen nicht realistisch einschätzen und schützen können: Gerade solche Menschen sind es, die von den TV-Produzenten gesucht werden mit der Absicht, ihre Schwäche unbarmherzig einem Millionenpublikum vorzuführen. »Das Sozial-Spanner-TV ist ein hartes Geschäft geworden. Mehr als 60 solcher Sendungen gibt es bereits jede Woche im deutschen Fernsehen. Fast wöchentlich kommt eine neue dazu. Die Formate sind billig zu produzieren, die Quoten sind okay bis brillant« (Brauck 2009, 86). Aufgrund der Abnutzungserscheinungen und Sender-Konkurrenz wird das menschenverachtende Potenzial solcher Programme, wie bei einer Droge, immer noch mehr ausgeschöpft.

Die Entwicklung neuer Medien hat der Entwürdigung neue Möglichkeiten eröffnet: Eine täglich wachsende Zahl von Räumen und Plätzen wird mit Video-Kameras observiert. Schon heute werden Flugreisende durchleuchtet und abgetastet; geplant sind Nacktscanner, mit denen die schützende Funktion der Kleidung aufgehoben wird.
Zu DDR-Zeiten mussten Informationen über das Privatleben der Bürger noch von Zehntausenden offiziellen und inoffiziellen Stasi-Mitarbeitern in mühsamer Handarbeit zusammengetragen werden. Heute wird dies automatisch von Google erledigt: Per Mausklick trägt jeder Nutzer zum Ausspionieren seiner selbst bei, viele Nutzer stellen private Fotos im Internet aus. Immer mehr Menschen wird es ermöglicht, sich selbst öffentlich zu präsentieren. Die Internet öffentliche Existenz wird zum Normalfall (Swertz & Wallnöfer 2006, 73, 75). Wenn alles öffentlich wird, stellt sich die Frage neu, was »privat« ist. »Es droht das Ende der Anonymität im öffentlichen Raum« (Bredow u. a. 2010, 59).
Der Computerwissenschaftler Jaron Lanier warnt vor den Entwürdigungen durch »Cyber-Mobbing«, die durch das Internet aufgrund seiner Anonymität befördert wird. »Wer anonym ist, muss keine Konsequenzen fürchten und erhält den-

noch unmittelbare Genugtuung. Da wird ein biologischer Schalter umgelegt, und es entsteht eine richtige Meute« (Lanier 2010, 128). So gibt es Internetseiten, auf denen die Bilder, Namen, Adressen, Lebenswege und Vorlieben von Menschen veröffentlicht werden, die z. B. gegen Normen verstoßen haben; von schlechten Liebhabern, unliebsamen Lehrern oder Mitschülern; von Antifaschisten; Nacktaufnahmen der Ex-Freundin, um sich an ihr zu rächen. Oder die Adressen von Menschen, die Kinder missbraucht haben – oder die dies *angeblich* getan haben. Da es niemanden gibt, der die Beschuldigungen überprüft, haben die Gemobbten keine Chance, unliebsame Informationen über die eigene Person aus der weltweiten Öffentlichkeit zurückzuziehen (Oemke 2008, 144). Jaron Lanier (2010, 128): »Das Netz erlaubt nicht, sich selbst neu zu erfinden. Es vergisst nichts.«

Von der personalen zur strukturellen Entwürdigung

Viele Entwürdigungen sind schwer erkennbar, da sie auf die strukturelle Ebene verlagert sind. In Anlehnung an Johan Galtungs Begriff der strukturellen Gewalt verstehe ich unter *strukturellen Entwürdigungen* alle die Strukturen und Rahmenbedingungen, die entwürdigend wirken: die einen Menschen ausgrenzen, seine Grenzen oder Integrität verletzen oder ihm Anerkennung verweigern. Es bedarf dann nicht mehr Personen, die Mitmenschen verachten oder ausgrenzen (»personale Entwürdigungen«), sondern dies wird durch Arbeitsabläufe, Institutionen, Werte, Normen, Diskurse etc. erledigt.

Strukturell ausgrenzend wirken etwa die vielfältigen Mechanismen der Selektion, die in der deutschen Gesellschaft wirksam sind: Aussortiert sind rund 460.000 (5,8 Prozent) aller Kinder, indem sie in Sonder- oder Förderschulen geschickt werden (übrigens in Widerspruch zum Menschenrecht auf inklusive Bildung; Bartsch 2009). Aussortiert werden auch Kinder, die im Alter von zehn oder elf Jahren »wenig begabt« zu sein scheinen (eine Praxis, die in anderen Ländern Kopfschütteln hervorruft). Ein Großteil der Bildungsausgaben landet ohnehin bei den höheren Schulen; so werden die Schwächeren nochmals benachteiligt.[23] Darüber hinaus konzentriert sich die Mehrzahl der Fördermittel und -projekte, auch von öffentlichen und privaten Stiftungen, auf diejenigen Kinder und Jugendlichen, deren Begabungen sowieso schon erkannt und gefördert werden; für die Aussortierten interessieren sich nur wenige. So verkommen fast ein Viertel der 15-Jährigen in den (sträflich vernachlässigten) Hauptschulen; sie sind beruflich nahezu chancenlos. Diese jungen Menschen werden dem Teil unserer Gesellschaft zugeschlagen, der als Wohlstandsmüll gilt: Menschen, so der Soziologe Zygmunt Baumann (2005, 21) »die für ›überflüssig‹ erklärt wurden«. Es gehört zur Routine, sie nur noch als finanzielles Problem zu behandeln: »Sie müssen ›versorgt werden‹.«

Strukturell entwürdigend sind auch die triste Architektur vieler Schulgebäude und ihre hässlichen Räume; langweilige und versiegelte Schulhöfe; überfrachtete Lehrpläne; überfüllte Klassenzimmer; pädagogisch unsinnige Zeitstrukturen und Fächergrenzen; unzureichende Angebote und Strukturen der Aus- und Weiterbildung von Lehrern und vieles mehr. All dies macht die Schule für viele Lehrende wie Lernende zu »Orten des Grauens«. Noch grauenhafter wird die Situation dadurch, dass die Pädagogik zunehmend von Konzepten aus

••••••

23. Umgerechnet betragen die Bildungsausgaben pro Kind 3.531 Dollar an Grundschulen und 9.519 Dollar an Gymnasium (Bölsche 2002, 118).

dem Management dominiert wird. Es herrscht die Vorstellung, der Unterricht könne durch mehr Kontrollen, mehr Standards und durch so genanntes »Qualitätsmanagement« verbessert werden. Die Idee klingt verführerisch (wer könnte schon etwas gegen mehr Qualität haben?). Der Irrtum besteht darin, dass Qualität nicht machbar ist durch mehr und immer noch mehr Quantität: Viele Lehrende werden mit einer Unzahl bürokratischer Auflagen, Formularen, Fragebögen und vielem mehr erdrückt. Mit der Folge, dass sie noch weniger Zeit für die pädagogische Arbeit mit den Kindern haben. Diese besteht im Kern in gelingender Lern-Beziehung (Bauer 2008). Beziehung ist aber nicht per Management »machbar«. Auch nicht die Beziehung innerhalb des Lehrerkollegiums, die wesentlich für das Lernklima einer Schule ist. So berichtete mir kürzlich eine Lehrerin, dass sie von ihrer Schulleiterin per E-Mail (!) über den Tod eines ihrer Schüler informiert wurde. Ein solcher Fall ist im Qualitätsmanagement nicht vorgesehen.

Joachim Bauer (2008, 13) schreibt: »Die Akteure der Schulbürokratie tun, was Bürokraten gerne machen: Sie greifen zu bürokratischen Maßnahmen. Konkret: Sie versuchen das Problem mit Standards und Kontrollen zu lösen.« Obwohl sich in den USA zeigte, dass die Schulen mit solchen Maßnahmen nicht besser werden, werden sie trotzdem in Deutschland zunehmend umgesetzt. Bauer: »Es ist beängstigend zu sehen, wie sich um die Schulen herum ein immer größerer, immer teurerer Apparat von Verwaltungsleuten und Statistikern etabliert und für sich in Anspruch nimmt, der Schule zu dienen, während Lehrerinnen und Lehrer sich nach wie vor in zu großen Klassen und einem unzureichend ausgestatteten Schulsystem abmühen.«

Ein weiterer Aspekt struktureller Entwürdigung ist Geschwindigkeit, eine Form von Gewalt (Paul Virilio). Zeitdruck zer-

stört Beziehungen. Dies ist besonders fatal in Arbeitsfeldern, in denen es im Kern auf Beziehung ankommt: in der Arbeit mit Menschen wie z. B. Pflege oder Pädagogik. Beziehung ist nicht beliebig zu beschleunigen, ebenso wenig wie Lernen, Entwicklung oder Gesundung. Diese Begrenztheit unserer menschlichen Existenz wird verletzt, wenn z. B. Schüler in nur acht Jahren fast dieselbe Stoffmenge erlernen sollen, für die früher neun Jahre vorgesehen waren. »Lerne schneller!« ist so unsinnig wie z. B. an einer Pflanze zu zerren, auf dass sie schneller wachse.
Unsinnig ist es auch, an einer Sonnenblume zu zerren mit der Erwartung, eine Orchidee herzustellen.

Eine Kultur der Entwürdigungen – und ihre Folgen

Angesichts dieser Bedingungen ist es wenig erstaunlich, dass die Lernerfolge deutscher Schüler nur mäßig sind. So kann nur ein Viertel der Jugendlichen auf einem elementaren Niveau lesen. Nicht einmal jeder fünfzigste Schüler kann selbstständig mathematisch argumentieren und reflektieren; nur jeder dreißigste hat ein naturwissenschaftliches Verständnis auf hohem Niveau. Unserem Schulsystem gelingt es weniger gut als dem anderer Staaten, diejenigen jungen Menschen zu fördern, die in den Debatten gerne als »schwache Schüler« dargestellt werden. Das gilt vor allem für Heranwachsende aus armen Familien und mit Migrations-Hintergrund. So haben 30 Prozent der Kinder von Zuwanderern aus der Türkei keinen Schulabschluss und nur 14 Prozent erreichen das Abitur – weniger als halb so viele wie im Durchschnitt der deutschen Bevölkerung (Elger, Kneip & Theile 2009, 33). Jährlich verlassen 80.000 Jugendliche (acht Prozent eines Jahrgangs) die Schule ohne Abschluss. 15 Prozent der 21- bis 25-Jährigen führen ihre Lehre nicht zu Ende (Kistler 2008).

Dies ist nicht nur bedauerlich, weil hier Milliardenbeträge in einen unproduktiven Apparat gesteckt werden. Und weil verfehlte Integration Lasten von jährlich 16 Milliarden Euro verursacht, wie eine Studie der Bertelsmann-Stiftung von 2008 schätzt (Elger, Kneip & Theile 2009, 33). Viel schlimmer ist es, dass Jahr für Jahr Zigtausende junger Menschen um ihre Lebenschancen gebracht werden; dass unermessliche Entwicklungspotenziale blockiert werden und dass Lebendigkeit, Gesundheit und Kreativität unzähliger Menschen zerstört werden. Bastian B., der Amokläufer von Emsdetten im November 2006, ist dafür nur ein Beispiel. Zehntausende andere Schüler verarbeiten das Elend mit anderen Methoden:

- 30 Prozent der Kinder sind in ergo- oder psychotherapeutischer oder logopädischer Behandlung. Es wird geschätzt, dass etwa jeder siebte Schüler unter Ängsten leidet; mehr als jeder zweite hat chronische gesundheitliche Beschwerden; etwa jeder siebte bis elfte hat körperliche Symptome ohne körperliche Ursache, wie sie durch Angst- und Stresszustände verursacht sind. Etwa jeder siebte Heranwachsende steht in Gefahr, im Laufe seiner Jugendzeit eine Depression zu erleiden (Bauer 2008, 14).
- Jeden Tag begehen drei Jugendliche in Deutschland Suizid (und mehr als zehn versuchen es). Damit ist Suizid (gleich nach Verkehrsunfällen) die zweithäufigste Todesursache unter jungen Menschen.
- Ärzte warnen vor einer Welle des Ritzens unter Jugendlichen. Eine Studie ergab, dass jeder vierte der 14- bis 17-Jährigen sich zumindest schon einmal absichtlich verletzt hat; etwa jeder Elfte tut dies immer wieder.
- Es wird geschätzt, dass jedes dritte Mädchen Essstörungen hat, auch eine wachsende Zahl von Jungen. Magersucht (Anorexia nervosa) und Ess-Brechsucht (Bulimia nervosa)

können schwerwiegende Gesundheitsschäden verursachen, für Tausende junger Menschen sind sie tödlich.[24]

- Eine große Studie an Neuntklässlern ergab, dass sie durchschnittlich 141 Minuten pro Tag am Computer spielen. 3 Prozent der Jungen und 0,3 Prozent der Mädchen sind von Computerspielen abhängig. Auf alle 15-Jährigen im Land hochgerechnet bedeutet dies rund 14.300 Süchtige und weitere 23.600, die stark suchtgefährdet sind. Computer-Süchtige schwänzen fast doppelt so viel die Schule, schlafen weniger und denken 5 Mal häufiger an Suizid (Dahlkamp 2009).
- In einer großen Erhebung in Schleswig-Holstein zeigte sich, dass fast die Hälfte der Schüler des zwölften Jahrgangs Erfahrungen mit illegalen Drogen hat. Mehr als jeder dritte zählt sich zu den aktuellen Usern. Der Erziehungswissenschaftler Peter Struck veranschlagt die Quote der Drogen-Erfahrenen in der gymnasialen Oberstufe gar auf 90 Prozent.
- Spätestens seit dem verzweifelten Notruf der Berliner Rütli-Schule ist bekannt, dass viele unserer Schulen von einem Klima eskalierender Gewalt, Respektlosigkeit und Ohnmacht geprägt sind. Zum Beispiel wird jeder sechste 15-jährige Schüler innerhalb eines Jahres das Opfer von Gewalt; jeder dritte ist selbst Täter, überwiegend von Vandalismus, Ladendiebstahl, Körperverletzung oder anderen Formen der Gewalt. Jeder fünfte Hauptschüler hat schon mal so hart zugeschlagen, dass sein Opfer zum Arzt musste. Nach einer Untersuchung des Kriminologischen Forschungsinstituts Niedersachsen äußerte sich ein Drittel der Jungen und ein Viertel der Mädchen ausländerfeindlich.

••••••

24. Robert Koch Institut (2006, 50).

Diese Zahlen sind es, die im Mittelpunkt unserer Aufmerksamkeit stehen müssten. Sie belegen, dass etwas im Umgang mit unseren Kindern und Jugendlichen katastrophal falsch läuft. Wesentlich wird diese Katastrophe m. E. durch Verletzungen der menschlichen Würde verursacht, wie sie tagtäglich in unserem Land, auch an unseren Schulen, geschehen. Darauf hat Bastian B. in eindrücklicher Weise hingewiesen – die bundesrepublikanische Öffentlichkeit und Bildungspolitik hat sich bisher beharrlich geweigert, dies zur Kenntnis zu nehmen.

Was ist zu tun? Wie können wir verhindern, dass Entwürdigungen weiter und immer noch weitergereicht werden, von Generation zu Generation? Wie können wir unsere Schulen zu Orten der Menschenwürde machen? Wie kann die Arbeit mit Menschen, etwa in Pflege, Medizin, Seelsorge, sozialer Arbeit oder anderen Arbeitsfeldern, so gestaltet werden, dass alle Beteiligten in ihrer Würde – in ihren Grundbedürfnissen nach Schutz, Zugehörigkeit, Integrität und Anerkennung – geachtet werden? Wie können wir unsere Gesellschaft zu einer Kultur der Menschenwürde verändern?

Zwischenresümee

In diesem Kapitel habe ich zu zeigen versucht, wie massiv die Deutschen über Jahrhunderte durch Verletzungen unserer Würde geprägt wurden. Diese Tradition konnten wir nicht einfach dadurch abstreifen, indem wir die militärische Niederlage des Nationalsozialismus zur »Stunde Null« erklärten und uns am 23. Mai 1949 eine demokratische Verfassung gaben. So wichtig ist es, dass gleich in Artikel 1 unseres Grundgesetzes die Menschenwürde betont wird: Ebenso wichtig ist es, dass dieser Begriff von den Bürgern auch verstanden, geteilt und gelebt wird. Dass jede und jeder begreift,

was er oder sie zu einer Kultur der Menschenwürde beitragen kann.
Dabei kann es nicht darum gehen, unsere Tradition »loszuwerden«, sondern sie zuallererst in ihrer ganzen Bedeutung für unser Gewordensein anzuerkennen und uns so ein Stück von ihr zu befreien. Es gilt wahrzunehmen, wie unsere heutige Gesellschaft und viele unserer Haltungen und Strukturen durch unsere Geschichte geprägt sind. Und es gilt zu erkennen, dass mit Denk- und Verhaltensweisen, die in unserer traumatischen Vergangenheit wurzeln – vom Dreißigjährigen Krieg und Feudalismus bis hin zum Nationalsozialismus –, die Herausforderungen des 21. Jahrhunderts nicht zu lösen sein werden.

Es geht um die Frage, wie wir miteinander umgehen. Seit dem Zusammenbruch der kommunistischen Staaten Osteuropas werden soziale Fortschritte in atemberaubender Geschwindigkeit um Jahrzehnte zurückgeschraubt. Die Kluft zwischen Arm und Reich wurde immer tiefer gerissen. Wer sollte den neoliberalen Kapitalismus noch davon abhalten, unser Land in einen Zustand zurückzuwerfen, wie er heute in vielen Ländern der »Dritten Welt« und wachsenden Teilen der USA herrscht: Die Reichen verbarrikadieren sich hinter bewachten Gettos des Wohlstands,[25] während immer größere Teile der Bevölkerung verarmen und das Land verwahrlost? Ich kann nur eine Kraft erkennen, die diese Entwicklung aufzuhalten vermag: die Kraft, die aus der Besinnung auf die Würde des Menschen erwachsen kann.

••••••

25. Viele Städte in den USA werden mittlerweile als »gated communitys« gebaut (Wichmann 2010).

In diesem Kapitel habe ich darzustellen versucht, welch großen Erfindungsreichtum die Deutschen im Verlauf ihrer Geschichte gezeigt haben, wenn es galt, Mitmenschen zu entwürdigen – stets auf dem jeweiligen Stand der Technik. Wie könnte es uns gelingen, unsere menschliche Kreativität für eine Kultur der Menschenwürde freizusetzen?

TEIL II

WEGE ZUR MENSCHENWÜRDE

Hoffnung ist in das Gelingen verliebt.

Ernst Bloch

Im zweiten Teil dieses Buches zeige ich Wege auf, wie wir Deutsche uns von unserer jahrhundertelangen Tradition der Entwürdigungen ein Stück weit befreien und ein menschenwürdiges Miteinander schaffen können. Die folgenden Ausführungen sind in vier Kapitel unterteilt. Diese Gliederung orientiert sich an den vier Stichworten: Ich, Du, Thema und Kontext. Sie ist angelehnt an das Dreieck, das von Ruth Cohn, Begründerin der Themenzentrierten Interaktion (TZI), entwickelt wurde:

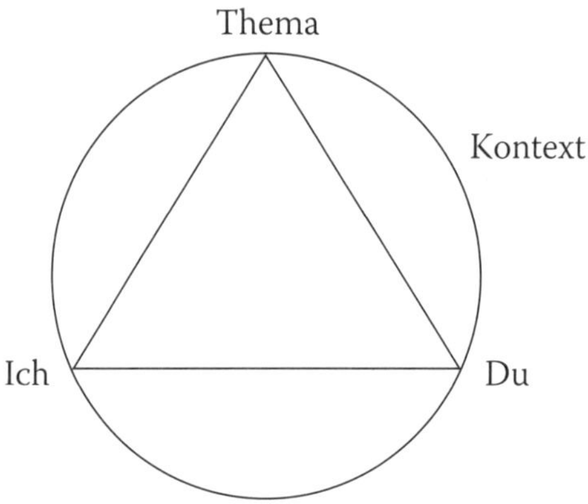

Das Schaubild veranschaulicht die vier »Dimensionen«, die es auf dem Weg zu einer menschenwürdigen Gesellschaft zu beachten gilt:

- Links unten, »Ich«, bedeutet die eigene Person. Es steht für die individuelle Persönlichkeit z. B. des Lehrers oder Hochschullehrers, der Pflegerin oder Medizinerin, des Seelsorgers usw.
- Mit dem Begriff »Du«, rechts unten, beziehe ich mich auf den Religionsphilosophen Martin Buber (1992). Du steht für die Person oder Personengruppe, mit denen das Ich kommuniziert oder arbeitet: die Schüler, Patienten, Klienten usw.
- Oben, »Thema«, meint den spezifischen Fokus, unter dem die Kommunikation oder Arbeit mit Menschen steht. Für Lehrer ist dies das jeweilige Unterrichtsfach, das sie unterrichten; für Pflegekräfte ist es die Pflege, welche im Mittelpunkt der Ich-Du-Beziehung steht usw.
- Das Dreieck mit den drei Polen Ich – Du – Thema ist umgeben von einer Kugel, »Kontext«, welche die äußeren Bedingungen der Beziehung zwischen Ich und Du veranschaulicht. Genauer betrachtet sind es mehrschichtige Kugeln, die man sich wie Zwiebelschalen vorstellen kann. Diese stehen für die unmittelbaren und umfassenderen situativen Bedingungen,

die die Kommunikation bzw. Arbeit beeinflussen. Die inneren Schalen bedeuten die Strukturen: die Arbeitsbedingungen, Entscheidungsabläufe, Rahmenbedingungen, das Betriebsklima usw. der Einrichtung, in der wir arbeiten. Die äußeren Schalen stehen für die weiteren Gegebenheiten: die Gesellschaft und ihre Tradition, Umgebung, Welt (Cohn 2008).

Diese vier »Dimensionen« werde ich in den folgenden vier Buchkapiteln in ihrer Bedeutung für die Würde des Menschen durchbuchstabieren. Dabei greife ich auf die vier Grundthemen der Scham zurück, die im ersten Kapitel entwickelt wurden: Schutz, Zugehörigkeit, Integrität und Anerkennung. Ich bitte um Verständnis dafür, dass nicht alle Berufe, in denen mit Menschen gearbeitet wird, in gleichem Umfang berücksichtigt werden können. Was im Folgenden am Beispiel der einen oder anderen Berufsgruppe dargestellt wird, ist häufig auf andere Berufe übertragbar, auch wenn ich hier, als Platzgründen, nicht alle dieser Übertragungen ausformulieren kann.
Der Schwerpunkt liegt auf pädagogischen Berufen, denn Lehrende sind immer auch Multiplikatoren; ihre Haltungen haben damit große Auswirkungen auf künftige Generationen. Ein beschämender Vorgesetzter in der Wirtschaft beschädigt, schlimm genug, seine Mitarbeiter und Firma. Ein beschämender Lehrer wirkt jedoch auf Tausende junger Menschen in einem frühen, entwicklungsgeschichtlich entscheidenden Lebensalter; damit prägt er Tausende von künftigen Eltern und vielleicht Dutzende von künftigen Lehrern.
Im Mittelpunkt jedes der folgenden Kapitel stehen einige Fragen, die sich in meinen Seminaren zum Thema dieses Buches als fruchtbar erwiesen haben. Die Fragen werden ergänzt durch einige Kommentare und Beispiele.
Beginnen wir mit dem schwierigsten Kapitel: mit der Beziehung zu sich selbst.

KAPITEL 3:

MENSCHENWÜRDE UND DIE BEZIEHUNG ZU SICH SELBST

Eigentlich bin ich ganz anders,
nur komme ich so selten dazu.
(Ödön von Horvath)

Im Jahr 2004 stellten die Bürgerinitiativen Aktion Gemeinsinn e.V. und BürgerKonvent e.V. ihre Kampagne »Beweg Dich.
Damit sich was bewegt« vor. Ziel ist es, die staatsbürgerliche Verantwortung der Deutschen zu stärken. Die Bürgerinnen und Bürger sollen durch die Aktion, so die Selbstdarstellung, »mit konkreten Beispielen zu eigenem praktischen Handeln ermutigt werden. Ziel ist eine Bürgergesellschaft, in der jeder Einzelne mehr Verantwortung übernimmt und sich selbst aktiv einmischt, einen ganz persönlichen Beitrag dazu leistet, dass sich die Gesellschaft zum Positiveren verändert.«
Prof. em. Dr. Carl-Christoph Schweitzer, der Vorsitzende der Aktion Gemeinsinn, erklärt: »Damit sich in diesem Land wieder etwas bewegt, muss jeder Einzelne von uns über seinen eigenen Schatten springen und mehr Engagement und Mut zeigen. Auch wenn es schwerfällt. Doch es lohnt sich – für jeden Einzelnen von uns.«
Die Kampagne besteht in einer Reihe von Plakaten, die bundesweit als Anzeigen in die Medien gebracht werden. Sie zeigen jeweils eine Person, die sich selbst bzw. ihren Schatten schlägt, tritt oder an den Haaren zieht und als »faulen Sack«,

»Dumpfbacke« oder »Meckerliese« beschimpft. Dies ist eines der Plakate:[26]

Die Aktion steht ganz in der unheilvollen Tradition der schwarzen Pädagogik und deren Strategie, wonach Menschen dadurch zu verbessern seien, dass sie beschämt werden bzw. sich selbst beschämen. Ich halte solche Plakate für kontraproduktiv, weil sie die Probleme, die zu beheben sie beanspruchen, nur noch verschlimmern. Probleme gesellschaftlichen Zerfalls sind nicht dadurch aufzuhalten, dass die Bundesbürger mit noch mehr Scham erfüllt werden. Der Ausweg besteht vielmehr darin, dass die Menschen sich ihre Scham eingestehen und bewusst machen. Auf diesem Weg können sie wieder Zugang zu ihren kreativen Potenzialen bekommen, die wiederum in die Gesellschaft einfließen.

26. Aus der Pressemappe zum Start der Aktion, veröffentlicht am 19.4.2006, im Internet verfügbar unter: http://www.presseportal.de/story.htx?nr=548201&firmaid=51866 (Zugriff 15.1.2007).

Aufarbeiten der Scham ist notwendig, weil in jeder Begegnung, in jeder Arbeit mit Menschen die eigene Scham-Geschichte aktualisiert werden kann. Wenn wir diese nicht kennen, besteht die Gefahr, dass wir unser eigenes Scham-Schicksal am anderen wiederholen; dass wir dem »Du« das antun, was uns in unserer Vergangenheit selbst angetan wurde. Dass wir uns so verhalten, wie wir es – aufgrund des »heimlichen Lehrplans« von Erziehung, Schule, Hochschule, Ausbildung, Militär usw. – einst erlernt haben.

Diese Gefahr der Wiederholung kam vor einiger Zeit während eines Fortbildungstages mit dem Kollegium eines Gymnasiums zur Sprache. Das Thema des Seminars lautete: »Von Scham und Beschämung zu einer Pädagogik der Anerkennung und Menschenwürde.« Nach etwa einer Stunde meldete sich einer der mehr als 50 Teilnehmenden, ein älterer Lehrer, zu Wort und sagte: »Als ich vom Thema dieses Seminars hörte, war ich sehr skeptisch. Aber eben ist mir bewusst geworden, wie sehr ich als Schüler unter dem beschämenden Verhalten meiner Lehrer gelitten habe und dass ich dasselbe die ganzen Jahrzehnte als Lehrer mit meinen Schülern wiederholt habe.«

Nicht-beschämende Kommunikation kann man sich jedoch nur bedingt vornehmen; oberflächlich verstandene Freundlichkeits-Trainings sind nur begrenzt hilfreich. Denn wie bei guten Vorsätzen an Silvester-Abenden besteht die Gefahr, dass alte Verhaltensmuster, die von Kindheit an eingeübt wurden, sich als resistenter erweisen. Die Gefahr der Wiederholung ist umso größer, wenn wir selbst ausgebrannt sind oder unter Stress stehen, vor allem dann, wenn wir selbst missachtet oder beschämt werden.

Daher ist es notwendig, sich die eigenen Prägungen im Umgang mit Scham bewusst zu machen und aufzuarbeiten. Auf diesem Weg können beschämende Verhaltensmuster verlernt und andere, wertschätzende Beziehungen erlernt werden. Dieser Lernprozess sollte m. E. fester Bestandteil in der Ausbildung aller Berufe werden, in denen mit Menschen gearbeitet wird.

3.1 Die Sorge für die eigene Würde

Die Scham merken

Sich die eigene Scham-Geschichte bewusst machen, wie geht das? Der erste und wichtigste Schritt besteht darin, Schamgefühle überhaupt wahrzunehmen, sie anzuerkennen. In Umkehrung des Titels eines bekannten Buches von Alice Miller (1981) besteht die Aufgabe darin: »Du sollst merken.« In der Regel merken wir diese Gefühle ja nicht, weil sie hinter anderen, Scham-abwehrenden Verhaltensweisen verborgen sind.
Ist diese Abschottung erst einmal überwunden, ist es fast unvermeidlich, dass uns Situationen einfallen, in denen wir uns geschämt haben. Wahrscheinlich ist Ihnen das schon während der Lektüre dieses Buches so ergangen.
Für Menschen mit einer traumatischen Scham-Geschichte kann es notwendig sein, sich für die weitere Aufarbeitung Begleitung oder professionelle Hilfe zu holen, z. B. durch Psychotherapie.

In weniger schwerwiegenden Fällen kann es hilfreich sein, seine spontanen Erinnerungen zu Selbstreflektionen zu erweitern und zu systematisieren. Etwa durch das Schreiben eines Scham-Tagebuches oder einer Scham-Autobiografie, wo wir unsere diesbezüglichen Erinnerungen, Gedanken, Gefühle, Assoziationen, Beobachtungen usw. notieren. Dabei können Fragen wie die folgenden hilfreich sein, mit denen ich Sie zur Selbstreflektion einladen möchte:

- Wann habe ich mich geschämt? Welche Situationen fallen mir ein? Welche Muster schälen sich heraus: Wofür schäme ich mich?
- Wie habe ich reagiert? Welchen Umgang mit Schamgefühlen habe ich (z. B. von Familie, Schulkameraden, Lehrern, Ausbildnern, Hochschullehrern, Kollegen oder Vorgesetzen) erlernt? Wie reagiere ich, wenn ich beschämt, ausgegrenzt oder gemobbt werde, wenn ich mich bloßgestellt fühle oder wenn ich mich vor mir selbst schäme?

In einem nächsten Schritt können wir uns einige besonders eindrückliche Scham-Situationen genauer anschauen und befragen:

- Um welche Form von Scham ging es in diesen Erlebnissen jeweils? Habe ich mich vor anderen oder vor mir selbst geschämt? Wurde die Scham durch Grenzverletzung ausgelöst? Durch den Verlust von Zugehörigkeit oder Integrität? Oder durch fehlende Anerkennung bzw. Beschämung? In welchem meiner Grundbedürfnisse bin ich besonders verletzbar?
- Was hätte mir in der betreffenden Situation geholfen? Was hätte ich damals gebraucht, um jenes Scham-Erlebnis besser zu überstehen? Welche Unterstützung von Familienangehörigen, Erziehern, Freunden, Lehrern, Vorgesetzten, Kollegen usw. hätte ich mir gewünscht?
- Was hätten diese Personen tun können, um jene Scham erträglicher zu machen? Wie hätten sie mir helfen können, jene Scham-Erfahrung konstruktiv zu verarbeiten, sie in einen Lernprozess umzuwandeln?

Darüber hinaus ist zu überlegen, ob wir uns etwas von der Unterstützung, die uns früher gefehlt hat, heute selbst geben können. Damals, zur Zeit eines erinnerten Scham-Erlebnisses, waren wir vielleicht noch Kinder oder Jugendliche, mehr oder weniger abhängig von der Unterstützung durch Erwachsene. Heute jedoch, als Erwachsene, haben wir viel mehr Handlungsmöglichkeiten und können etwas von dem nachholen, was uns damals gutgetan hätte.
Es kann auch heilsam sein, Erinnerungen an Menschen-würdigende Erfahrungen zurückzurufen und in einem »Würde-Tagebuch« festzuhalten. Etwa Erinnerungen an Situationen, in denen wir uns als selbstbewusst erlebt haben. Oder an Menschen, die hilfreich waren:

- In welchen Scham-Situationen habe ich Unterstützung bekommen? Von wem und in welcher Form? Welche Menschen waren Resilienzfaktoren für mich? Wie haben sie mir geholfen, eine schwierige Lebenssituation zu bewältigen?
- Was habe ich von diesen Personen gelernt? Was davon könnte ich heute mir selbst geben?

Vielen Menschen ist das Bewusstsein ihrer Würde abhandengekommen. Die Therapeuten Udo Baer und Gabriele Frick-Baer (2009, 8) fragen daher ihre Klienten:

- »Erinnern Sie sich an eine Situation, in der sie sich würdevoll gefühlt haben? Wer hat Sie in Ihrem Leben gewürdigt?«

So berichtet z. B. eine Person von einem Lehrer, der an sie geglaubt hat, während ihre Eltern sie immer nur als »Dussel« bezeichneten. Baer und Frick-Baer (2009, 53) arbeiten auch mit inneren Bildern der Würde: »Wenn Sie einen Moment die Augen schließen und an Ihre Würde denken, wird ein inneres Bild in Ihnen entstehen. Wahrscheinlich sofort, vielleicht aber erst in einigen Stunden oder am nächsten Tag. Vielleicht sehen Sie Farben oder abstrakte Formen, vielleicht Gegenstände oder Landschaften, Pflanzen oder Tiere, vielleicht Menschen, Gesichter, Haltungen, Szenen … Probieren Sie es aus. Schließen Sie für einen Moment die Augen und stellen Sie sich Ihr eigenes Bild der Würde vor. Lassen Sie sich überraschen, wie Ihr persönliches Bild der Würde aussieht.«

Die Autoren empfehlen, das Bild der Würde auch zu malen oder in einer Körperhaltung oder -bewegung zu verankern. Oder einen Würde-Begleiter zu visualisieren: eine Figur, die ihnen hilft, ihre Würde zu entwickeln und zu verteidigen. Wenn z. B. eine schwierige Entscheidung ansteht, kann man sich fragen: Was würde mein Würde-Begleiter dazu sagen? Häufig wissen die Klienten, wie Baer und Frick-Baer (2009, 56) beobachteten, die Antwort ihrer Begleiter.

Im Kern geht es darum, ein Bewusstsein für die eigene Würde zu entwickeln, an sie zu glauben und sie zu entwickeln. Ich beziehe mich auf das, was oben (Seite 44f.) über die Würde gesagt wurde. Demnach kommt es darauf an: Die eigenen Gefühle, Gedanken und Werte ernst zu nehmen und für sie einzutreten. Seinen eigenen Lebens-Sinn zu verwirklichen (oft begnügen wir uns mit dem, was Erfolg verspricht). Eine liebevolle Beziehung zum eigenen Körper und zur eigenen Sexualität zu gewinnen (oft wird der Körper nur als Objekt, als Maschine betrachtet, die zu funktionieren hat). An die eigene Kreativität zu glauben und diese zu entfalten. An seinem Ausdruck zu arbeiten, z. B. an Stimme, Bewegung, Sprache oder Engagement. Seine eigene Geschichte, auch sein Scheitern, zu würdigen. Die eigene Zeit und Geschwindigkeit sowie den eigenen Lebens-Rhythmus

anzuerkennen (unser Schulsystem honoriert nur die schnellen Lerner).
Darüber hinaus ist es wesentlich, für den Schutz seiner Würde und für Zugehörigkeit, Integrität sowie Anerkennung zu sorgen. Dazu einige Gedanken:

Die Sorge für den Schutz der eigenen Grenzen

... beginnt damit, dass wir unsere persönlichen Grenzen wahrnehmen und anerkennen. Etwa die Grenzen zwischen privat und nicht-privat, persönlich und beruflich, intim und öffentlich. Wahrzunehmen sind auch die Grenzen, die uns durch unser Menschsein, unseren Körper und dessen Zeitlichkeit, vorgegeben sind. Die Leistungsfähigkeit etwa unserer Muskeln, Organe und unseres Gehirns sind begrenzt. Früher oder später kommt jeder Mensch an den Punkt, an dem er sich ausruhen und erholen muss. Jeder Mensch braucht eine gesunde Balance zwischen äußeren, beruflichen Anforderungen und innerer Ruhe und Regeneration; zwischen aktiv und passiv, Anspannung und Entspannung, Tun und Lassen.[27]
Dieser – im Grunde ganz einfache, selbstverständliche – Gedanke wird auch durch die Allgemeine Erklärung der Menschenrechte bestätigt: »Jeder hat das Recht auf Erholung und Freizeit und insbesondere auf eine vernünftige Begrenzung der Arbeitszeit und regelmäßigen bezahlten Urlaub« (Art. 24). Dieses Menschenrecht wird häufig verletzt: von außen,

••••••

27. Aus neurobiologischer Sicht ist Scham ein extrem fehlregulierter Zustand von erhöhter parasympathischer und zugleich erhöhter sympathischer Reaktivität. Damit ist das Wechselspiel zwischen Anspannung (Sympathikus) und Entspannung (Parasympatikus) gestört (Schore 1998, 67). Dies unterstreicht die Notwendigkeit, die eigene Scham-Geschichte aufzuarbeiten, da eine gesunde Balance zwischen aktiv und passiv im Scham-Modus nur schwer möglich ist.

durch die wachsenden Anforderungen an die Berufstätigen; nicht selten aber auch in eigener Regie, durch Arbeitende selbst. Arbeit gilt hierzulande als Tugend (wobei häufig gar nicht mehr nach dem Zweck der Arbeit gefragt wird). Dies hat zur Folge, dass viele Berufstätige in Gefahr sind, ihre eigenen Grenzen zu missachten, sich zu überarbeiten. Daher müssen sie zuallererst lernen, sich vor sich selbst zu schützen. Dies kann etwa bedeuten, »Nein« sagen zu lernen, um Unterstützung zu bitten oder einen Kreis von sich gegenseitig unterstützenden Freunden aufzubauen; oder um Hilfe zu bitten, z. B. für eine professionelle, psychotherapeutische Begleitung bei der Aufarbeitung seines Scham-Schicksals.

Die Sorge für Zugehörigkeit

... beginnt damit, dass wir das Grundbedürfnis nach Zugehörigkeit wahrnehmen und anerkennen. Aber um welchen Preis? Und zugehörig wozu?

Der Wunsch nach Zugehörigkeit ist ein menschliches Grundbedürfnis. So ist es für den Säugling existenziell notwendig zu erfahren, dass jemand verlässlich da ist, um ihn zu lieben, zu ernähren, zu pflegen, zu spiegeln und zu beschützen. Nicht dazuzugehören kann auch im weiteren Leben mit starken Angst- und Schamgefühlen verbunden bleiben, vor allem für Menschen, die nur wenig Urvertrauen und Selbstwertgefühl entwickeln konnten. Dieser Mangel kann zu einem undifferenzierten Wunsch danach führen, »dabei« zu sein – ohne dass überhaupt nach Sinn oder Zweck gefragt wird. So zeigte sich zum Beispiel in Interviews mit NS-Anhängern, dass sich damals viele den Nationalsozialisten angeschlossen hatten, weil es für sie nicht aushaltbar war, nicht »dabei« zu sein, sich ausgeschlossen zu fühlen. Dieses entwicklungsgeschichtlich

frühe Bedürfnis vermochten die Nationalsozialisten für ihre Zwecke zu instrumentalisieren, z. B. mit ihrem Versprechen einer »deutschen Volksgemeinschaft« (Marks 2007).
Diese war eine Gemeinschaft der Gleichen, der Gleichgeschalteten und Gleichgesinnten. Eine ganz andere Qualität von Zugehörigkeit ist es jedoch, wenn es um Nicht-Gleiche geht: um unangepasste Gedanken und Werte. Gehöre ich beispielsweise noch dazu, wenn ich in der Bürgerversammlung oder im Team meine eigene Meinung sage?
Die Angst davor, einer Gruppe nicht zuzugehören (sie wurde oben als Anpassungs-Scham bezeichnet) ist ambivalent: Sie kann uns, auf der einen Seite, anspornen, uns um Zugehörigkeit zu bemühen, uns z. B. in eine Gruppe einzubringen. Aber um jeden Preis, in unkritischer Weise? Auf der anderen Seite kann es aber auch notwendig sein, es auszuhalten, nicht dazuzugehören, wenn dies im Interesse der eigenen Integrität unvermeidlich ist:
Zum Beispiel werden wir Tag für Tag durch Medien und Werbung mit der Aufforderung bombardiert: Sei immerzu gesund, leistungsfähig, jung, stark, schön, potent, erfolgreich, schlank, gut gelaunt, schnell, teuer gekleidet usw. Kurz: Sei perfekt. Wer dies nicht ist, der soll sich schämen und muss damit rechnen, beschämt zu werden: als Versager, Schrott, hässlich, unattraktiv, Schmarotzer, Fettsack, Weichei, Schwächling, Opfer, Lahmarsch, fauler Sack usw. Wie verhalte ich mich gegenüber diesen Ansprüchen? Zugehörigkeit um jeden Preis hätte zur Konsequenz, sich aufzureiben im Bemühen, all diesen von außen kommenden (und immer höher geschraubten) Erwartungen gerecht zu werden.
Die erstgenannte, oberflächliche Form von Zugehörigkeit lässt sich käuflich erwerben: durch den massenhaften Konsum von Aufputsch- und Potenzmitteln, Antidepressiva, Markenprodukten, Schönheitsmitteln und -operationen, Bo-

dy-Building-Einheiten, Diäten usw., die von den »Perfektionierungs-Industrien« in wachsender Zahl auf den Markt geworfen werden. Alle Medien, so Susie Orbach, rufen uns zu: »Dein Körper ist dein Kunstwerk, das es zu korrigieren, umzumodeln und zu verbessern gilt. Mach mit! Gönn dir das Vergnügen! Gehöre dazu!« (Orbach 2010, 8).

Aber bin ich noch ich, wenn ich jede von außen kommende Anforderung, jeden Trend, jede Mode mitmache? Und werden Menschen durch diese Produkte nicht auch um die Erfahrung betrogen, in ihrem Selbst geliebt zu werden: als diejenigen, die sie sind?

Bezogen auf Deutschland und seine Tradition von Würde-Verletzungen fällt es schwer, sich diesem Land zugehörig zu fühlen. Dies schilderte z. B. schon Heinrich Heine in seinem Gedicht *Die schlesischen Weber*: »Ein Fluch dem falschen Vaterlande/Wo nur gedeihen Schmach und Schande.« Diese Tradition lässt sich durch verkitschende Heimat-Bilder, wie sie z. B. in Volksmusik-Shows verbreitet werden, nicht ungeschehen machen. Für fruchtbar halte ich demgegenüber einen politisch verstandenen Begriff von Heimat, wonach diese dort ist, wo wir uns engagieren.

Gegenüber dem größten Teil der Menschheit sind wir es, die Menschen der selbsternannten »Ersten Welt«, die die Zugehörigkeit aufgekündigt haben. Ihnen gegenüber verhalten wir uns strukturell zynisch: Wir leben, bevorteilt durch die Strukturen der Weltwirtschaft, auf ihre Kosten. Jean Ziegler (2007, 71) schreibt: »Die armen Länder zahlen den herrschenden Klassen der reichen Länder jährlich viel mehr Geld, als sie von ihnen in Gestalt von Investitionen, Kooperationskrediten, humanitärer Hilfe oder so genannter Entwicklungshilfe erhalten.« So betrug im Jahr 2005 die öffentliche Entwicklungshilfe der Industrieländer für die 122 ärmsten Länder 58

Milliarden Dollar; in umgekehrter Richtung flossen 482 Milliarden als Schuldendienst (Marks 2009a, 140).

Die Sorge für Integrität

... beginnt damit, dass wir uns bewusst machen, wo wir unsere Werte und Ideale verletzen oder verletzt haben; inwieweit wir unseren Lebens-Sinn aufgegeben haben.

Bezogen auf die globale Situation: Wir sind an Unrecht in gigantischem Ausmaß beteiligt, da wir auf Kosten der Armen und der nachfolgenden Generationen leben. Wir hinterlassen ihnen Müllkippen, Schuldenberge, radioaktiv verseuchte Erde und ein zerstörtes Weltklima. Paul Tiedemann schreibt: »Wenn die Menschenwürde unsere höchste Priorität ist, dann müssen wir uns aufgefordert sehen, anderen, die sich durch schicksalhafte Umstände in einer menschenunwürdigen Lage befinden, zu helfen, diesen Zustand zu überwinden.« Auch wenn dies unbequem sein mag, so kommt es doch darauf an, »Wege zu finden, wie das Leiden der Welt wirksam bekämpft werden kann« (Tiedemann (2006, 156). Sei es durch individuelles Engagement oder durch Mitwirkung am Aufbau machtvoller Institutionen gegen das Leid der Welt.

Zwar wird es nie genug sein, was der oder die Einzelne tun kann: zu komplex und übermächtig sind die Weltprobleme und die Macht derjenigen, die von den herrschenden Entwürdigungen profitieren. Jedoch ist Integrität nicht mit Erfolg zu verwechseln: Sich für Frieden, Gerechtigkeit und die Bewahrung der Schöpfung einzusetzen, ist auch ein Beitrag zur Bewahrung der eigenen Integrität in einer gebrochenen Welt. Dies zu tun ist sinnvoll, ganz unabhängig vom Erfolg seines Handelns.

Bezogen auf das persönliche und berufliche Umfeld: Es ist schmerzhaft, sich an Situationen zu erinnern, in denen wir anderen Menschen Unrecht zugefügt haben. Und mehr noch dann, wenn begangene Schuld nach dem pathologischen Scham-Modus als Fehler erlebt wird. Sich zu entschuldigen, kann dann als schier unerträgliche Selbst-Erniedrigung gesehen werden. Gesteigert noch, wenn erwartet wird, dass die Entschuldigung abgelehnt oder vom Geschädigten als Machtmittel missbraucht wird; wenn mit anderen Worten keine Kultur des Umgehens mit Schuld und Entschuldigung besteht.

Moralische Scham über ein verschuldetes Unrecht hat die Funktion, den Täter zu Selbstreflexion, Umkehr und Veränderung seines Verhaltens zu bewegen. Im Rückblick sind es genau diese Scham-Erfahrungen – *weil* sie so extrem schmerzhaft sind und zeitlebens wie ein Stachel im Fleisch sitzen –, aus denen Menschen ihre Moralität aufbauen. Dies sind die »Identitätsnarben, ohne die sie nicht wären, was sie geworden sind« (Oser & Spychiger 2005). Der Pädagoge Janusz Korczak ist sogar überzeugt, dass ein Kind, das niemals gelogen oder gestohlen hat, kein moralischer Mensch werden kann. In ihrem empfehlenswerten Buch »Lernen ist schmerzhaft« arbeiten Fritz Oser und Maria Spychiger (2005) die Bedeutung der Fehlerreflexion heraus. Nicht durch vermiedene oder vorschnell entschuldigte Fehler, sondern erst durch aufgearbeitete Fehler kann Entwicklung, Veränderung, Neues entstehen.

Die Sorge für Anerkennung

… beginnt damit, dass wir uns selbst zugestehen, Anerkennung zu brauchen. Dies ist kein Anzeichen für Schwäche, sondern Ausdruck der Tatsache, dass wir Menschen sind und

daher erst dann zu Menschen werden, wenn wir andere anerkennen und von anderen anerkannt werden, denn Anerkennung ist ein menschliches Grundbedürfnis (Thürmer-Rohr 2002).
Die Sorge für die eigene Anerkennung ist besonders wichtig in einer Gesellschaft wie der deutschen, die sehr freigiebig mit Beschämung, Verachtung, Ausgrenzung, Negativismus und Zynismus ist, jedoch überaus geizig mit Wertschätzung. Der Satz »Liebe deinen Nächsten wie dich selbst« gilt zwar als grundlegend für die westliche, christlich-jüdisch geprägte Kultur. Häufig jedoch wird die zweite Satzhälfte übergangen. Sich selbst Anerkennung zu geben, wird nicht selten als »stinkendes Selbstlob« abgetan, als egoistische Selbstverliebtheit.
Dabei ist eine gesunde Balance zwischen beiden Polen unverzichtbar, wie es durch das »wie« in der Mitte dieses Satzes auch zum Ausdruck kommt: »Liebe deinen Nächsten *wie* dich selbst.« Wenn wir immer nur geben und geben, stets nur für andere da sind, werden wir mit der Zeit immer leerer und laufen Gefahr auszubrennen.
Selbst-Anerkennung ist nicht zu verwechseln mit dem pathologischen Narzissmus, wie er der heutigen Konsumwelt zugrunde liegt (siehe oben). Die schrillen Slogans, die lärmenden Sprecher, die lasziven Plakate – sie alle wollen nur unser Bestes: unsere Aufmerksamkeit.
Wie lange werden sie diese noch bekommen?

Die Freiheit über die eigene Aufmerksamkeit und damit die eigenen psychischen Kräfte zurückzugewinnen: Dies ist Anliegen etwa von buddhistisch orientierter Meditation und Achtsamkeitsübungen. Auf diese Weise wird erfahrbar, dass Aufmerksamkeit beobachtet und gelenkt werden kann; dass sie nicht unvermeidbar von außen, nach dem Belieben anderer, von uns »abgesaugt« werden kann. Für den buddhistischen Mönch und politischen Aktivisten Thich Nhat Hanh ist Achtsamkeit die Kunst, in jedem Augenblick geistig ganz *präsent* zu sein, indem die eigenen Gefühle aufmerksam und bewertungsfrei registriert werden. Der folgende Text fasst diese Haltung zusammen:

»Achtsam zu sein, bedeutet, sich bewusst zu sein, was im gegenwärtigen Augenblick in uns und um uns herum geschieht.

Wir können die Achtsamkeit auf unseren Körper und auf einfache alltägliche Handlungen und Bewegungen richten – auf das Gehen, das Öffnen oder Schließen einer Tür, das Trinken des Tees, dass Essen des Brotes.

Ein anderes Feld unserer Achtsamkeit ist unser Geist. Wir werden uns bewusst, wie rege unser Geist ist, welche Gedanken wir haben, welche Gefühle in uns vorherrschen und von welchen Motiven unser Sprechen und unsere Handlungen gelenkt werden.

Wir können die Achtsamkeit auch auf unsere Umgebung richten und unsere Beziehungen zu Mitmenschen, Tieren oder zur Natur anschauen. Wir können bewusst wahrnehmen, welche Art von Kommunikation stattfindet.

Alles, was wir denken, sagen und tun, können wir durch unsere Achtsamkeit beleuchten. Indem wir uns dessen bewusst werden, haben wir auch die Wahl zu entscheiden, ob wir so weitermachen oder etwas ändern möchten.

Wir sind bereit, unseren Geist immer wieder für die kleinen und großen Wunder des Lebens zu öffnen: für eine Blume am Wegrand, ein Eichhörnchen, das von Ast zu Ast hüpft, das Lächeln eines Kindes, die Wolken, die am Himmel entlang ziehen, die Regentropfen, die ihr eigenes Lied singen (...)

Wenn wir schwierigen Gefühlen wie Ängsten, Ärger oder Verzweiflung begegnen, können wir sie erkennen und voller

Mitgefühl umarmen; so lassen wir uns nicht länger von ihnen dominieren. Dadurch lösen wir uns immer mehr von Verhaltensweisen, die uns selbst und andere leiden lassen. Tiefe Freude und Glück können aus dieser Transformation entstehen.«[28]

3.2 Wer, wenn nicht ich?

Für den eigenen Schutz sowie für Zugehörigkeit, Integrität und Anerkennung zu sorgen: Viele Menschen haben nicht gelernt, dieses zu tun – etwa weil sie in ihrer Kindheit nicht erfahren haben, wie es ist, geschützt, zugehörig oder anerkannt zu werden; oder weil sie nicht sie selbst sein durften. Daher müssen wir uns heute vielleicht bewusst darin üben: uns zu schützen, z. B. uns vor einer emotional gefährlichen Situation zu wappnen (etwa vor einem Vortrag vor einem zynischen Publikum). Uns für eine Freundschaft mit einem Menschen einsetzen, der uns wichtig ist. Für unsere Integrität einzustehen, etwa indem wir uns für Verletzungen, die wir anderen zugefügt haben, entschuldigen. Oder unsere Achtsamkeit bewusst auf uns selbst lenken und uns selbst Wertschätzung geben.

Was tun: Auf diese Frage kann es naturgemäß keine einfache, allgemeingültige Antwort geben. Vielmehr sind die Antworten ganz individuell, je nach den Lebensgeschichten und -umständen jedes Einzelnen. Es gibt nicht *den* einen Weg zur Menschenwürde, sondern verschiedene Wege. Nachfolgend möchte ich Ihnen einige der Antworten vorstellen, die von

••••••

28. Der Text in der Tradition Thich Nhat Hanhs ist im Internet verfügbar unter: www.quelle-des-mitgefuehls.de/?Achtsamkeit (Zugriff 14.4.2010).

Teilnehmenden verschiedener Fortbildungen über »Menschenwürde und Scham« zusammengetragen wurden:

»Ich singe in einem Chor, dort fühle ich mich geborgen und gemocht.«
»Für mich ist es heilsam, in der Natur zu sein: zu wandern, mich zu bewegen, um die vielen Eindrücke der Arbeitswoche zu verdauen. Ich brauche die Stille.«
»Ich muss besser auf meinen Körper achten. Mein Rücken meldet mir sofort zurück, wenn ich zu viel gearbeitet habe. Es täte mir gut, wenn ich wieder regelmäßig Yoga machen würde.«
»Ich fühle mich in meinem Glauben und in meiner Religionsgemeinschaft aufgehoben.«
»Die täglichen Katastrophenmeldungen machen mich ganz krank. Ich engagiere mich für Attac, sodass ich mich nicht vor mir und vor meinen Kindern schämen muss.«
»Ich muss etwas für mein Selbstbewusstsein tun, wenn nötig mit professioneller Hilfe, Psychotherapie oder Coaching.«
»Ab und zu lade ich mich selbst zum Essen ein. Im Laufe des Advents kaufe ich mir eine CD mit meiner Lieblingsmusik und schenke sie mir zu Weihnachten.«
»Mein wöchentliches Aikido-Training hilft mir, zur Ruhe und zu mir selbst zu kommen.«
»Meine Frau und ich kochen gerne und laden Freunde zum Essen ein.«
»Ich muss lernen, meine Grenzen zu spüren und diese gegenüber meinen Kollegen und meinem Chef zu verdeutlichen.«
»Ich muss besser für mich sorgen, zum Beispiel durch Kaffeepausen und Erholungsphasen.«
»Wichtig sind für mich meine Hobbys. Ich male gerne und habe neulich einen Bildhauer-Workshop mitgemacht.«

»Ich habe vor fünf Jahren angefangen, jeden Abend eine Viertelstunde zu meditieren. Das ruhige Sitzen, Einatmen und Ausatmen hilft mir, nach einem hektischen Arbeitstag wieder zu mir zu kommen.«

»Meine Frau und ich werden von zwei unserer Nachbarn gemobbt. Umso wichtiger sind uns gute Beziehungen zu den anderen Nachbarn.«

»Für meinen Selbst-Schutz ist es unverzichtbar, dass ich lerne, auch mal ›Nein‹ zu sagen.«

»Es gibt einen beruflichen Konflikt, den ich schon einige Monate mit mir herumschleppe. Ich muss Supervision nehmen, um ihn zu bearbeiten.«

»Manchmal lobe ich mich selbst und wünsche mir einen guten Tag.«

»Ich suche das Gespräch mit Personen meines Vertrauens.«

»Jogging ist für mich ein wichtiger Ausgleich, weil ich im Büro den ganzen Tag über sitze. Es hilft mir auch, mich abzulenken und Distanz zu meiner Arbeit zu bekommen.«

»Ich muss mir bewusst machen, was im Moment gerade passiert. Ich sollte mal ein Achtsamkeits-Seminar mitmachen.«

»Meine professionelle Rolle hilft mir, Grenzen zu setzen.«

»Ich möchte besser lernen, meine Gefühle zu verstehen und sie benennen zu können.«

»Meine Arbeitszeiten beachten! Sie schützen mich davor, zu viele – unbezahlte – Überstunden zu machen.«

»Aufmerksam sein für mein eigenes Verhalten.«

Nachfolgend einige Ideen aus Fortbildungen mit Lehrerinnen und Lehrern:

»Um mich zu schützen, brauche ich professionelle Distanz. Wenn ich jedes Schüler-Schicksal ganz an mich heranlasse, gehe ich auf Dauer kaputt.«

»Um mich zu entlasten und mich vor Burnout zu schützen, muss ich auch andere mit einbeziehen. Ich muss lernen, Verantwortung mit Kollegen zu teilen, auch mit Schülern.«
»Ich kann daran arbeiten, meine Wahrnehmung und Selbst-Wahrnehmung zu schulen.«
»Für meine Zugehörigkeit innerhalb des Kollegiums muss ich mich in gewissem Maße anpassen, ich möchte dabei aber meine Individualität nicht aufgeben.«
»Ich schäme mich vor meinen Schülern und ihren Eltern für das hässliche und heruntergekommene Schulgebäude. Ich schäme mich vor mir selbst, dass ich für eine verfehlte Bildungspolitik geradestehe. Darum engagiere ich mich gewerkschaftlich für eine bessere Bildungspolitik.«
»Für meine Anerkennung möchte ich sorgen, indem ich von meinen Schülern – und auch von ihren Eltern – positive Rückmeldungen einfordere: Was war gut im Unterricht?«
»Ich bereite mich gewissenhaft auf meinen Unterricht vor. Dann tun verächtliche Anspielungen auf meinen Lehrerberuf nicht ganz so weh, weil ich weiß, dass ich gute Arbeit mache.«

Abschließend einige Antworten von Pflegekräften:
»Ich brauche Supervision, um bestimmte Pflege-Situationen zu verarbeiten.«
»Mir hilft der Austausch mit Kollegen und deren Zuspruch.«
»Wenn mir eine Situation unerträglich wird, muss ich erst einmal rausgehen. Danach kann ich dann versuchen zu klären.«
»Bei schwierigen Patienten hilft es mir, auf Distanz zu gehen und, wenn es nicht anders geht, auch Patienten abzugeben.«

»Ich habe öfter erlebt, dass manche Patienten angriffig reagieren, wenn ich die Tür geöffnet habe, ohne anzuklopfen. Vielleicht haben sie sich überfahren gefühlt? Daher ist es auch ein Schutz für mich, wenn ich vorher anklopfe.«
»Wenn Patienten mir gegenüber übergriffig werden, hilft es mir, mit Kollegen oder der Pflegeleitung darüber zu sprechen.«

So weit einige der Antworten, die durch entsprechende Forschungsergebnisse untermauert werden könnten (z. B. über die Immunabwehr-stärkenden Wirkungen von Bewegung, Naturerleben usw.), dies würde hier zu weit führen. Die Antworten zeigen, dass die Frage nach Schutz, Zugehörigkeit, Integrität und Anerkennung in persönlicher Weise zu beantworten ist.
Wichtig ist, *dass* wir uns diese Frage überhaupt stellen – denn wer sonst sollte dies tun? Wer beispielsweise einen Vorgesetzten hat, der gegenüber Dritten seine Mitarbeiter als »Saftladen« verachtet: Wer sollte einen betroffenen Mitarbeiter daran hindern, sich selbst Wertschätzung zu geben? Wer, wenn nicht ich selbst, ist verantwortlich für die Pflege meiner Freundschaften und für die Wahrung meiner Integrität? Wer kennt meine Grenzen besser als ich: Der Punkt, an dem meine individuelle Leistungsfähigkeit endet, an dem meine Privatsphäre beginnt oder wenn mir jemand zu nahe tritt usw. Wer, wenn nicht ich, sollte für meine Grenzen eintreten? Von Vorgesetzten ist dies nur bedingt zu erhoffen:
Zwar gibt es auch langfristig denkende Unternehmer, die erkannt haben, dass die Gesundheit ihrer Mitarbeiter ein zu schützendes »Gut« darstellt. So gibt es etwa Firmen, die ihre Mitarbeiter per Arbeitsvertrag dazu verpflichten, einen Tag der Woche frei von Handy, E-Mails und Internet zu

verbringen. In Unternehmen jedoch, die an kurzfristigen Profiten orientiert sind, ist kaum zu hoffen, dass von sich aus Rücksicht auf die Grenzen ihrer Mitarbeiter genommen wird.

Wer nicht selbst aktiv für den Schutz seiner Grenzen eintritt, der wirkt an deren Verletzung mit; dies lässt den Betreffenden mit Schamgefühlen zurück. Dazu ein Beispiel aus einer Fortbildung mit Leitern medizinischer Einrichtungen:

Eine Teilnehmerin teilt mit, dass sie sich schämt, wenn ihre Vorgesetzten, die Träger der Einrichtung, ihre Schwäche sehen.

Ich frage nach: »Was meinen Sie mit Schwäche?«

Daraufhin bricht es aus der Teilnehmerin, mit viel Erschöpfung in ihrer Stimme, heraus: »Ich kann nicht mehr! Ich bin ausgebrannt, ich habe Hunderte von Überstunden, ich weiß nicht, wie ich das alles schaffen soll!«

Die Scham der Teilnehmerin ist ein Ausdruck dafür, dass die Grenzen ihrer Leistungsfähigkeit über längere Zeit verletzt wurden. Solange sie jedoch ihre Begrenztheit als beschämende »Schwäche« erlebt, bleibt sie Spielball von Vorgesetzten, die ihre Arbeitskraft maximal auszuschöpfen suchen. Dagegen ist es für die Gesundheit der Teilnehmerin wichtig, sich selbst auf ihre Grenzen zu besinnen und aktiv für deren Schutz einzutreten. Dies ist auch ein Schritt zur Wiederherstellung ihrer eigenen Integrität.

Die Sorge für die eigene Würde hat Auswirkungen auf die Arbeit mit anderen, mit dem »Du«: Denn wenn ich meine eigenen Grenzen nicht kenne und nicht achte – wie könnte ich dann achtsam sein gegenüber den Grenzen der Menschen, mit denen ich arbeite? Dies ist besonders virulent in der Medizin und Altenpflege, in der tagtäglich Scham-Grenzen tangiert werden, angefangen beim Waschen im Intimbereich. Oder in der Pädagogik, wo die Gefahr besteht, dass Grenzen verletzt und Schüler emotional, körperlich oder, im Extremfall, sexuell missbraucht werden.

KAPITEL 4:

MENSCHENWÜRDE UND DIE BEZIEHUNG ZUM »DU«

Was bedeutet Würde in der Beziehung zum »Du«, etwa in der pädagogischen, beratenden oder pflegenden Arbeit mit Menschen? »Du« steht hier für die Person oder Personen, mit denen wir kommunizieren oder arbeiten: Kinder, Schüler, Studenten, Patienten, Klienten usw. Welche Scham bringen sie in die Schule, Hochschule, Beratungs- oder Pflege-Situation ein? Wie können wir ihnen überflüssige Scham ersparen? Wie können wir ihnen einen Raum bieten, in dem sie ihr Selbst – ihre Gedanken und Gefühle, ihre Kreativität und ihre Werte – nicht hinter einer Scham abwehrenden Maske verbergen müssen, sondern zum Ausdruck bringen können? Wie können die Menschen, mit denen wir arbeiten, in ihren Grundbedürfnissen nach Schutz, Zugehörigkeit, Integrität und Anerkennung unterstützt werden?

Diese Fragen stehen im Gegensatz zu einer verbreiteten Haltung, wonach Menschen dadurch zu verbessern seien, indem sie beschämt werden. Dies ist die Kehrseite der Selbst-Beschämung, die zu Beginn des vorigen Kapitels kritisiert wurde. Die Gleichung lautet: »Beschäme deinen Nächsten wie dich selbst.« Diese Haltung zeigt sich z. B. in Plakaten, die seit 2007 an deutschen Autobahnen zu sehen sind. [29]

29. Plakataktion des Bundesministeriums für Verkehr, Bau und Stadtentwicklung, der gewerblichen Berufsgenossenschaften und des Deutschen Verkehrssicherheitsrates.

Die Verachtung, die der Gesichtsausdruck spiegelt, wird durch die Gestik (die vermutlich einen kleinen Penis darstellen soll) noch verstärkt. Zwar stehen Minderwertigkeits- und Schamgefühle durchaus im Zusammenhang mit aggressivem Fahrstil – nur bestreite ich, dass dieser durch die Beschämung von Autofahrern zu verändern ist.

Die Menschenwürde wurde in Bezug auf Kinder und Jugendliche erst spät thematisiert: Seit 1896 ist es deutschen Vätern per Gesetz ausdrücklich erlaubt, ihre Kinder »angemessen« zu »züchtigen«. Diese Bestimmung des § 1631 Abs. 2 BGB wird 1958 zwar verändert, aber nicht etwa zugunsten der Kinder, sondern, aus Gründen der Gleichberechtigung, zugunsten der Mütter: Ab jetzt dürfen beide Elternteile züchtigen/schlagen. Auch Lehrer dürfen ihre Schüler züchtigen (besonders beliebt in der Nachkriegszeit sind Ohrfeigen, Kopfnüsse, Schläge mit Stock oder Lineal auf Hand oder Gesäß): in der DDR bis 1949, in der Bundesrepublik bis 1973. Auch Lehrherren dürfen ihre Lehrlinge züchtigen, bis 1951. Selbstredend, dass in vielen Familien, Schulen und Lehrlingsbetrieben noch viele Jahre weiter geprügelt, misshandelt und missbraucht wird, nicht selten bis in die Gegenwart. Erst Anfang des Jahres 2010 beginnt die Spitze dieses Eisberges in der Öffentlichkeit thematisiert zu werden.

Zwar ratifiziert die Bundesrepublik im Jahr 1992 die UN-Kinderrechtskonvention (KRK) und verpflichtet sich damit unter anderem, Kinder »vor jeder Form körperlicher oder geistiger Gewaltanwendung, Schadenszufügung oder Misshandlung, vor Verwahrlosung oder Vernachlässigung, vor schlechter Behandlung oder Ausbeutung einschließlich des sexuellen Missbrauchs zu schützen« (Artikel 19). Nichtsdestotrotz bleibt das Züchtigungsrecht der Eltern noch sechs weitere Jahre bestehen. Es wird im Jahr 1998 dahingehend eingeschränkt, dass »entwürdigende Erziehungsmaßnahmen, insbesondere körperliche und seelische Misshandlungen« verboten werden. Womit »nicht entwürdigende« Erziehungsmaßnahmen weiterhin zulässig bleiben. Erst im November 2000 wird per Gesetz klargestellt (§ 1631 Abs. 2, Satz 2 BGB): »Kinder haben ein Recht auf gewaltfreie Erziehung. Körperliche Bestrafungen, seelische Verletzungen und andere entwürdigende Maßnahmen sind unzulässig.« Endlich!, so möchte man ausrufen.

Dennoch hinterlässt diese Bestimmung eine gewisse Ratlosigkeit, da sie ein Negativ-Programm ist: keine Gewalt, keine körperliche Bestrafung, keine seelische Verletzung, keine Entwürdigung – ich bin ganz einverstanden, aber was bedeutet das im Positiven? Zu wissen, was wir *nicht* tun dürfen, sagt noch nichts darüber aus, *was* wir tun können, um die Würde der Kinder zu wahren. Aus dieser Ratlosigkeit, so meine These, kann uns ein Verständnis von Menschenwürde helfen, das aus Sicht der Scham-Psychologie konkretisiert wurde: Die Würde eines Menschen zu wahren bedeutet, ihn in seinen Grundbedürfnissen nach Schutz, Zugehörigkeit, Integrität und Anerkennung anzuerkennen und zu unterstützen. Was bedeutet das konkret für die Arbeit mit Menschen, etwa mit Kindern und Jugendlichen?

Grenzen wahren, Schutz vermitteln

Die ungarische Kinderärztin und Leiterin eines Säuglingsheimes Emmi Pikler (1902–1984) entwickelte eine frühkindliche Pädagogik, die vom ersten Tag an durch Achtsamkeit gegenüber dem Kind, seinen Bedürfnissen sowie körperlichen und geistigen Entwicklungen charakterisiert ist. Sie beobachtete, dass jedes Kind seine eigene Zeit der Entwicklung benötigt. Kinder, die in sicheren Beziehungen geborgen sind, lernen aus eigener Initiative. Sie können ihre Individualität entfalten, wenn sie sich möglichst selbstständig entwickeln dürfen – in einer strukturierten Umgebung mit Spiel- und Bewegungs-Angeboten, die für das Kind erreichbar, verständlich und interessant sind.

Emmi Piklers Pädagogik ist von einem tiefen Vertrauen in die Entwicklungsfähigkeiten des Kindes geprägt (und damit diametral entgegengesetzt z. B. der Nazi-Pädagogik Johanna Haarers).

Eltern und Kind stehen in einem Dialog, insofern die Erwachsenen die Signale des Kindes verstehen und sinnvoll erwidern[30] – eine Erfahrung, die nicht wenigen Kindern in unserer Gesellschaft verwehrt wird.

••••••

30. Eine Darstellung von Emmi Piklers Arbeit bietet die Pikler Gesellschaft Berlin e.V. auf der Webseite www.pikler.de/data/konzept.html (Zugriff 12. 5. 2010).

In der Fußgängerzone beobachte ich manchmal, wie sich Menschen tief in den Kinderwagen einer fremden Familie hineinbeugen, um ein Baby zu betätscheln oder in die Wange zu kneifen. Viele Kleinkinder reagieren darauf, indem sie ihr Gesicht abwenden, erstarren oder schreien. Diese Reaktionen zeigen, dass schon Säuglinge durchaus ein Empfinden für ihre Grenzen haben, das sie freilich noch nicht in Worte zu fassen vermögen. Etwa indem sie ausrufen: »Stopp! Sie kommen mir viel zu nahe! Wer sind Sie überhaupt?!«
Aus dieser frühen Empfindsamkeit für die eigenen Grenzen kann der Heranwachsende, unter günstigen Bedingungen, im Laufe seiner weiteren Entwicklung eine gesunde Fähigkeit herausbilden, seine Grenzen wahrzunehmen und sich zu schützen. Kinder sind zunächst noch »offen« und schutzbedürftig. »Nein!« zu sagen, müssen sie erst erfahren und lernen. Sie müssen darin unterstützt werden, ihre Grenzen zu erproben und zu verteidigen. Dies ist nicht so einfach, wie es der Slogan »Just say no« verspricht, mit dem in den USA Kinder gegen Drogen erzogen werden sollen.
Im oben genannten Beispiel, wenn eine unbekannte Person ein Kleinkind anfasst, wäre es notwendig gewesen, wenn das Kind erfährt, dass es von seinen Eltern gegenüber übergriffigen Fremden nicht alleingelassen wird. Dass die Eltern für die Wahrung seiner Grenzen eintreten. Nicht selten ist das Gegenteil zu beobachten: dass sich Eltern gegenüber den Grenzverletzern für das Verhalten ihres Kindes schämen, dieses verspotten oder ihm Vorwürfe machen (»Sei doch nicht so empfindlich!« »Stell dich doch nicht so an, die Tante hat es doch nur gut gemeint!«).
Kinder sind besonders gefährdet, in ihren seelischen oder körperlichen Grenzen verletzt zu werden: Etwa indem sie für die emotionale Bedürftigkeit von Erwachsenen benutzt werden (narzisstischer Missbrauch); indem sie beschämt, d. h. als Ob-

jekte benutzt werden, um eigene, unverarbeitete Schamgefühle loszuwerden (emotionaler Missbrauch). Oder indem sie geschlagen, erniedrigt oder sexuell missbraucht werden. Diese Gefahr besteht vor allem durch die Menschen, denen das Kind Vertrauen entgegenbringt oder wenn Abhängigkeit, Angst, Macht oder Idealisierungen im Spiel sind, wie dies gegenüber Familienangehörigen, Nachbarn, Seelsorgern oder Lehrern oft der Fall ist.

Werden ihre Grenzen in traumatischer oder wiederholter, kumulativ-traumatischer Weise verletzt, dann kann dies zur Folge haben, dass Heranwachsende ihre Fähigkeit, sich zu schützen, vielleicht nur bedingt oder in pathologisch verzerrter Form herauszubilden vermögen. Beispielsweise das traumatisierte 15-jährige Mädchen, von dem Fiona Ehlers (2008, 57) berichtet: Sie sieht aus wie 18, trägt ein bauchfreies T-Shirt und einen Push-up-BH. Ihr zu begegnen ist wie eine Pokerpartie: Wie viel Nähe lässt sie zu? Wann greift sie an? Zur Begrüßung gibt sie artig die Hand, kurz darauf rotzt sie auf die Straße und schnorrt maulend nach einer Kippe. Mit ihrem Körper flirtet sie mit jedem Jungen, der daherkommt – während ihr Mund sagt: »Hau ab, Kanak!«

Traumatisierte Kinder sind in besonderer Weise auf schützende, Sicherheit gebende Räume angewiesen. Berührungen, Worte oder Blicke können für sie eine ganz andere Bedeutung haben als für nicht traumatisierte Kinder: etwa eine burschikos gemeinte Berührung, eine persönliche Frage oder eine Bemerkung über ihren Körper. Daher muss – um das Beispiel Schule zu nehmen – vermieden werden, dass Schüler bloßgestellt oder ihre Grenzen infrage gestellt werden.

Die Herausforderung für alle, die mit Menschen arbeiten, z. B. Erziehende und Lehrer, ist diese: Manche Schüler kommen mit gesundem Scham-Empfinden in die Schule, andere mit pathologischer Scham, weil sie etwa in Familie, Umfeld oder von Mitschülern erniedrigt, missbraucht oder gemobbt wurden. Die Schwierigkeit von Lehrenden besteht darin, dass eine Schulklasse aus 25, 30 oder noch mehr Individuen besteht, die jeweils verschiedene Scham-Schicksale haben, die jedoch hinter verschiedenen Masken von Scham-Abwehr verborgen sind. Für Lehrende ist es daher schwer abzuschätzen, wo die Grenzen jedes einzelnen Schülers liegen. Ein grenzwertiger Witz, der Hinweis auf einen Fehler, selbst ein kurzer Blick des Lehrers kann für den einen Schüler witzig, hilfreich oder unverfänglich sein, für einen anderen kann er das »Fass zum Überlaufen bringen« und ihn ausrasten lassen.

Notwendig ist es daher, dass Lehrende die Möglichkeit haben, ihre Schüler individuell kennenzulernen. Dies setzt allerdings voraus, dass die Schule kein anonymer Massenbetrieb ist, in dem Lehrer und Klasse nur zwei Stunden pro Woche zusammen sind. Diese Zeit reicht kaum aus, um dreißig oder mehr Namen zu lernen. Hilfreich können auch Fallbesprechungs-Gruppen nach dem Vorbild der Balint-Gruppen sein, bei denen ein Kreis von Lehrenden ihre verschiedenen Erfahrungen über einzelne Schüler austauschen und durcharbeiten.

Unverzichtbar ist es, dass Lehrende ein Bewusstsein für die Scham entwickeln; dass sie diese oft übersehene Emotion erkennen und verstehen, wie sie »funktioniert« Wie sie das menschliche Gehirn, Lernen und Sozialverhalten beeinflusst. Wie sie abgewehrt wird. Welche Bedeutung sie für Jungen, Mädchen, die jeweiligen familiären und kulturellen Hintergründe und Altersstufen der Schüler hat. Dafür wird es notwendig, dass Lehrende entsprechend aus- und fortgebildet werden; dies gilt für alle Berufe, in denen mit Menschen gearbeitet wird.

Das Wissen über die Scham kann dazu beitragen, hinter einer Scham-abwehrenden Maske den Menschen zu erkennen, der psychisch um sein Überleben kämpft. Zum Beispiel indem er gewalttätig wird, weil er von abgrundtiefer Angst erfüllt ist, vor sich selbst und seinen Kumpels als Feigling dazustehen. Manche Verhaltensweisen von Schülern – etwa deren »Coolness«, Arroganz, Gewalt oder Suchtverhalten – werden vor dem Hintergrund der Scham-Psychologie verständlich.
Die emotionalen Hintergründe von Gewalt zu verstehen bedeutet nicht, sie zu tolerieren (verstehen und entschuldigen werden ja häufig verwechselt). Es bleibt unverzichtbar, der Gewalt ein deutliches »Nein!« entgegenzusetzen. Zugleich jedoch sollten wir versuchen, den Menschen »dahinter« zu erreichen: Die Beziehung zu seinem *Selbst* aufrechtzuerhalten, seine Würde zu achten.
Die Unterscheidung zwischen Mensch und Maske bedeutet, dass wir immer nur sein Verhalten beurteilen können. Denn wir vermögen vom »Du« immer nur seine »Außenseite«, die Maske seines Verhaltens, wahrzunehmen. Daher sind alle Aussagen kontraproduktiv, die beanspruchen, den Menschen »dahinter« zu bewerten: Alle generalisierenden »Du-bist«-Aussagen (wie z. B. »du bist unmusikalisch« oder »du bist ein Looser«), aber auch positive Bemerkungen (wie z. B. »du bist ein guter Fremdsprachler«). Kontraproduktiv sind auch Aussagen, die mit »er ist …« oder »sie ist …« beginnen und *über* andere, hinter deren Rücken, getroffen werden, etwa gegenüber Kollegen oder Eltern (»Paul ist ein Mathe Fünfer«, »Maria ist ein gutes Mädchen«).

Die Grenzen der Kinder anerkennen bedeutet: Jeder Schüler hat ein Recht auf seine *eigene* Entwicklung (nicht wenige Eltern verletzen dieses Recht, indem sie aufgrund ihrer eigenen narzisstischen Bedürftigkeit erfolgreiche Kinder als Statussymbol brauchen). Jeder Schüler hat ein Recht auf Geheimnisse, auch auf Nicht-Wissen und Scheitern; der Arzt, Pädagoge und Schriftsteller Janusz Korczak fordert sogar ein Recht des Kindes auf seinen eigenen Tod. Schüler haben ein Recht auf Schutz und Respekt, auch ihrer Grenzen; dies beinhaltet auch das Recht, von Deutungen durch Erwachsene verschont zu werden:

Das Wissen über Scham und ihre Abwehr bringt die Versuchung mit sich, einen anderen Menschen zu »durchschauen« und zu »deuten«. Unabhängig davon, wie »gut gemeint« sie jeweils sein mögen: Deutungen können auch falsch sein, da wir nie in das Innere eines anderen hineinzublicken vermögen. Symptome wie Gewalt oder Sucht, die oben aus Sicht der Scham-Abwehrformen gedeutet wurden, können auch ganz andere Ursachen haben (beispielsweise unverarbeitete Trauer): Nicht jedes Symptom ist auf abgewehrte Scham zurückzuführen!

Aber selbst »richtige« Deutungen können beschämen. Jemanden zu deuten überschreitet die Grenze zwischen einerseits pädagogischer und andererseits psychotherapeutischer, beratender oder supervisorischer Arbeit mit Menschen. Wie Micha Hilgers und Leon Wurmser betonen, muss jedoch auch in der Psychotherapie vermieden werden, Patienten durch aggressive Deutungen zu beschämen. Ihre Angst davor, entblößt zu werden, kann dazu führen, dass sie sich hinter Ausweichen, Schweigen, Intellektualisierungen oder Auslassungen zu verstecken suchen. Dies gilt es zu respektieren und Deutungen, wenn überhaupt, mit Geduld und analytischem Takt einzubringen (Hilgers 2006, 75).

Das Wissen über die Scham darf, mit anderen Worten, nicht als Machtmittel, sondern muss mit einer verantwortungsbewussten, demütigen Haltung verwendet werden. Diese kann aus dem Aufarbeiten der eigenen Scham-Geschichte erwach-

sen. Diese Haltung lässt sich aus Sicht eines Beraters oder Supervisors etwa in folgenden Gedanken beschreiben: »Weil ich Scham aus eigener Erfahrung kenne, deshalb verstehe ich die Ihrige. Ich habe meine Geschichte mit ihr, Sie Ihre. Ich habe gelernt, Schamgefühle auf meine Art abzuwehren; Sie tun dies aufgrund Ihrer Geschichte auf Ihre Weise. Die Abwehr hat es uns jeweils ermöglicht, emotional schwierige Erfahrungen zu überleben.«
So ist die eigene Scham-Geschichte nicht etwa ein Hindernis, sondern kann – wenn bewusst gemacht – die wichtigste Ressource für einen menschenwürdigenden Umgang mit dem »Du« werden.

Der Psychologe George Vaillant unterscheidet zwischen verschiedenen Kategorien von Abwehrformen: Von pathologischen (wie z.B. Projektion, Größenwahn oder Gewalt) bis hin zu gesunden, reifen Mechanismen wie zum Beispiel Humor, Altruismus oder Antizipation. Letztere bedeutet, dass man sich gegen eventuelle künftige Scham-Erfahrungen wappnet, etwa durch sorgfältige Vorbereitung auf einen öffentlichen Auftritt.
Vaillant beobachtete in einer umfangreichen, sieben Jahrzehnte dauernden Studie, dass Abwehrmechanismen sich im Laufe eines Lebens verändern und »auswachsen« können. So kann sich etwa Abwehrverhalten, das in der Kindheit aufgrund traumatischer Erfahrungen entwickelt wurde und zunächst pathologisch ist (z.B. ätzender Zynismus), später in reife Abwehr verwandeln (z.B. in Humor). Sie können sich in eine Bereicherung verwandeln, können Antrieb für Kreativität und Lebens-Sinn werden. Vergleichbar mit einem störenden Sandkorn, das von der Muschel in eine Perle verwandelt wird (Shenk 2009).
Die Theaterpädagogin Jutta Heppekausen, Mitarbeiterin un-

serer Seminare über Menschenwürde und Scham, hat eine Körperübung entwickelt, die diese Transformation von pathologischer zu gesunder Abwehr körperlich erfahrbar macht: Sie bittet die Teilnehmenden zunächst, sich an eine Scham-Situation zu erinnern und ihren Umgang damit in einem Standbild darzustellen. Ohne das Erlebnis selbst zu erzählen, bauen die »Autoren« aus jeweils drei bis fünf anderen Seminar-Teilnehmenden ein eingefrorenes Bild, das den intensivsten Moment der erinnerten Situation darstellt. In dieses Bild stellen sich die Autoren (oder eine Stellvertreterin) schließlich selbst. In aller Regel gehen sie in eine verkrampfte, in sich zurückgezogene, nach außen abschottende Pose.
In einem zweiten Schritt lädt Jutta Heppekausen die »Autoren« dazu ein, diese Haltung in Zeitlupe in eine Bewegung zu verwandeln, die zwar schützend ist, aber in Beziehung mit anderen geht. Die anderen Beteiligten der Standbilder werden gebeten, auf diese Veränderung ebenso langsam zu reagieren. Begleitet von einer unbekannten, die Situation verfremdenden Musik wird die Körperhaltung der Teilnehmenden jetzt aufrecht; aus Abgeschottetheit werden differenzierte Abstände, hier größer, dort kleiner; geballte Fäuste öffnen sich zu behutsamen Gesten der Kontaktaufnahme. Die Bewegungen sind so schön wie Zeitraffer-Filmaufnahmen von Blumen, die wachsen, sich aufrichten, knospen und aufblühen. Das so entstandene »Idealbild« bleibt einen kurzen Moment stehen und verwandelt sich dann langsam fließend wieder zurück bis hin zur Scham-Situation am Anfang, verharrt noch einmal kurz, um dann ein zweites und letztes Mal, diesmal vielleicht noch ein wenig klarer und bewusster hin zu dem »Idealbild« zu werden und darin zu enden.

In der Arbeit mit Patienten oder Klienten kann es zusammenfassend also nicht darum gehen, deren Scham abwehrende

»Maske« zu zerbrechen. Vielmehr gilt es, diese anzuerkennen und den Betreffenden darin zu unterstützen, pathologische in gesunde Abwehr zu verwandeln. Ein Berater, Psychotherapeut oder Supervisor kann einen solchen Prozess bestenfalls begleiten und unterstützen, aber niemals forcieren. Wie die Fachärztin für psychotherapeutische Medizin und Traumatherapeutin Luise Reddemann betont, kann es mitunter schwerfallen, »jemanden ›nur‹ zu begleiten und nichts machen zu können« (Reddemann 2009, 13) – und genau dies erweist sich oft als hilfreich.

Zurück zum Arbeitsfeld Pädagogik: Kinder müssen darin unterstützt werden, ihre eigenen Grenzen zu entdecken und zu schützen. Sie müssen sozusagen in ihrer eigenen »Ausdehnung« begrenzt werden, sodass sie nicht zu Grenzverletzern an anderen werden.

Die Grenzen aufzuzeigen – das ist Grundaufgabe der Scham. Intimitäts-Scham signalisiert einer Person: Hier ist jemand zu weit gegangen und hat meine Grenze verletzt. Gewissens-Scham zeigt: Hier bin ich zu weit gegangen und habe die Grenze anderer verletzt. Hier habe ich mir zu viel vorgenommen und bin gescheitert – sodass es notwendig ist, mein Selbstbild realistisch zu korrigieren.

Grundsätzlich ist allerdings zu fragen, inwieweit die Schule in ihrer heutigen Form ein geeigneter Ort ist, in dem die Schüler ihre Grenzen spüren und herausarbeiten können. Insbesondere die Pubertät ist in dieser Hinsicht eine wichtige Lebensphase: Heranwachsende ringen jetzt um Abgrenzung gegenüber Eltern und Erwachsenen. Aufgrund der rasanten Veränderungen ihres Gehirns »erwachen sie mit dem Gehirn eines wagemutigen Abenteurers, der es bei Mama und Papa einfach nicht mehr aushält« (Dworschak 2010, 129). In dieser Phase, in der sie aufgrund ihrer Biologie hinaus in die

Welt ziehen müssten, werden sie jedoch in einem verlängerten Kindheits-Zustand festgehalten und in einen Schulunterricht gezwungen, der mit ihrer inneren Wirklichkeit nichts zu tun hat; entsprechend kümmerlich sind die Lernerfolge dieser Jahre. Dies ist ein Beispiel dafür, wie das bestehende Bildungssystem den Eigen-Zeiten der Schüler Gewalt antut. Die Heranwachsenden erleben nicht Aufbruch, sondern eine endlos erscheinende Wartezeit. Systematisch wird jungen Menschen das Abenteuer des Welt vorenthalten, indem sie in die Isolation der Scheinwelt Schule gezwungen werden: Ohne Möglichkeit, sich selbst in der Auseinandersetzung mit der realen Welt zu erkennen; ohne wirkliche Aufgabe; ohne Grenzerfahrung. Nicht wenige Kinder, die zwangsweise infantilisiert werden, so der Psychologe Robert Epstein, greifen »in ihrer Sehnsucht nach ›Ernst‹ und ›wirklichem Leben‹ zu Surrogaten wie Waffen oder Drogen oder verordnen sich selbst Wahnzustände in Discos oder auf Konzerten« (zit. in Dworschak 2010, 127).

Die Aufgabe, den Heranwachsenden die notwendigen Grenzerfahrungen zu vermitteln, wird vom Schulsystem ganz den Eltern und Lehrern zugeschoben. Diese können diese Aufgabe aber nur eingeschränkt leisten, folglich sind viele damit überfordert.

Diese Rahmenbedingungen gilt es m. E. zu berücksichtigen, wenn, wie dies häufig geschieht, gefordert wird, Kindern Grenzen zu setzen. Die Fähigkeit, Kindern sinnvolle und klare Grenzen zu setzen, setzt auch voraus, dass die Erwachsenen als integer erlebt werden und ihrerseits ein Bewusstsein für ihre eigenen Grenzen haben. Andernfalls besteht die Gefahr, dass die von ihnen gesetzten Schranken unglaubwürdig, willkürlich, inkonsistent oder verletzend sind: dass »Grenzen setzen« mit Ausgrenzung, Beschämung oder Gewalt verwechselt wird.

Gesetzte Grenzen können vom »Du« erst dann akzeptiert werden, wenn grundsätzlich Schutz, Anerkennung, Integrität und Zugehörigkeit gewahrt sind.

Zugehörigkeit vermitteln

In unserer Gesellschaft herrscht die unheilvolle Tradition vor, einem Menschen gerade dann die Zugehörigkeit zu entziehen, wenn er oder sie sich in einer schwierigen Lebenssituation befindet. Gerade dann, wenn sich wirkliche Gemeinschaft zu bewähren hätte, versagt sie. Etwa wenn ein junger Mensch in Not ist, einen Fehler begangen hat oder delinquent geworden ist und daher dringend notwendig auf Verständnis, Trost, Unterstützung und Ermutigung angewiesen wäre, um seine »Not zu wenden«. Stattdessen wird ein Betroffener häufig noch zusätzlich entwürdigt:
Etwa indem er mit Schadenfreude, Häme und Gehässigkeiten überschüttet wird, gemäß dem deutschen Sprichwort: »Wer den Schaden hat, braucht für den Spott nicht zu sorgen.« Oder indem er ausgegrenzt, in niedrige Schulformen aussortiert oder in Justizvollzugsanstalten weggesperrt wird. Bis heute passiert es in unseren Schulen, dass Schüler in die Ecke gestellt oder verbal beschämt werden (z. B. mit »Schäm dich!« oder subtiler mit Sätzen, die beginnen mit »Du bist nur ein ...«).
Auf die geschichtlichen Wurzeln unserer Tradition der Ausgrenzung wurde in Kapitel 2 hingewiesen. Wie können wir den Menschen, mit denen wir arbeiten, Zugehörigkeit vermitteln – gerade dann, wenn sie ihrer am meisten bedürfen und unsere ganze Tradition sagt: »Raus! Weg mit dir!«?

Ein erster Schritt besteht darin, dass wir uns dieser Tradition und unserer eigenen ausgrenzenden Impulse bewusst werden. Darüber hinaus ist es hilfreich, sich bewusst zu machen, dass wir dem »Du« Zugehörigkeit wohl anbieten, diese aber nicht erzwingen können. Wir können lediglich Einladungen aussprechen, müssen es aber dem »Du« überlassen, diese anzunehmen oder auszuschlagen; Letzteres ist schmerzhaft. Dies erfahren vor allem Eltern, deren pubertierende Kinder sich von ihnen abzugrenzen und Gleichaltrigen zuzuwenden beginnen. Aus Sicht der Heranwachsenden sind die eigenen Eltern nun »voll peinlich«; die Zugehörigkeit mit ihnen – in der bisherigen Form – geht zu Ende.

Des weiteren ist die Unterscheidung zwischen Maske und Mensch hilfreich: So notwendig es in bestimmten Situationen ist, dem *Verhalten* z. B. eines delinquenten Jugendlichen Grenzen entgegenzusetzen, so darf doch nicht die Zugehörigkeit zum *Menschen* »hinter seinem Verhalten« aufgekündigt werden. Beispielhaft sei an dieser Stelle das Jugendhilfe-Projekt »Junge Menschen in Gastfamilien« (JuMeGa) des Vereins Arkade in Ravensburg erwähnt:
Seit 1997 werden Jugendliche, die nach Heim, Psychiatrie oder Jugendknast als hoffnungslos schwer erziehbar, gewalttätig und kriminell gelten, in Gastfamilien vermittelt. Die Kinder sind zwischen 10 und 16 Jahre alt und bleiben zwischen sechs Monaten und zwei, maximal drei Jahren. Das Projekt zeigt, dass Kinder trotz Armut, Verwahrlosung oder Gewalt zu zufriedenen, lebenstüchtigen Menschen heranwachsen können: Wenn sie die Erfahrung machen, dass es in ihrem Leben mindestens einen Menschen gibt, der an sie glaubt und mit ihnen verbunden bleibt. Eine der Gastmütter, Sabine Hönig, sagt: »Die Kinder fangen mit einem Null-Konto bei uns an, wir kennen ihre Vorgeschichte, klar, aber wir blenden sie aus. Wir geben ihnen die Sicherheit: Jetzt

gehörst du zu uns, wir lassen dich nicht im Stich« (zit. in Ehlers 2008, 57).
Die Kinder bekommen von ihren Gasteltern einerseits klare Regeln und Grenzen gesetzt – zugleich aber auch Zugehörigkeit. Wie Fiona Ehlers berichtet, können gerade unperfekte Familien einen solchen Schutzraum bieten, in dem die Jugendlichen nachreifen können: Weil sie selbst erfahren haben, was Scheitern bedeutet, weil sie Trennungen, Verluste, Schicksalsschläge erlebt und überwunden haben. Die Gasteltern »wollen den Kindern einen Platz bieten, um den sie nicht kämpfen müssen. Sie müssen nicht ihr Gesicht wahren vor Nachbarn oder Lehrern, diese Kinder sind keine Ersatzkinder. Sie müssen sich gar nicht erst schämen, kein perfektes Familienidyll zu sein.« Gasteltern können helfen, weil sie die Kinder – trotz aller Probleme – gern haben: »Weil sie das Kind sehen, nicht die Diagnose« (Ehlers 2009, 56f.).

Ein weiteres Beispiel: Erich Wallisch, Polizist in Schwäbisch Hall, hat die Erfahrung gemacht, dass Neo-Nazis mit den üblichen Strategien nicht zu verändern sind. Repressionen bewirken lediglich, dass sich die Gruppe noch enger zusammenschließt. Wer aussteigen möchte, steht vor der Schwierigkeit, dass »draußen« niemand mit offenen Armen auf ihn wartet, während die Gruppe immerhin Zugehörigkeit und das Gefühl von Stärke vermittelt.
Für Ernst Wallisch kommt es wesentlich auf Respekt an. Das bedeutet nicht, dass auf Strafverfolgung verzichtet wird. Er kann jedoch Ausstiegswillige mit der Aussicht locken, die Verfolgung einzustellen.
Ernst Wallisch bietet Gespräche an: »Willst du deine Arbeit verlieren? Ins Gefängnis? Wohin gehörst du?« (zit. in Brinkbäumer 2001, 171). Schon damit kann er viel bewirken – denn wer redet schon mit »denen«?

Denn traditionellerweise findet Dialog in unserer Gesellschaft nur dort statt, wo er sich erübrigt: unter Gleichgesinnten. Dort, wo er sich aber gerade zu bewähren hätte, hört er meistens auf (Thürmer-Rohr 2002). So ist der Umgang mit rechtsextremistisch Gesinnten in der Regel von der Strategie geprägt: »Nazis raus!« Dies zeigt sich in Slogans wie etwa: »Nazis verpisst euch, keiner vermisst euch!« Die bittere Ironie ist, dass das Problem dadurch nur noch vertieft wird: Rechtsextremistisch orientierte Menschen sind häufig durch traumatische Ausgrenzungen, Erniedrigungen und Missachtungen in ihrer Kindheit geprägt (Funke 2001; Koch 2009). Innerhalb der Neonazi-Gruppe erfahren sie endlich eine Form von Zugehörigkeit, die ihnen von Familie, Schule oder Gesellschaft verweigert wurde. Diese Menschen nun ein weiteres Mal auszugrenzen, ist wie Öl in ein Feuer zu gießen und kann dazu führen, dass sie die Zugehörigkeit zu ihrer Gruppe noch verstärken.

Zugehörigkeit hat auch mit Zuhören und der Befähigung zum Dialog zu tun; diese ist – gerade in Deutschland – deformiert (Thürmer-Rohr 2002). Folglich wird Dialog häufig banalisiert als Gerede, Informationsübermittlung, Diskutieren oder Debattieren: jene Sieg orientierten Meinungskriege, wie sie uns allabendlich in Fernsehen und Podiums-Veranstaltungen vorgeführt werden. Jene herrschende Un-Kultur, in der jeder Redner recht behalten muss; in der Meinungen um jeden Preis verteidigt werden müssen, weil alles andere als beschämende Schwäche, Inkompetenz, Nachgeben und Niederlage erlebt würde. Als ob Dialog darin bestünde, zähneknirschend die Gegenwart anderer Menschen zu ertragen, von denen wir von vornherein keinerlei Bereicherung erwarten!

Mit Bezug auf Hannah Arendt beschreibt Christina Thürmer-Rohr (2002, 6) Dialog als die Bereitschaft, »die Welt mit anderen zu teilen«.

Diese Bereitschaft kann erlernt und eingeübt werden. So verbindet etwa die Dialog-Facilitatorin Christine Findeis-Dorn (2005) das dialogische Prinzip des jüdischen Religionsphilosophen Martin Buber mit dem Prinzip der Achtsamkeit, wie es in Westeuropa vor allem durch die buddhistischen Meditationspraktiken bekannt wurde. Auch wenn es keine Dialog-»Techniken« gibt, so schlägt Findeis-Dorn doch folgende fünf Wegweiser zum Einüben achtsamer Haltungen im Dialog vor:

Anfängergeist bedeutet die Bereitschaft, »sich auf eine neue Begegnung, auf ein neuartiges Sprechen, Hören und Denken einzulassen, unabhängig davon, wie man sein Gegenüber, seine Gesprächspartner und -partnerinnen zu kennen glaubt« (Findeis-Dorn 2005, 149). Hier geht es darum, den Dialog aus der Haltung eines »leeren«, unvoreingenommenen Lernenden zu beginnen.

Radikaler Respekt meint einen grundsätzlichen, tiefen Respekt vor dem »Du«, ganz unabhängig davon, welche Ansichten oder politischen Meinungen die andere Person vertritt, welchem Geschlecht sie angehört, wie sie lebt oder religiös ausgerichtet ist, wie viel sie leistet usw. Wobei die Autorin einschränkt, dass Respekt dort an seine Grenzen kommt, wenn die andere Person Dritten gegenüber Respekt verweigert.

Von-Herzen-sprechen bezeichnet die Fähigkeit, wesentliche Gedanken oder Gefühle zu äußern, auch dann, wenn diese unüblich oder unbequem sind. Für Martin Buber (1992, 166) kann Dialog dann entstehen, wenn Menschen, »die sich einander in Wahrheit zugewandt haben, sich rückhaltlos äußern und vom Scheinen-Wollen frei sind«.

Generatives Zuhören bedeutet, präsent zu sein, mit gesammeltem Geist zuzuhören und sozusagen »Hebamme« dafür zu sein, dass die sprechende Person neue Gedanken oder Fragen »gebären« kann.

Suspendieren statt Gewalttätigkeit schließlich meint, sich die eigenen, oft impulsiven emotionalen oder gedanklichen Reaktionen bewusst zu machen und ihnen Einhalt zu gebieten. Es geht darum, »uns unsere Annahmen und Bewertungen über das, was jemand (nicht) sagt oder (nicht) tut, unserer Ansichten über die Welt bewusst zu werden. Statt sie, wie normalerweise, re-aktiv zu äußern oder ihnen gedanklich nachzuhängen, übt man beim Suspendieren, sie gleichsam ›frei schwebend‹ zu beobachten« (Findeis-Dorn 2005, 151). Dies kann davon befreien, seine eigenen Reaktionen in einen beginnenden Dialog »einzuschießen«, was diesen in der Regel stoppt.

Achtsamkeit und Dialog können auch mit Lehrer/-innen, Eltern und Schülern eingeübt werden. Dasselbe gilt für andere Programme, mit denen die Fähigkeit zur Kommunikation erlernt werden kann, etwa gewaltfreie Kommunikation nach Marshall Rosenberg (2009). Ein Beispiel:

Erika Wunderling unterrichtet Deutsch und Kommunikation an der Berliner Loschmidt-Oberschule. Ihre Schüler haben die vier Schritte der gewaltfreien Kommunikation gelernt: Fakten beobachten, Gefühle ausdrücken, Bedürfnisse äußern und um eine Handlung bitten. Als z.B. eines Tages der 18-jährige Dennis verspätet und mürrisch den Klassenraum betritt und die Tür zuknallt, bleibt die Lehrerin ruhig. »Guten Morgen, Dennis«, begrüßt sie ihn freundlich. »Willst du erzählen, was dich so stresst?« Sie bittet die Mitschüler, Dennis und seinen Sorgen ihre Aufmerksamkeit zu schenken. Er schildert seinen Start in den Tag: Obwohl er nach Kräften seiner Mutter im Haushalt und mit den Geschwistern hilft,

wurde er heute früh von seinem Vater angebrüllt und mit Schlägen bedroht, nur weil er am Vorabend zu spät nach Hause gekommen war.
Die Mitschüler melden Dennis zurück, was sie wahrnehmen: unerfüllte Bedürfnisse und Wut. Ein Junge sagt: »Bestimmt willst du, dass dein Vater sieht, was du alles machst, dass er dich respektiert und gerecht ist.« Ein Mädchen vermutet: »Er soll sehen, dass du auch dein eigenes Leben haben willst.« Dennis wirkt erleichtert, sein Ärger ebbt ab, er wird ruhig. Interessiert möchte er von einem Mitschüler wissen, wie dieser die Konflikte mit seinem Vater gelöst hat (Fricke 2010).

Nach Annedore Prengel (2002) sollten alle Schüler Zugehörigkeit zur Klassen- und Schulgemeinschaft erfahren, unabhängig von Leistung, Herkunft oder Geschlecht. Dies kann durch vielfältige demokratische Rituale (z. B. Kreisgespräche, Partnerschaften, Konflikt-Projekte) ausgestaltet werden. Zugleich gilt es, die Einzigartigkeit jedes Kindes zu sehen und nach seinem individuellen Lernprofil zu fragen: Welches ist seine Ausgangslage? Wie lernt es? Durch welche lebensgeschichtlichen Bedingungen wird es in seinem Lernen beeinflusst? Welche Lernschritte hat das Kind bisher gemacht? Wodurch wurde sein Lernen bisher behindert? Wie könnte dies gefördert werden?

Viele Kinder machen die schmerzhafte Erfahrung, dass ihr Bedürfnis nach Zugehörigkeit von den eigenen Eltern missachtet wird. Etwa wenn schlechte Zeugnisse mit Beziehungsabbruch geahndet werden. Wenn die Eltern den Lehrer ermutigen: »Geben Sie ihm ruhig ein paar hinter die Ohren, ich zwing ihn nicht mehr!« Oder wenn ein Kind zu Hause von ungerechtem Lehrerverhalten erzählt und von seinen

Eltern zu hören bekommt: »Na, irgendwas wirst du schon ausgefressen haben.«
Dass es auch anders gehen könnte, dies schildert Reinhard Mey in seinem bewegenden Lied »Zeugnistag«: Der Erzähler bekommt ein katastrophal schlechtes Zeugnis und hat das Gefühl, »ein totaler Versager zu sein«. Er fälscht die Unterschrift seiner Eltern. Der Betrug wird aufgedeckt, der Rektor lässt den Schüler und seine Eltern kommen.

»Der Rektor lehnte sich zurück
Voll Selbstgerechtigkeit genoss er schon
Die Maulschellen für den Betrüger,
das missrat'ne Stück
Diesen Urkundenfälscher, Ihren Sohn
Mein Vater nahm das Zeugnis in die Hand
und sah mich an
Und sagte ruhig: ›Was mich anbetrifft
So gibt es nicht die kleinste Spur eines Zweifels daran
Das ist tatsächlich meine Unterschrift‹
Auch meine Mutter sagte, ja, das sei ihr Namenszug
Gekritzelt zwar, doch müsse man versteh'n
Dass sie vorher zwei große, schwere
Einkaufstaschen trug
Dann sagte sie: ›Komm, Junge, lass uns geh'n‹.«

Mit diesem Lied wünscht Reinhard Mey allen Kindern, die etwas »ausgefressen« haben, dass ihnen »jemand Zuflucht gibt«. Dieses Lied rührt viele Zuhörer zu Tränen; der donnernde Applaus ist ein Zeichen dafür, dass er etwas beschreibt, was vielen Zuhörern vertraut ist: schmerzhafte Erinnerungen an fehlende Zugehörigkeit und die Sehnsucht auf emotional unterstützende Eltern.
Wie könnte Reinhard Meys Geschichte weitergehen? Die Zugehörigkeit, die dem Sohn hier von seinen Eltern vermittelt

wird, ist jedenfalls eine unerlässliche Voraussetzung dafür, dass klärende Gespräche zwischen Eltern und Sohn über das schlechte Zeugnis und das Fälschen von Unterschriften gelingen können. Damit komme ich zum nächsten Thema:

Räume zur Entfaltung der Integrität schaffen

Unter Integrität verstehe ich das menschliche Grundbedürfnis, sich selbst treu zu bleiben; sich selbst im Spiegel in die Augen schauen zu können, ohne sich für sich selbst zu schämen. Integrität, so Arnd Pollmann (2005), braucht jedoch »soziale Ermöglichungsbedingungen«. Nicht alle Menschen haben »gleichermaßen Integrität, aber alle Menschen besitzen das gleiche Recht auf Schutz eines Freiraums, in dem allein sich ein integres Leben zu entfalten vermag« (Pollmann 2005, 17). Menschenwürde zu fördern bedeutet demnach, solche geschützten »Freiräume« zur Verfügung zu stellen, in denen – zum Beispiel in der Schule – Kinder oder Jugendliche ihr Grundbedürfnis nach Integrität entfalten können.

Traditionellerweise geschieht häufig das Gegenteil: So besteht eine verbreitete Methode, die Integrität eines Menschen zu brechen, darin, ihn zu einer Handlung zu zwingen, die seinen moralischen Werten widerspricht. Die Scham darüber entzweit den Betreffenden. Ein aktuelles Beispiel ist die Rekrutierung von Kindersoldaten: Minderjährige werden zu Verbrechen gezwungen, die so abscheulich sind (z. B. Angehörige zu ermorden), dass sie sich schämen, zu ihren Familien zurückzukehren (Campino 2007). Durch die Scham wird das Kind von sich selbst und von seiner Familie getrennt. Zugehörigkeit bietet ihm einzig die Gruppe der Soldaten.

Ein anderes Beispiel ist die Grundausbildung in militaristischen Organisationen: Der Rekrut wird erniedrigt und schämt sich in der Konsequenz vor sich selbst (weil er die Entwürdigung nicht verhindert hat) und vor den Zeugen seiner Erniedrigung. Den Ausweg aus seiner Schande bietet ihm das Militär, indem es bestimmte Verhaltensweisen vorgibt, mit denen der Betreffende seine verlorene Ehre wiederherstellen kann: durch hartes (»soldatisches«) Auftreten und die Bereitschaft zur Ausübung von Gewalt.

Einen Menschen in einen Gewissenskonflikt zu zwingen bedeutet, so der Jurist und Philosoph Paul Tiedemann, ihn in einen Zustand moralischer kognitiver Dissonanz zu versetzen. Dies ist »ein menschenunwürdiger Zustand, weil er den Wert unserer personalen Identität in der radikalsten Weise infrage stellt und uns von uns selbst in einer Weise entfremdet, die es ermöglicht, Ekel vor sich selbst zu haben« (Tiedemann 2006, 134). Daher dürfen Personen »nicht Situationen ausgesetzt werden bzw. müssen vor Situationen bewahrt werden, in denen sie dazu verführt oder genötigt werden, gegen ihre eigenen moralischen Standards zu handeln« (Tiedemann 2006, 143).

Solche Situationen ereignen sich keineswegs selten, beispielsweise im Schulsport. Das folgende Beispiel wurde von Studierenden beobachtet und von Annedore Prengel und Friederike Heinzel (2003, 118) veröffentlicht. Die Szene wird geschildert aus Sicht der betroffenen Schülerin; nennen wir sie Doris: »Ich hasse Sport weil ich immer eine 5 bekomme. Die anderen hänseln mich immer, wenn ich nicht über den Bock springen kann. Bloß weil ich ein bisschen dicker bin als die anderen. Oh Gott, Kletterstangen sind heute dran. Ob ich erzähle, dass ich mein Sportzeug vergessen habe? Aber dann muss ich vielleicht – wie Sven vor Kurzem mal – in Unterwäsche turnen. Ach herrje, jetzt ist es zu spät. Ich soll jetzt da hoch. Und alle gucken mir zu. Ich höre schon die Jungs, wie sie lachen und sagen: ›Hey du bist viel zu dick, da kommst du nicht hoch.‹ Am liebsten würde ich jetzt gehen. Aber Frau Schulze zwingt mich zum Klettern. Ich lege beide Hände um die Stange und versuche mich hochzuziehen. Es geht nicht. Jetzt fangen alle laut an zu lachen und einer ruft: ›Dicki, Dicki, du hängst wie ein nasser Sack da.‹ Ich schäme mich und langsam kullern mir Tränen über die Wangen.«

Die Unterrichtsstunde ist so inszeniert, dass Doris' Mitschüler zu Zeugen ihres Scheiterns an der Kletterstange werden. Deren Scham fühlen sie empathisch mit: Einige ihrer Mitschüler erstarren und schauen betreten zu Boden; die Klasse wird mit Scham erfüllt. Für deren Abfuhr sorgt das Gelächter, das zunächst von einigen Jungen ausgeht und in das bald alle anderen Mitschüler einstimmen: nicht zuletzt aus Angst davor, innerhalb der Gruppe ins Abseits zu geraten oder von der Sportlehrerin Frau Schulze ihrerseits vorgeführt zu werden. Insgeheim schämen sie sich jedoch, dass sie nicht für ihre Mitschülerin eingetreten sind, dass sie Doris im Stich gelassen haben. So verlieren sie ihre Integrität.

Diesen Preis bezahlen die Schüler dafür, dass die Lehrerin Kontrolle und Macht über die Schülergruppe hergestellt hat nach dem Prinzip: »Beschäme, teile und herrsche!« Indem Frau Schulze eine Schülerin in den Fokus stellt und zum Gespött macht, macht sie sich selbst unangreifbar. Zugleich sorgt sie für Stimmung in der Turnhalle: Alle – außer Doris – lachen, auch wenn es ein hässliches, giftiges Lachen ist: Schadenfreude.

Auch wenn es heute viele Klassenzimmer in Deutschland gibt, in denen mit Wertschätzung gelernt wird: Die geschilderte Sportstunde ist kein Einzelfall. Dies wurde mir kürzlich von einem jungen Lehrer bestätigt. Während seines Referendariats (der zweiten Phase der Lehrerausbildung) gab ihm

sein Betreuer den Rat: »Wenn Sie Schwierigkeiten mit einer Klasse haben, dann greifen Sie sich einen Schüler raus und machen den zum Gespött. Dann haben Sie Ihre Ruhe!«
Die lange Traditionslinie der beschämenden Pädagogik wurde in Kapitel 2 dargestellt. Ihr ist es zu verdanken, dass junge Menschen frühzeitig in eine Kultur des Mobbings und des Wegsehens eingeübt werden. Einen Schüler zu beschämen, betrifft nicht nur diesen einen, sondern hat Auswirkungen auf alle. Eine einzige Schulstunde wie zum Beispiel die oben geschilderte Sportstunde hat Folgen, die weit über die jeweiligen 45 Minuten hinausreichen; sie können im Extrem lebenslänglich nachwirken.

Wie kann diese Tradition umgekehrt werden? Wie könnte dies gelingen in einer Gesellschaft, in der Integrität so außerordentlich rar ist, wie dies in Deutschland bis heute der Fall ist? Was können Lehrende tun, um Schülern einen geschützten Freiraum zur Entfaltung ihrer Integrität zu bieten?
Eine Voraussetzung dafür ist es, sich seiner eigenen Würde bewusst zu sein und an der eigenen Integrität zu arbeiten (siehe Kapitel 3). Wichtig ist es, Integrität vorzuleben: im Umgang mit Schülern, aber auch mit Vorgesetzten, Kollegen, Eltern, Politikern, öffentlicher Meinung sowie gesellschaftlichen und globalen Fragen. Die Integrität des Lehrenden ist so wichtig, weil Kinder, so Joachim Bauer, vor allem am Modell lernen: »Sie orientieren sich also an dem, was sie um sich herum sehen« (Bauer 2008, 8). Um ihre Integrität entfalten zu können, benötigen Heranwachsende daher integre Menschen als Vorbilder.
Einige Beispiele: Während einer Fortbildung erzählt ein Schulleiter von einem verletzenden Scherz auf Kosten der Lehrer, den er von der Kanzel eines Doms, aus dem Mund

eines Weihbischofs, hören musste. Darüber grämt und ärgert er sich noch viele Monate später. Endlich schreibt er dem Weihbischof einen Brief, in dem er benennt, wie jene Predigt auf ihn gewirkt hat. Damit kann sich der Betroffene seinen Ärger von der Seele schreiben und fruchtbar werden lassen. Für so eine Aktion ist es auch Monate später noch nicht zu spät.

Eine Lehrerin hat es sich zur Gewohnheit gemacht, sofort schriftlich zu reagieren, wenn sie in der Tageszeitung pauschal-verächtliche Kommentare gegen Lehrer liest. »Das bin ich mir selbst schuldig.« Für die eigene Integrität einzutreten ist sinnvoll – unabhängig davon, ob ein Leserbrief letztendlich gedruckt wird oder nicht.

Viele Lehrer machen in ihrer Freizeit die Erfahrung, dass die Kommunikation entgleist, sobald z. B. auf einer Party ihr Beruf bekannt wird. Von diesem Moment an wird in der Regel nur noch über die Unfähigkeit der Lehrer hergezogen. Joachim Bauer empfiehlt Lehrern, in solchen Situationen nicht defensiv zu reagieren (etwa: »Ich bin Mathematiker«), sondern offensiv und selbstbewusst aufzutreten, etwa durch so eine Antwort: »Ich bin Pädagoge mit Leib und Seele (…) und plage mich seit Jahren mit den schwierigen Kindern ab, die uns die Eltern und die Gesellschaft in die Schule schicken. In vielen Fällen gelingt es mir, aus hoffnungslosen Fällen ziemlich gute Schüler zu machen!« (Bauer 2008, 67f.).

Eine solche Antwort setzt allerdings voraus, dass der oder die betreffende Lehrer/-in tatsächlich gute Arbeit – der beste Schutz der eigenen Integrität – leistet. Lehrkräfte wie die zitierte Sportlehrerin Frau Schulze dagegen benötigen professionelle Hilfe, um ihren Unterrichtsstil konstruktiv zu verändern, etwa durch Fallbesprechungsgruppen, Supervision, Coaching oder Psychotherapie. Sie werden nicht dadurch verbessert, dass die Lehrer pauschal beschämt werden, wie dies in der bundesrepublikanischen Öffentlichkeit gerne praktiziert wird.

Die Art und Weise, wie Lehrer Kontakt mit den Schülern aufnehmen und die Beziehung mit ihnen gestalten, wie sie mit der Aufmerksamkeit der Schüler und mit Fehlern umgehen: Daran entscheidet sich, ob das Klassenzimmer ein geschützter Raum ist, in dem Schüler ihre Integrität entfalten können. Das bedeutet keineswegs, dass Lehrer fehlerlos sein müssen.

Unsere Gesellschaft wird von einem Perfektionsdenken beherrscht, welches suggeriert: Ein Leben ohne Fehler wäre möglich, wenn sich nur jeder Einzelne genügend Mühe geben würde. Immense Lebensenergien werden aufgeboten, um dieses Ideal zu erreichen, das letztlich doch unerreichbar bleibt: weil wir Menschen und daher von Natur aus fehlbar sind.

Mit der Illusion des Perfektionismus werden Chancen verbaut, aus Fehlern zu lernen, weil diese mit größter Kraftanstrengung vermieden und, wenn sie dennoch geschehen, geleugnet oder vertuscht werden müssen. Weil hinter dem Perfektionismus stets der Abgrund von Scham droht: die existenzielle Angst davor, ein Fehler zu *sein*, wo doch lediglich ein Fehler *gemacht* wurde.

Es kommt also nicht darauf an, Fehler um jeden Preis zu vermeiden, sondern mit ihnen umzugehen und sie als Chance zum Lernen zu nutzen. So kann es z. B. im Sportunterricht durchaus passieren, dass ein Schüler oder eine Schülerin eine Übung verpatzt und Mitschüler in Gelächter ausbrechen. Hier hätte die Lehrkraft sofort einzugreifen und das Lachen zu unterbinden. *Jetzt* ist der Zeitpunkt, um mit den Schülern Mobbing zu thematisieren und die Mechanismen von Beschämung, Macht und Ohnmacht zu erarbeiten.

Dies hätte allerdings zur Konsequenz, dass eine Sportlehrerin wie die oben zitierte Frau Schulze ihr Machtinstrument durchsichtig macht und aus der Hand gibt.
Ein möglicher Einwand lautet: Solche Überlegungen gehören nicht in die Sportstunde, sondern in den Ethik- oder Religionsunterricht. Dem widerspreche ich: Keine Situation, in der Menschen in ihrer Würde verletzt werden, darf stillschweigend übergangen werden. Hinschauen und Aufarbeiten beginnt genau hier. Andernfalls besteht die Gefahr, dass der heimliche und der offizielle Lehrplan auseinandergerissen werden: In der einen Schulstunde lernen die Schüler, wie man einen Mitmenschen entwürdigt und, abgetrennt davon, in einer anderen Stunde wird ihnen eine Unterrichtseinheit über Menschenwürde vorgesetzt, die abstrakt bleibt, weil sie mit ihrer schulischen Wirklichkeit nicht übereinstimmt. Erst kommt das Handeln, dann die Moral? Nein: Beide dürfen nicht künstlich getrennt werden (auch wenn dies durch die gegenwärtige Zersplitterung der Unterrichtsfächer begünstigt wird). Ethisch relevante Konflikte können bei jedem Unterrichtsthema akut werden.

Anerkennung geben

Der Begriff der Anerkennung wird häufig missverstanden. Angefangen mit dem deutschen Sprichwort: »Neid und Missgunst sind die höchsten Formen der Anerkennung«, bis hin zum schwäbischen Handwerksmeister-Spruch: »Nicht geschimpft ist genug gelobt.« Anerkennung wird auch gerne banalisiert (»Jetzt sollen wir wohl die Schüler auch noch öfter loben!«) oder lächerlich gemacht, etwa wenn von »Wohlfühl-Pädagogik« gesprochen wird. Dabei ist Anerkennung nicht irgendein überflüssiger Luxusartikel, sondern ein Grundbe-

dürfnis des Menschen: Anerkennung ist für unsere Entwicklung so wichtig, wie es das Sonnenlicht für das Wachstum der Pflanzen ist.
Menschen dürfen nicht abgewertet, missbraucht, beschimpft, stigmatisiert, beschämt, verachtet, zum Gespött gemacht oder anderweitig entwürdigt werden: Dies sollte eigentlich eine Selbstverständlichkeit sein, ist es aber nicht, jedenfalls nicht in unserer Gesellschaft. Dies alles *nicht* zu tun, ist wichtig. Aber Anerkennung bedeutet noch wesentlich mehr; sie ist etwas Positives; sie ist etwas, was wir aktiv tun, geben und steuern können:

Wir geben einer Person Anerkennung, indem wir ihr unsere Aufmerksamkeit schenken. Indem wir sie wahrnehmen und anschauen; ihr zuhören; sie als eigenständiges »Du« begreifen und ernst nehmen; uns ihr zuwenden und widmen, auch in der Körperhaltung; sie anblicken (statt z. B. auf den Bildschirm zu starren); uns Zeit für die Begegnung mit ihr nehmen (und dabei den PC nach Möglichkeit ausschalten); sie anerkennen als diejenige, die sie ist, in ihrer ganzen Einzigartigkeit. Dies ist die eine Bedeutung von Anerkennen, im Sinne von »Erkennen«.
Diesbezüglich hat unsere Gesellschaft Nachholbedarf. Ich erinnere z. B. nicht wenige Arztbesuche, bei denen der Arzt die meiste Zeit auf den Bildschirm vor sich blickte. Katastrophal versagt hat unsere Gesellschaft über Jahrzehnte, insofern sie dem Missbrauch von Kindern und Jugendlichen ihre Aufmerksamkeit verweigert hat: Mehrere dieser jungen Menschen haben schon vor Jahren versucht, auf das, was ihnen widerfahren ist, aufmerksam zu machen. Sie haben ihre Eltern, Medien oder Politiker angesprochen, aber sie wurden nicht gehört, sie wurden nicht ernst genommen, ihnen wurde nicht geglaubt. Für ihre Würde ist es wichtig, dass ihnen

heute – endlich! – Gehör geschenkt wird, dass sie in ihrem Leid anerkannt werden.

Eine weitere Bedeutung von Anerkennung ist ernst nehmen (z. B. indem Schüler *sinnvolle* Aufgaben bearbeiten dürfen). Anerkennen hat auch mit Wertschätzung, Würdigen, Wohlwollen, Vertrauen, Achtung, positive Rückmeldung und Respekt (nicht zu verwechseln mit: Gehorsam) zu tun. Hier geht es darum, dem »Du« mit einer positiven Haltung gegenüberzutreten und dies auch zum Ausdruck zu bringen. Ich möchte dieses vergleichen mit dem Blick, den wir auf ein Glas mit Wasser werfen: Statt das Glas als z. B. »drei Viertel leer« wahrzunehmen, können wir entscheiden, es als »zu einem Viertel voll« zu betrachten. Ebenso können wir uns dazu entscheiden, in einem Schüler das zu erkennen, was ihm gelungen ist; seine *Potenziale* zu ahnen und zu fördern; ihn auf seine Fähigkeiten hin zu betrachten und ihn darin zu unterstützen, diese zum Ausdruck zu bringen.
Dies mag vielleicht schwerfallen bei Kindern oder Jugendlichen, die schnell als »dumme«, »faule«, »schwierige« oder »schlechte Schüler« diagnostiziert sind. Hier ist Vorsicht geboten: Was unzählige »solcher« Kinder leisten, ist beachtlich, wenn wir z. B. berücksichtigen: dass etwa jedes fünfte Kind in Armut aufwächst und viele Schüler ohne Frühstück zur Schule kommen. Dass mindestens 225.000 Kinder und Jugendliche unter 18 Jahren ihre kranken Eltern versorgen und pflegen; in aller Regel verschweigen sie das aus Angst, dass ihre Familien getrennt werden (Weber 2010). Dass unzählige Kinder Tag für Tag kaputte Familienverhältnisse, Vernachlässigung, Misshandlungen oder Missbrauch erleiden müssen und es dennoch schaffen, zu überleben; etwa 1,4 Millionen Kinder sind Opfer häuslicher Gewalt. Schätzungsweise 2,65 Millionen Kinder unter 18 Jahren leben mit Eltern zusam-

men, die von Alkohol, Drogen oder Medikamenten abhängig sind. Dieses zu überstehen zeigt, dass sie über erstaunliche Kompetenzen verfügen, die vielleicht keinem »Lernziel« und keinem Unterrichtsfach zuzuordnen sind, die es aber anzuerkennen gilt.
Vorsicht ist auch geboten, weil Menschen in ganz unterschiedlichen Geschwindigkeiten lernen (eine großartige Schilderung bietet Sten Nadolnys Roman »Die Entdeckung der Langsamkeit« [1983]): Ein langsam lernendes Kind ist schnell als »dumm« aussortiert.

Wertschätzung steht im Gegensatz zu unserer pädagogischen Tradition, wie sie seit Generationen in zahllosen Familien, Schulen, Hochschulen und Berufsausbildungen eingeübt wird und wodurch Lernen vergiftet wird. Demnach ist ein Mensch daraufhin zu betrachten, was er falsch macht, wo er sich irrt, was er übersehen hat, wo er einen Fehler gemacht hat, wo seine Defizite liegen. In akademischen Kreisen wird z. B. gerne danach gesucht, dass eine These »nicht wissenschaftlich begründet« sei oder, in Rezensionen, dass der Autor »nichts Neues« zu sagen habe. Hinter manchem Verriss stecken eigene, unverarbeitete Demütigungserfahrungen; dies wird dann offenkundig, wenn z. B. der Rezensent dieselben Formulierungen verwendet, mit denen er selbst einst verrissen wurde.
Dieses negativistische Suchen nach Fehlern scheint mir durchaus charakteristisch für unsere Gesellschaft zu sein. Etwas Derartiges erfuhr z. B. ein deutscher Lehrer während seines Aufenthalts als Austauschlehrer in Nordamerika. Dort hatte er einen Aufsatz schreiben lassen, in der für ihn gewohnten Weise (mit vielen roten Markierungen am Seitenrand) korrigiert und an die Schüler zurückgegeben. Gleich am nächsten Morgen wurde er sofort zum Schulleiter geru-

fen, der ihn unmissverständlich warnte: Wenn so etwas noch einmal vorkomme, werde er sofort entlassen.
Während meiner langjährigen Zeit als Gast-Dozent an einer US-amerikanischen Universität und auf zahlreichen Tagungen in Nordamerika habe ich wiederholt erlebt, dass auch in akademischen Kreisen ein wertschätzender Umgang miteinander möglich ist. Ein solcher Umgang wird bereits in der Schule eingeübt, z. B. wird in kanadischen Schulen durch verschiedene Maßnahmen für ein respektvolles Lernklima gesorgt. Daher ist es auch kein Zufall, dass kanadische Schüler in internationalen Vergleichen stets hervorragend abschneiden.

Weitere Aspekte einer anerkennenden Haltung sind Höflichkeit, Taktgefühl, Mitgefühl, Güte und Barmherzigkeit: Begriffe, die in der Gegenwart altmodisch und verstaubt wirken und weitgehend aus unserer Umgangssprache verschwunden sind. Vielleicht ist das ein Indiz dafür, wie weit wir von einer Kultur der Anerkennung entfernt sind?
Eine anerkennende Haltung kann sich auch in freundlichen Blicken, aufmunternden Worten oder Lächeln zeigen; oder in Hilfsbereitschaft, Entgegenkommen, Kompromissbereitschaft und freundlichen Gesten; auch in Unterstützung von Kollegen und neuen Mitarbeitern. Oft habe ich den Eindruck, dass dieses hierzulande als Zeichen für Schwäche gilt und vermieden wird. Wie wohltuend ist es demgegenüber, sich in Nordamerika z. B. im Straßenverkehr zu bewegen: Jemandem Vorfahrt zu gewähren wird häufig mit einem freundlichen Lächeln oder Winken gedankt.

Anerkennung darf jedoch nicht mit oberflächlich aufgesetztem Lob verwechselt werden. Gerade Menschen mit pathologischer Scham-Geschichte sind oft sehr empfindsam für

falsche Lobesworte. »Richtig« zu loben ist eine Kunst, die erlernt werden kann und z. B. auch in der Wirtschaft für den erfolgreichen Umgang mit Mitarbeitern grundlegend wichtig ist. Tatsächlich kann fehlende Anerkennung zu so genannten Gratifikationskrisen führen und schwindende Mitarbeiter-Motivation oder gar Krankheiten bewirken (Siegrist 2004). Eine Studie in Deutschland ergab, dass 58 Prozent der Beschäftigten nie oder kaum Anerkennung bekommen (Dallmann 2007). Viele Vorgesetzte halten Anerkennung für überflüssig (vielleicht weil sie selbst zu wenig davon erhalten haben?) oder gar schädlich. Sie meinen, die Anstrengungen ihrer Mitarbeiter seien nur durch Verknappung von Anerkennung zu erhöhen. Oder die Mitarbeiter könnten übermütig werden und mehr Geld fordern (Schüller 2008).
Tatsächlich ist angemessene Bezahlung eine Form, Anerkennung zum Ausdruck zu bringen ebenso wie Arbeitsplatzsicherheit und Aufstiegschancen. Unverzichtbar ist jedoch auch emotionale Wertschätzung, z. B. durch Lob, wie die Unternehmens-Beraterin Anne Schüller (2008) betont. Sie ermutigt Chefs, die »Fehler-such-Brille«[31] durch die »Lob-such-Brille« zu ersetzen. Durch Anerkennung kann die Energie eines Teams wie eine Batterie aufgeladen werden. Schüller gibt neun Tipps für richtiges Loben:

- Ein Lob sollte immer persönlich ausgesprochen, nicht durch Dritte übermittelt werden (»Sagen Sie Frau Schneider …«). Um ein Anerkennungs-Gespräch zu vereinbaren, sollte schon im Vorfeld angekündigt werden, dass es um etwas Positives geht.

31. Hammerer (2001) beschreibt Lehrer, die stolz darauf sind, dass ihnen kein Fehler entgeht.

- Lob sollte (abgesehen von offiziellen Ehrungen) immer unter vier Augen stattfinden. So kann vermieden werden, dass Neid oder Missgunst unter Kollegen genährt wird.
- Lob sollte möglichst zeitnah erfolgen. Im Unterschied zu manchen Chefs, die Lobenswertes wie Rabattmarken erst zusammensparen, um sie später (z. B. auf der Weihnachtsfeier) auf einen Schlag zu überreichen. So wird eine Kultur fehlender Anerkennung erzeugt, in der das plötzliche Überreichen des geballten Lobes wie ein Fremdkörper wirkt und irritiert.
- Lob muss aufrichtig und authentisch sein, weder überdosiert noch platt, positiv formuliert (»Ihr Vorschlag klingt vielversprechend« statt »nicht uninteressant«) und nicht manipulierend (etwa wenn erst gelobt wird, um dann eine erhöhte Arbeitsleistung zu fordern oder eine angemessene Gehaltserhöhung zu umgehen).
- Mit »typgerechtem« Loben meint Schüller, dass die Menschen unterschiedliche Formen von Lob brauchen: Manche Mitarbeiter brauchen regelmäßiges, ruhiges Loben, andere eher anfeuerndes oder dosiert-steuerndes Lob und dergleichen.
- Loben sollte nicht eingeschränkt oder durch Abwertungen vergiftet werden, z. B. durch Sätze wie: »Das war gar nicht so schlecht« oder: »Das war jetzt mal gut, früher waren Sie ja ein Versager« oder: »Gute Arbeit! Künftig sollten Sie ...«.
- Lob sollte in Ich-Botschaften ausgedrückt werden (»Ich freue mich, dass ...«) und darf durchaus emotional formuliert sein (»Da war ich stolz auf Sie«). Das Besondere an der Leistung sollte konkret benannt werden und das, was für das Unternehmen wichtig und zukunftsweisend ist. Schüller empfiehlt auch nachzufragen, wie das Ergebnis erreicht wurde und zu ermutigen, so weiterzumachen.
- Lob sollte nicht als Machtmittel missbraucht werden, z. B. um jemanden abzuspeisen oder um »von oben herab« den

eigenen Status zu betonen. Oder um andere, nicht gelobte dritte Personen unter Druck zu setzen.

- Hört ein Chef eine positive Rückmeldung über einen Mitarbeiter, sollte er dies gleich an diesen weitergeben. Mitarbeiter dürfen auch vor Kunden gelobt werden.

Anerkennung bedeutet *nicht*, Scham zu vermeiden oder gar, sie »los«werden zu wollen. Insofern scheinen mir die folgenden Sätze Friedrich Nietzsches (1965, 274) missverständlich: »Was ist dir das Menschlichste? – Jemandem Scham ersparen.« Meines Erachtens kommt es vielmehr darauf an, jemandem unnötige, *überflüssige* Scham zu ersparen.
Denn es gibt Schamgefühle, die unvermeidbar zu jedem Lernen dazugehören. Etwa wenn ein Schüler scheitert: Das kann Scham auslösen, weil er seine eigene Norm, seine Erwartungen an sich selbst verletzt hat. Sich dafür zu schämen, dies ist eine eigene Leistung des Betreffenden, eine natürliche Reaktion. Diese Scham muss nicht dadurch vermehrt werden, dass der Betreffende zusätzlich noch beschämt, ausgegrenzt oder zum Gespött gemacht wird; dadurch kann schnell ein pathologisches Zuviel an Scham entstehen.
Die pädagogische Aufgabe besteht vielmehr darin, die natürliche Scham des Gescheiterten konstruktiv werden zu lassen, in zweierlei Weise:
Entweder, erstens, indem sie sich in Lernanstrengung verwandeln kann. Dieses kann gefördert werden, indem wir den Schüler herausfordern und unterstützen: »Wenn du dir Mühe gibst und noch mehr übst, dann *kannst* du das schaffen!« Zweitens, die andere Weise, Scham konstruktiv werden zu lassen, liegt darin begründet, dass sie dem Betreffenden hilft, seine Grenzen zu erkennen. Dazu bedarf der Schüler eines geschützten Raumes, um sein Scheitern und seine Begrenztheit zu betrauern (Prengel 2002, 214). Denn jeder Schüler hat

sein ganz individuelles Lerntempo und seine einzigartige Kombination aus Begabungen, Interessen und Stärken, aber auch Schwächen. Diese individuellen Unterschiede sollten nicht kaschiert, sondern geklärt und, wo nötig, betrauert werden. Grenzen sind unverzichtbarer Bestandteil auf dem Weg zur Herausbildung der eigenen Persönlichkeit.
Denn nicht jeder Schüler kann ein Shakespeare, ein Michelangelo oder ein Beethoven werden. Das sollte er auch nicht: Denn jene Personen waren einmalig – so wie es heute jede einzelne Schülerin und jeder einzelne Schüler ist. Daher hätte Pädagogik beispielsweise die Schülerin Karin Rombach darin zu unterstützen, dass sie Karin Rombach werden kann. Zu diesem Lernprozess gehört es, dass Karin auch scheitern darf, um so zu erkennen, wer sie *nicht* ist.
Solche emotionalen Herausforderungen werden jungen Menschen oft vorenthalten. Worauf es ankommt, ist, Leistungsvergleiche so zu gestalten, dass individuelle Schwächen weder beschönigt oder verschleiert werden noch zum Anlass für Demütigung werden. Erfahrungen mit behinderten Kindern zeigen, dass Beeinträchtigungen und damit verbundene Schmerzen durchaus wahrgenommen, benannt und betrauert werden können. Das kann gelingen, wenn Rückmeldungen und Leistungsvergleiche mit Respekt gegeben werden. Wenn Lehrende den Schülern taktvoll und tröstend beistehen. Und wenn eine unterstützende Atmosphäre besteht, in der auch die Mitschüler/-innen gelernt haben, sich gegenseitig Halt zu geben (Prengel 2002).

Damit zur anderen Herausforderung, der Wandlung von Scham zum Ehrgeiz: Die Pädagogische Psychologin Maria Spychiger (2007, 80) erforschte den Umgang von Lehrern mit Schüler-Fehlern. Sie kommt zum Ergebnis, dass zu viel an Scham, Angst oder Schuldgefühlen einschüchternd und blockierend auf das Lernen wirkt. Aber auch ein Zuwenig dieser Emotionen ist kaum produktiv, da es ein Zeichen für Gleichgültigkeit sein kann. Als leistungsfördernd erweist sich ein *mittleres* Maß.

Spychiger unterscheidet zwei Dimensionen, die darüber entscheiden, ob aus Fehlern in konstruktiver Weise gelernt werden kann oder nicht: zum einen ein positives bzw. negatives Unterrichtsklima, zum anderen eine positive bzw. negative Lernorientierung, d.h. die Frage, ob Fehler bearbeitet und aufgeklärt werden oder nicht. Kombiniert ergeben diese beiden Dimensionen das folgende Quadrat mit den vier Situationstypen:

	Unterrichtsklima ist positiv	Unterrichtsklima ist negativ
Fehler werden bearbeitet und geklärt	1	2
Fehler werden nicht bearbeitet und geklärt	3	4

Situationstyp 2, rechts oben bedeutet: Fehler werden bearbeitet und geklärt, jedoch innerhalb eines negativen Unterrichtsklimas. Spychiger gibt dazu ein Beispiel aus dem Englischunterricht. Ein Schüler wird von der Lehrerin nach einer Antwort (die richtigerweise lautet: »I am not playing football now«) gefragt. Abgelenkt von seinem Banknachbarn, spielt der Junge mit dem Bleistift, lacht (verlegen? beschämt?) und antwortet unsicher und herausfordernd: »I don't football now.« Daraufhin lacht die Lehrerin in verzeihendem Ton und gibt selbst die richtige Antwort, die von dem Schüler wiederholt wird.

Typ 3, links unten, gibt es häufig: Hier ist das Unterrichtsklima zwar positiv, jedoch werden Fehler weder bearbeitet noch aufgeklärt. Immerhin werden die Schüler hierbei nicht entmutigt oder beschämt; das versuchen Lehrer durch dieses Verhalten gerade zu vermeiden. Statt auf Fehlern herumzureiten, greifen sie gar nicht ein oder sagen selbst die richtige Lösung; vielleicht beschwichtigen sie noch dazu (»das hast du wohl schon richtig gemeint, aber falsch gesagt«). Oder sie rufen die nächste und übernächste Schülerin auf, bis die gewünschte Antwort erfolgt; danach geht der Unterricht weiter. Auf diese Weise wird das Lernpotenzial von Fehlern nicht genutzt. Für Spychiger ist dieses Verfahren nur dann sinnvoll, wenn der Fluss des Unterrichts nicht unterbrochen werden soll oder um zu verhindern, dass ein Schüler gegen seinen Willen exponiert wird.
Typ 4, rechts unten, bedeutet ein negatives Unterrichtsklima, in dem Fehler weder bearbeitet noch geklärt werden. Dazu ein weiteres Beispiel aus einer Englischstunde: Die Schüler sollen aus einer Reihe vorgegebener Worte einen Satz bilden. Ein Mädchen meldet sich zögernd und sagt: »She often begin anything.« Daraufhin zögert der Lehrende, beginnt zu wiederholen, sagt dann aber: »What? I didn't understand.« Die Schülerin wiederholt, mit leiser Stimme. Daraufhin wiederholt der Lehrer: »She often begin …«, und fügt das »s« an: »She often begins …?« – worauf das Mädchen ergänzt: »… anything.« Der Lehrende wartet einen Augenblick, wiederholt dann den Satz noch einmal, schaut umher, tritt von einem Bein aufs andere und sagt endlich grinsend: »Let's say, it is okay.« Wie Maria Spychiger betont, dürfen Lehrende »nie ihre Unsicherheit auf Schüler/-innen abschieben und sie auf diese Weise zu Opfern machen. Dieses Mädchen wurde wirklich beschämt und auf eine spezifische Weise von der Klassengemeinschaft isoliert, es ist der gespannten Atmosphäre anzu-

merken« (Spychiger 2007, 75). Der Lehrende hätten erkennen müssen, dass das Mädchen leise spricht und unsicher ist; als Konsequenz hätte er seinen didaktischen Ansatz, der offenkundig schlecht funktionierte, flexibel wechseln müssen. Schließlich Typ 1, das Feld links oben, bedeutet, dass die Lehrkraft Fehler bearbeitet und aufklärt, während zugleich das Klima im Klassenzimmer positiv ist. Aufgrund dieses Klimas ist es möglich, dass der Lehrende einen Schüler mit einem Fehler durchaus hart konfrontiert und dieser schließlich selbst auf die richtige Lösung kommt.

Wesentlich ist eine Klassenatmosphäre, die es Schülern erlaubt, ungestraft zu denken (Hammerer 2001). Einige Merkmale eines gelingenden Umgangs mit Fehlern werden von Fritz Oser und Maria Spychiger (2005 & 2007) beschrieben, darunter:

- Schüler sollten nicht bloßgestellt, sondern ermutigt werden. Positive, unterstützende Reaktionen der Mitschüler sollten gefördert, negative Reaktionen wie z. B. Auslachen müssen unterbunden werden.
- Die Schüler sollten bei Fehlern gemäß ihrer individuellen Fähigkeiten und Eigenarten behandelt werden (»individualisieren«).
- Die Lehrkraft muss grundsätzlich zu Gesprächen bereit sein. Ihre nonverbale Kommunikation sollte angemessen sein und mit den verbalen Botschaften übereinstimmen. Sie sollte sich einem Schüler, der einen Fehler gemacht hat, zuwenden, Blickkontakt und eine angemessene Distanz einhalten.
- Fehler werden als Chance genutzt, durch Einsicht zu lernen. Die Schüler bekommen Vertrauensvorschuss, d. h. die Lehrperson geht davon aus, dass der oder die Schüler/-in den gemachten Fehler selbst entdecken und korrigieren kann.

- Der Umgang mit dem Fehler kann kreativ, vielleicht sogar lustvoll sein.
- Der oder die Lehrende ist fähig und bereit, sich in die Denkprozesse des Schülers hineinzuversetzen.
- Lehrer brauchen eine gewisse Fehlertoleranz, sollten also nicht perfektionistisch sein – auch nicht gegenüber sich selbst. Sie müssen nicht versuchen, perfekt zu sein, sondern bereit, eigene Fehler auch zuzugeben. Auch darin sind Lehrende Vorbilder.

Auf die Bedeutung von Zeit für die Pädagogik weisen Karlheinz Geißler (1993) und Franz Hammerer (2001) hin: Schüler brauchen Zeit – ihre *eigene* Zeit –, um ein Problem zu lösen; dies kann nicht dadurch beschleunigt werden, dass Erwachsene ungeduldig danebenstehen. Remo Largo und Martin Beglinger (2009) verdeutlichen, dass jedes Kind seinem Entwicklungsstand gemäß lernen will; dort muss es im Unterricht jeweils abgeholt werden. Individualisiertes Lernen ermöglicht dem Kind Erfolgserlebnisse. Wird es unter- oder überfordert, dann fühlt es sich nicht ernst genommen bzw. unnötiger Scham ausgeliefert.

Darüber hinaus gibt es noch eine Fülle weiterer Ansätze und Methoden, um Anerkennung in der Arbeit mit Menschen zu realisieren, beispielsweise in der pädagogischen Arbeit. Von der »Pädagogik der Anerkennung«, wie sie vor allem von Annedore Prengel formuliert wurde,[32] und der Themenzentrierten Interaktion (TZI) über Gestaltpädagogik bis hin zu reformpädagogischen Konzepten nach Maria Montessori,

••••••

32. Prengel 2002 & 2006; Prengel & Heinzel 2003; vgl. Hafeneger, Henkenborg & Scherr 2002.

Janusz Korczak u. v. a. Diese vielen wertvollen Anregungen können an dieser Stelle nicht gewürdigt und diskutiert werden. Stattdessen sollen nachfolgend einige Gedanken von Lehrerinnen und Lehrern wiedergegeben werden:

- »Wir sollten nach Möglichkeiten positive Verstärkung suchen. Also nicht so viel drohen, sondern eher locken.«
- »Rückmeldung geben, ohne verletzen zu wollen, aber auch, ohne mich zu verleugnen. Ich muss dabei authentisch bleiben.«
- »Auch kleine Fortschritte von Schülern loben.«
- »Ich möchte Möglichkeiten entwickeln, die Schüler zu ermutigen, sich zu beteiligen – ganz unabhängig vom Fachlichen.«
- »Für mich bedeutet Anerkennung, barmherzig mit Fehlern und Schwächen von Schülern umzugehen.«
- »Wir müssen allen Schülern Erfolgserlebnisse ermöglichen.«
- »Es ist mir wichtig, mit den Schülern im Gespräch zu bleiben. Ihnen Gesprächsangebote zu machen.«
- »Die Schüler ernst nehmen.«
- »Ein Fehler ist nicht gleichbedeutend mit Dummheit.«
- »Ich muss meine Empathie und die Empathie der Schüler fördern.«
- »Wir müssen vertrauensvolle, geschützte ›Räume‹ schaffen, in denen Schüler sich öffnen können. In denen sie auch ihre Scham wahrnehmen und lernen können, damit umzugehen.«
- »Wir sollten den Schülern konstruktive Rückmeldungen geben, indem wir ihre Stärken in den Vordergrund stellen.«
- »Ich möchte mehr mit leistungsdifferenzierten Kleingruppen arbeiten.«
- »Es reicht nicht, Noten zu vergeben; besser sind ergänzende Kommentare.«

Zahlreiche weitere Beispiele ließen sich aufzählen, auch aus anderen Berufsgruppen. Sie zeigen, dass Menschen, die mit Menschen arbeiten, viel über Anerkennung wissen, ebenso über die Bedeutung von Schutz, Zugehörigkeit und Integrität – weil genau das menschliche Grundbedürfnisse sind.
Es gibt so vieles, was man oder frau tun könnte! Wesentlich erscheint mir jedoch, dass das Handeln mit der eigenen Lebensgeschichte verbunden und damit keine »Technik«, sondern authentisch ist (dies wurde in Kapitel 3 thematisiert). Das umfangreiche Wissen über Schutz, Zugehörigkeit, Integrität und Anerkennung bedarf aber auch entsprechender Strukturen (etwa des Bildungssystems oder der Institution, in der wir arbeiten), damit es zum Tragen kommen kann; dies wird in Kapitel 6 im Mittelpunkt stehen.
Schließlich müssen diese vier Themen in ihrer Bedeutung für die jeweiligen Berufsfelder bzw. Schulfächer durchbuchstabiert werden, was Gegenstand des folgenden Kapitels sein wird.

Remo Largo und Martin Beglinger (2009) fordern Respekt vor der Einzigartigkeit eines jeden Kindes. So auch der Musiker Pablo Casals (1971, 220), mit dem ich das Kapitel beschließe. Er plädiert dafür, die folgenden Sätze unseren Kindern zu sagen. Ich stelle mir vor, Bastian B. wäre mit diesen Sätzen von seinen Mitschülern und Lehrern begrüßt und betrachtet worden:
»Weißt du, was du bist? Du bist ein Wunder! Du bist einmalig! Auf der ganzen Welt gibt es keinen zweiten Menschen, der genauso ist wie du. Und Millionen von Jahre sind vergangen, ohne dass es je einen Menschen gegeben hätte wie dich. Schau deinen Körper an, welch ein Wunder! Deine Beine, deine Arme, deine geschickten Finger, dein Gang. (…) Jawohl, du bist ein Wunder. Und wenn du nachdenkst, kannst du

dann einem anderen wehtun, der, wie du selbst, auch ein Wunder ist?«[33]

••••••

33. In diesem Zitat habe ich einige Zeilen weggelassen (»Aus dir kann ein Shakespeare werden, ein Michelangelo, ein Beethoven. Es gibt nichts, was du nicht werden könntest.«), aus zwei Gründen: Weil es nicht darum geht, dass ein Kind zu einem Shakespeare, Michelangelo oder Beethoven werden sollte. Und weil diese Sätze eine Ideologie der Grenzenlosigkeit unterstützen. Denn tatsächlich gibt es sehr viel, was dieses oder jenes Kind *nicht* werden kann, weil jeder Mensch begrenzt ist.

KAPITEL 5:
MENSCHENWÜRDE UND DAS »THEMA«

Im Mittelpunkt dieses Kapitels stehen die Fragen: Welche Gefahren, Scham auszulösen, birgt das »Thema« oder Unterrichtsfach, zu dem ich mit Menschen arbeite? Welche Chancen birgt das jeweilige Thema, um die Menschen, mit denen ich arbeite, in ihrer Würde und in ihren Bedürfnissen nach Schutz, Zugehörigkeit, Integrität und Anerkennung zu unterstützen?

Jede Arbeit mit Menschen hat – je nach Arbeitsgebiet oder Unterrichtsfach – seine spezifischen Gefahren, beim »Du« Schamgefühle auszulösen. Etwa im Sportunterricht, in dem der Körper der Schüler im Mittelpunkt steht; im Musikunterricht, bei dem es ebenfalls um etwas sehr Persönliches, nämlich den emotionalen Ausdruck, geht. In der Pflege, in der intime Körperregionen berührt werden; dies kann besonders kritisch bei Vergewaltigungs-Opfern sein (Vgl. Böhmer 2000). Oder in der Seelsorge mit Strafgefangenen, wo es um Schuld und den Verlust von Zugehörigkeit zur Gesellschaft geht.
Zugleich aber bietet jedes Arbeitsgebiet seine spezifischen Chancen, die Menschen, mit denen wir arbeiten, in ihrer Würde und in ihren Grundbedürfnissen nach Schutz, Zugehörigkeit, Integrität und Anerkennung zu unterstützen. Diese Chancen sollen in diesem Kapitel stellvertretend anhand einiger Berufsfelder skizziert werden, ohne Anspruch auf Vollständigkeit. Da ich weder Experte z. B. der Didaktik des Sport- oder Musikunterrichts, noch Pflegewissenschaftler bin, kann

ich nachfolgend nur einige Anregungen geben bzw. ausgewählte Projekte vorstellen; viele sinnvolle Ansätze und Projekte können aus Platzgründen hier nicht gewürdigt werden (z. B. die Veröffentlichungen von Reinhard Kahl, Remo Largo, Kurt Singer, der Aktion Humane Schule u. v. a.). Ich hoffe allerdings, dass sich Forschung sowie Aus- und Fortbildungen künftig verstärkt in die hier skizzierten Richtungen orientieren.

5.1 Zum Thema Schule und Bildung

Beginnen wir mit den drei wichtigsten Schulfächern: Sport, Musik und Kunst. Diese sind deshalb so wichtig, weil der Unterricht in diesen Fächern wesentlichen Einfluss darauf hat, wie ein Mensch im weiteren Verlauf seines Lebens mit seinem Körper, seinem emotionalen Ausdruck und seiner Kreativität umgeht. Weil Körper, Gefühle, Kreativität und deren Ausdruck wesentlich zur Würde des Menschen gehören.
In meinen zahlreichen Vorträgen und Seminaren erlebe ich regelmäßig, dass ein großer Teil der Teilnehmenden beim Stichwort Sportunterricht regelrecht zusammenzuckt oder in sarkastisches Lachen ausbricht: Dieser Unterricht wurde von einem beträchtlichen Teil der deutschen Bevölkerung als entwürdigend, nicht selten als traumatisch erlebt. Mit der Folge, dass die Betroffenen noch Jahrzehnte später sich ihres Körpers schämen, nicht fähig sind, selbstbewusst vor eine Gruppe zu treten oder unverkrampft vor den Augen anderer zu tanzen. Auch sportliche Betätigung wird oft vermieden aus Angst, sich – wie einst im Schulsport – lächerlich zu machen (Schöneborn 2007). Insofern sind die Werbe-Kampagnen, mit denen Krankenkassen und Sportverbände die

Bundesbürger zu vermehrter sportlicher Betätigung aufrufen, zwar gut gemeint, gehen aber an der psychischen Realität von Millionen von Bundesbürgern vorbei. Ihnen wurde durch den traditionell-deutschen Sportunterricht großes Leid zugefügt. Mit der Langzeitwirkung, dass unser Gesundheitssystem mit unschätzbaren Kosten belastet wird. All dieses wäre vermeidbar durch einen menschenwürdigen Sportunterricht.

Ähnliches gilt für den Musik- und Kunstunterricht. Ich kenne sehr viele Menschen, die noch Jahrzehnte nach Ende ihrer Schulzeit ihre eigene Kreativität abwerten (»ich kann ja nicht malen«) oder sich nicht trauen, zu singen, wenn die »Gefahr« besteht, dass jemand zuhört. Für die Betroffenen bedeutet das eine große Verarmung und Vereinsamung, da etwas ganz Persönliches nicht geteilt werden kann.

Aber auch die Gesellschaft verarmt: Es lässt sich kaum erahnen, wie viel Fantasie, Schönheit und Lebensfreude, wie viele Formen, Klänge, Melodien, Gedichte, Bilder, Skulpturen, Theaterszenen usw. nicht in die Welt gebracht wurden, weil viele Menschen sich schämen, ihre Gefühle und ihre Kreativität auszudrücken. Darüber hinaus fehlt Kreativität auch in der Gestaltung unserer Gesellschaft und Politik: Während wir dabei sind, die Schöpfung an die Wand zu fahren, ist der Umgang unserer politisch-wirtschaftlichen Eliten mit den verschiedenen Krisensymptomen von erschütternder Fantasielosigkeit geprägt.

Zum Thema Kunstunterricht

Die folgende Szene wurde von einer Studentin beobachtet und von Annedore Prengel und Friederike Heinzel (2003, 120) veröffentlicht: Die Schüler basteln einen Drachen aus Moosgummi. Der Lehrer nimmt den Drachen eines Schülers – er wird hier Karl genannt – in die Hand »und hält ihn hoch, sodass ihn alle sehen können. Der Lehrer sagt laut vor der Klasse, dass Karl, der Schmierfink, sich mal wieder nicht an die Arbeitsanweisungen gehalten hat. Er weist betont darauf hin, wie schlecht der Drachen von Karl aussieht. Karl sagt nichts, schaut nach unten. – Das Problem für den Lehrer war, dass Karl die Augen seines Drachens nicht aus Moosgummi ausgeschnitten hatte, sondern selbst drauf gezeichnet hatte und den Drachen anderweitig mit dem Stift verziert hatte.«

Die beobachtende Studentin findet Karls Drachen den originellsten der Klasse. Sie fühlt empathisch die Ohnmacht und Wut mit, die der Schüler, aufgrund seiner Abhängigkeit vom Lehrer, nicht zum Ausdruck bringen kann. Auf die Frage, was Karl während und nach der Kränkung empfunden haben mag, schreibt die Beobachterin: »Meine Arbeit ist schlecht, ich bin schlecht, ich bin ein – Schmierfink, Wertlosigkeit, Verwirrung, Ohnmacht (ausgeliefert sein)« (Prengel & Heinzel 2003, 120).

Auslöser für die Demütigung des Schülers ist in diesem Falle kein Leistungsversagen Karls, sondern dessen besondere Kreativität: sein Abweichen von der geforderten Norm, sein Eigensinn: sein fehlender Gehorsam gegenüber der Vorgabe des Lehrers.

Was mag dessen Reaktion ausgelöst haben? Vielleicht empfindet der Lehrer das Verhalten Karls als Ehrverlust oder beschämende Bedrohung seiner Lehrer-Autorität (»Wo kommen wir hin, wenn hier jeder seinen Drachen bastelt, grad wie er will?!«), die er durch Beschämung des Schülers abzuwehren versucht? Möglicherweise rührt Karls Kreativität den Lehrer unbewusst an sein eigenes, unaufgearbeitetes Scham-Schicksal: an eigene, nie zum Ausdruck gebrachte Kreativität, vielleicht weil er einst als Schüler einen ähnlich verächtlichen Kunstlehrer hatte? Um solche Wiederholungen, die transge-

nerationale Weitergabe unverarbeiteter Scham von Lehrer an Schüler zu unterbrechen, ist es unabdingbar, dass Lehrende sich mit ihrer Scham-Geschichte auseinandersetzen (Thema von Kapitel 3).
Darüber hinaus, mit Blick auf das System Schule, erscheint es mir unabdingbar, dass bestimmte Schüler-Leistungen grundsätzlich von Bewertungen verschont bleiben: Leistungen, die unmittelbar mit der Würde, dem Selbst-Ausdruck der Heranwachsenden, zu tun haben wie Kreativität, Körper, Bewegung, Stimme, Gefühle, Erfahrung, Glaube und Meinung. Das betrifft die Fächer Kunst, Musik und Sport, aber auch Deutsch (z. B. bezogen auf Aufsätze), Religion bzw. Ethik, Geschichte und Gemeinschaftskunde bzw. Sozialkunde bzw. Politische Bildung.

Zum Thema Musikunterricht

Vielen Kindern wird die Freude an der Musik, am Musizieren und Singen, durch den Musikunterricht vergällt. Etwa wenn der pubertierende Schüler nach vorne gerufen und gezwungen wird, mit seiner staksigen Stimme vor der Klasse zu singen, während das Gelächter der Mitschüler vom Lehrer nicht unterbunden wird.
Dabei kann das Fehlermachen durchaus lustvoll sein. Dies erfuhren zum Beispiel Besucher von Konzerten der Folk-Musikerin Joni Mitchell in den 1970er-Jahren: Vor ihrem Lied »The Circle Song« ermutigt sie die Zuhörenden, den Refrain möglichst falsch mitzusingen: »Je falscher Sie singen, desto schöner klingt es.« Sie hat völlig recht: Lied und Refrain klingen wunderbar, und offenkundig haben die Teilnehmenden ihre Freude beim Falschsingen. Wie Fritz Oser und Maria Spychiger (2005, 67) beobachteten, ist das Falsche mit viel mehr Lust verbunden als das Richtige. Daher auch die Freude,

die z. B. ein Clown auslöst. Daraus eröffnen sich neue Möglichkeiten, Fehler als Lernwege zu nutzen; Beispiele bieten Oser & Spychiger (2005).

Häufig wird die Freude von Kindern an der Musik nicht durch böse Absicht getrübt, sondern durch gut gemeinte Bemühungen, sie zu fördern; etwa indem man sie zum Üben eines Instruments überredet oder zwingt. Für viele Kinder ist Üben ein »Schreckgespenst«, wie der Komponist und Pianist Arthur Schnabel warnte (zit. in Kahl 2009). Dabei hatte das Üben früher eine ganz andere Bedeutung als heute. Wie der Musikwissenschaftler Heiner Klug (2001) nachweist, war Üben nicht entbehrungsreicher Weg zu einem fernen, meistens unerreichten Ziel, sondern stand für etwas Leidenschaftliches: für den anstrengenden, aber beglückenden Prozess, etwas zu vervollkommnen. Üben war schon für Anfänger genussvoll, denn »es machte hellwach und öffnete die Aufmerksamkeit«, so der Bildungs-Journalist Reinhard Kahl (2009a). Dieses Glück, ganz gegenwärtig zu sein, wird in der Psychologie als »Flow« bezeichnet (Csikszentmihalyi 2002). Es kann aufkommen, wenn wir ganz im Spiel versinken, voller Aufmerksamkeit und Selbstvergessenheit. Allerdings kann sich Flow nur im Hier und Jetzt ereignen, nur frei »vom Druck des aufgeschobenen Lebens« (Kahl 2009a).
Heiner Klug erforschte die Deformation des Übens in der Geschichte des Musikunterrichts. So waren etwa Bachs Goldberg-Variationen als Übungsstücke komponiert. Jedoch nicht nach dem heutigen Muster, wonach (»erst die Arbeit, dann das Vergnügen«) erst selbstquälerisch zu üben sei, um dann später – vielleicht – zum perfekten Könner zu werden. Vielmehr waren Üben und Ausüben noch Synonyme: Es war ein Sich-beschäftigen mit dem Instrument und mit der Vorgabe; es war Spielen, unabhängig vom Niveau. Jeder Übende spielte,

wiederholte, improvisierte und variierte die Komposition, so wie eine Geschichte weitererzählt und dabei modifiziert wurde. So war jeder Musizierende mehr oder weniger immer auch ein Komponist und das, was heute Jazzmusiker sind. Wie ein Töpfer den Ton, so formt der Musiker die Töne: ein intensiver Dialog mit einem Medium, das Widerstand entgegenbringt.

Diese Einheit von Üben und Ausüben zerbrach im 19. Jahrhundert; sie wurde, ganz im Geiste der Industriegesellschaft, wegrationalisiert. Variieren wurde zunehmend zurückgedrängt, mit dem Makel des »Fehlers« beladen und auszumerzen versucht. Üben wurde damit auf das strikte Wiederholen reduziert; Lernziel wurde es, perfekt das auszuführen, was zuvor als eindeutig definiert wurde.

Noten waren nicht mehr zu variierende Vorlagen, sondern zwingende Vorschriften. Musiklehrer waren nicht mehr Künstler und Meister, sondern Unterrichtsfunktionäre. Musizieren wurde maschinelles Ausführen, der Musiker zum Werkzeug. Gesucht wurde nun der kürzeste Weg, um den Übenden so abzurichten, dass er die fixierten, als endgültig betrachteten Noten in perfekter, mechanischer Weise zu wiederholen vermag.

Die Individualität des Musizierenden und sein Körper sind damit zu Störfaktoren geworden. Reinhard Kahl (2009a): »Das krumme Holz, das der Mensch nach Immanuel Kant nun mal ist, sollte beim Üben gerade gehobelt werden.« Die Folge ist, musikalisch, eine Verarmung der Vielfalt und, auf Seiten der Musizierenden, eine ungeheure Selbstdisziplinierung, die die Spieler/-in in gefährliche Spaltungsprozesse bringt.

Heute, im elektronischen Zeitalter, werden repetitive Arbeiten zunehmend von Computern übernommen. Könnte dies eine Chance sein für einen anderen Musikunterricht, in dem der Musizierende nicht mehr zum Werkzeug entwürdigt wird? Kahl ermutigt dazu, einen besseren Umgang mit dem »krummen Holz« zu üben: nämlich aus der individuellen Krümmung eines jeden Einzelnen seinen oder ihren Eigensinn zu bilden. Wie könnte so etwas gehen?

Am Anfang muss die Begeisterung für das Musizieren stehen; nur aus ihr kann dann die Motivation des Heranwachsenden entstehen, ein Instrument erlernen zu wollen. Begeistern kann beispielsweise Musik-Improvisation. Darunter ist nicht etwa zu verstehen, dass der Musiklehrer, herablassend lächelnd, »die Kleinen« ein wenig auf simplen, pflegeleichten Instrumenten herumklimpern und sich austoben lässt, um danach dann »endlich zur Sache«, zum »richtigen Musikunterricht«, zu kommen! Aus eigener Erfahrung weiß ich, dass Improvisation eine höchst intensive Form des Selbst-Ausdrucks und der Kommunikation mit Instrument und Mit-Musikern sein kann: zuhören, reagieren, sich ausdrücken und dabei beziehen, antworten, sich mit anderen abstimmen, sich zu einem Neuen, Gemeinsamen zusammenfinden. Eine zutiefst beglückende Erfahrung von Zugehörigkeit im wahrsten Sinne des Wortes.

Vielen jungen Menschen wird diese Erfahrung vorenthalten.

Musik-Improvisieren benötigt Anleitung, Ermutigung und vor allem: Musik-Lehrende, die selbst improvisieren und für diese Musik-Gattung »brennen«. Dieses mag Musik-Lehrenden schwerfallen, die durch eine perfektionistisch orientierte Musiker-Ausbildung geprägt sind, wie sie bis heute vorherrscht. Es kann dazu führen, dass musikalische Einfälle von improvisierenden Schülern schnell als »Fehler« wahrgenommen und abgewertet werden. Diese Prägungen aufzuarbeiten (siehe Kapitel 3) ist daher eine wichtige Voraussetzung für

eine anerkennende Haltung gegenüber Musik-Improvisation.
Die Musikerin, Rhythmikerin und Körpertherapeutin Anna Kuwertz begleitet Musikerinnen und Musiker, ihre – nicht selten traumatische – Berufsausbildung aufzuarbeiten. Zu ihr kommen Menschen, die ihr künstlerisches Potenzial (wieder) wecken möchten oder sich, als Berufsmusiker, in einer beruflichen Krise befinden: die z. B. gehemmt sind in ihrer Ausdruckskraft, blockiert von Vorspiel- oder Versagensängsten oder geplagt von chronischen Verspannungen, Schmerzen oder Burnout; nicht selten ist ihre weitere Berufsausübung gefährdet.
In dem von Anna Kuwertz (2003) entwickelten Arbeitsprinzip »Musik und Bewegung im Dialog« geht es um einen tiefgehenden Regenerationsprozess, in dem der oder die Musiker/-in zu ihrem ureigenen musikalischen Ausdrucksvermögen und ihrer eigenen Kreativität im Spiel zurückfinden kann. Durch regenerierende Körperarbeit, durch das Wiederentdecken ihrer natürlichen Spielbewegungen und durch Gespräche findet der oder die Musiker/in wieder den Kontakt mit sich selbst, dem Instrument und der Musik. Dabei kann Improvisation ein wesentliches Spielfeld sein, das zum wertfreien Spiel zurückführt und das verengte Spielverhalten neu öffnen kann: hin zu einem achtsamen, lustvollen und lebendigen Musizieren.

Zum Thema Sportunterricht

In vielen Kulturen gehören Musik und Bewegung in natürlicher Weise zusammen; auch Kinder beginnen zu tanzen, wenn sie Musik hören. Damit ist es oft vorbei, je mehr der oder die Heranwachsende durch den Ernst des Musikunterrichts einerseits und des Sportunterrichts andererseits ge-

prägt wird. Die Trennung von Musik und Bewegung ließ beide beschädigt zurück:
Auf der einen Seite ist z. B. klassische Musik oft mit einer starren Körperhaltung verbunden.
Auf der anderen Seite geht es traditionell im deutschen Sportunterricht vorrangig um Siegen und Verlieren; erwartet und gefördert werden Bewegungs- und Körpernormen (muskulös, schlank, sehnig usw.), mit denen die vielen anderen individuellen Begabungen und Interessen der Schülerinnen und Schüler in den Hintergrund gedrängt werden (Sobiech & Marks 2008, 4). Wer diese Normen nicht erfüllt, der soll sich schämen und wird mit schlechten Noten bestraft. Zusätzlich muss er oder sie damit rechnen, beschämt, verhöhnt, vorgeführt oder ausgegrenzt zu werden, von Mitschülern oder auch Lehrkräften. Etwa wenn der Sportlehrer einer kräftig gebauten Schülerin zuruft: »Nächste Woche ist Schwimmen dran, dann hast du es leichter, Fett schwimmt ja oben.«[34]
Scham kann im Sportunterricht auch durch Integritäts-Konflikte ausgelöst werden, wie oben am Beispiel der inszenierten Beschämung einer Schülerin an der Kletterstange gezeigt wurde. Oder durch Verletzungen von Intimitätsgrenzen; etwa beim Umkleiden, Duschen oder im Schwimmunterricht; oder unbeabsichtigt, wenn z. B. einer Schülerin beim Turnen am Reck das T-Shirt herunterrutscht. Dieses kann insbesondere für Schüler/-innen aus muslimisch geprägten Familien problematisch sein, da Nacktheit dort eher als Initimitäts-Verletzung erlebt wird als bei den meisten Kindern aus traditionell deutschen Familien. Auch verbal kann die Würde von Schülern verletzt werden. Etwa wenn ein Schüler beim Hockey

••••••

34. Persönliche Mitteilung.

mit einem Schläger an seinem Geschlechtsteil getroffen wird, worauf der Lehrer ins Spielfeld ruft: »Schlag noch mal rein, der kriegt sowieso nie 'ne Frau« (zit. in Miethling 2002, 4). Angesichts der Massivität der Schamgefühle und der Vielfalt der Situationen, in denen sie – gerade im Sportunterricht – ausgelöst werden können, ist es erstaunlich, wie wenig dieses Thema bisher in der Sportpädagogik beachtet wurde (Klinge 2009, 301). Mit dem Ziel, das zu ändern, gründeten die Sportsoziologin Gabriele Sobiech und ich im Jahr 2007 ein Projekt an der Pädagogischen Hochschule Freiburg. Im Rahmen dieses Projekts untersuchte Katharina Schöneborn (2007) anhand von Interviews die Langzeitwirkungen von Sportunterricht. Dabei zeigte sich, dass noch mehr als zehn Jahre nach Ende der Schulzeit der Sportunterricht als beschämend erinnert wird. Mit der Konsequenz, dass die Befragten später jede Art von Leistungssport vermeiden und sich nicht trauen, einem Sportverein beizutreten aus der permanenten Angst, sich zu blamieren (Schöneborn 2007, 17).
Die Interviewten erinnern sich insbesondere daran, dass sie von Lehrenden ungerecht bewertet wurden; dass Turnbeutel von Mitschülern versteckt wurden; dass ungelenke oder scheiternde Schüler ausgelacht wurden, ohne dass die Lehrkraft intervenierte und dass Mannschaften so ausgewählt wurden, dass am Schluss die »schwächsten« bzw. unbeliebtesten Schüler übrig blieben. Auch in der Frankfurter Rundschau erinnerten sich am 29. Mai 2009 verschiedene Autoren »mit Schrecken an qualvolle Sportstunden in Folterhallen«.

Anders als in anderen Unterrichtsfächern steht im Sportunterricht der Körper im Mittelpunkt. »Leibliche Erfahrungen sind existenzielle Erfahrungen« (Prengel 2006, 18), daher ist die Gefahr besonders groß, dass Versagen hier als existenzielles Versagen erlebt wird. Etwa wenn neue Bewegungsabläufe erprobt werden.

Darüber hinaus sind die Möglichkeiten, seinen Körper vor den Blicken von Mitschülern und Lehrkraft zu schützen, durch die Sportkleidung stark eingeschränkt. Eine Studentin erinnert sich mit Grauen an das Schulschwimmen: »Ich stehe schutzlos am Rand des Beckens, die Arme eng verschränkt vor meinen zu großen Brüsten. Im normalen Schulunterricht gelingt es mir, mit weiter Kleidung meine Kurven zu verstecken, aber im Schwimmbad ist selbst im unattraktivsten und hochgeschlossensten Badeanzug jede Wölbung zu entdecken. Schulschwimmen: Ich hasse es! Ich will nur ins Wasser. Abtauchen!«[35]

Durch das Schulsystem werden die Kinder gezwungen, ihren Körper zu exponieren – in einer Lebensphase, in der viele von ihnen große Probleme mit ihrem Körper haben. Das ist bei mehr als 80 Prozent der 8- bis 14-Jährigen der Fall (Klinge 2009, 297). Die Angst davor, seinen Körper vor Angehörigen des anderen Geschlechts zu exponieren, vervielfacht sich oft noch mit der Pubertät.

Die grundsätzliche Frage nach Sinn und Berechtigung von Schulsport bzw. -schwimmen sei an dieser Stelle ausgeklammert. Es bleibt die Herausforderung, den Unterricht in einer Weise zu gestalten, die überflüssige Beschämungen vermeidet. Dazu müssen die Schüler zunächst in ihrem Grundbedürfnis nach Schutz, Zugehörigkeit, Integrität und Anerkennung anerkannt und unterstützt werden; dazu einige Gedanken, stellvertretend für viele weitere Ideen und Projekte, die aus Platzgründen unerwähnt bleiben müssen:

••••••

35. Dieser Text entstand im Rahmen eines Seminars von Gabriele Sobiech an der Pädagogischen Hochschule Freiburg.

Schützen bedeutet, dass Lehrer sofort intervenieren müssen, wenn Schüler von Mitschülern ausgelacht oder ausgegrenzt werden. Sie dürfen sich auch nicht kränkend über Schüler äußern (z. B. »Du Flasche!«). Allerdings genügt es nicht, sich oberflächlich eine nicht-beschämende Sprache vorzunehmen: Wenn die Lehrkraft im Grunde ihres Herzens z. B. übergewichtige oder ängstliche Kinder verachtet, dann teilt sich diese Verachtung auch bei »politisch-korrekter« Wortwahl mit, z. B. durch Körperhaltung, Mimik, Untertöne oder Blicke. Daher ist es unabdingbar, dass Sportlehrer/-innen sich mit ihrer eigenen Scham-Geschichte auseinandersetzen; auch mit ihrem Status innerhalb des Lehrer-Kollegiums, denn häufig erfahren sie selbst wenig Anerkennung (Möller 2008). Kritisch zu hinterfragen sind auch ihre Körper- und Bewegungsnormen sowie ihre Bilder von Männlichkeit.[36]

Denn gerade der Sportunterricht ist ein Medium, in dem gesellschaftliche Normen sich abbilden und weitergegeben werden: Leistungsoptimierung, Effizienz, Erfolgsdenken (also genau die Verhaltensweisen, mit denen die Menschheit gegenwärtig die Schöpfung ruiniert). Zugrunde gelegt werden traditionelle Idealbilder des männlichen und weiblichen Körpers – alle anderen Möglichkeiten werden als »unsportlich«, »leistungsschwach«, »übergewichtig« usw. abgewertet und von den betroffenen Schülern als beschämendes Versagen erlebt (Klinge 2009). Diese persönliche Auseinandersetzung sollte zu einem Grundbaustein in der Aus- und Fortbildung von Sportlehrer/-innen werden.

••••••

36. Der Zusammenhang zwischen Sportunterricht und männlicher Identität kann an dieser Stelle nicht weiter verfolgt werden; sehr aufschlussreich dazu ist der Beitrag von Schmerbitz & Seidensticker (1997).

Nicht wenige Schüler und vor allem Schülerinnen erleben den Umkleideraum als ungeschützt, vor allem: ungeschützt vor den Blicken von Jungen. Von einem Extremfall berichtet eine Schülerin, die von Julia Maaßen (2008) interviewt wurde: Mehrere Mitschüler zerrten ihr im Umkleideraum die Kleider vom Leib. »Der eine hat die Tür zugehalten, der andere hat meine Hände festgehalten, und meine Füße haben sie festgehalten, und ich konnte nichts mehr machen und ich hab nur geschrien: ›Herr Maier, Herr Maier‹ – er hat mich nicht gehört.«[37]

Als der Lehrer schließlich doch noch kam, schimpfte er wegen des Krachs. Wie Julia Maaßen (2008, 38) analysiert, kann der Lehrer mit der Situation nicht konstruktiv umgehen: »Das ›klärende‹ Gespräch findet innerhalb der Gruppe statt. Dies stellt meiner Auffassung nach eine weitere Beschämung für die Schülerin dar. Sie, als das Opfer und einzige weibliche Person, muss vor den Tätern, die den Angriff abstreiten, und zwei männlichen Lehrern ihre Verletzung verbalisieren.« So macht die Schülerin ein weiteres Mal die Erfahrung totaler Hilflosigkeit und lernt, dass die tiefe Verletzung ihrer körperlichen Intimität und Würde keine Wichtigkeit erfährt.

In der geschilderten Situation haben Schule bzw. Sportlehrer doppelt versagt, indem zuerst der Umkleideraum nicht geschützt war und dann das Mädchen gegenüber den übergriffigen Jungen nicht in Schutz genommen wurde. Ersteres hätte durch entsprechende bauliche Gestaltung oder Aufsicht vermieden werden können, Letzteres durch Sensibilisierung des

37. Offenbar stellen sexuelle Übergriffe unter Schülern kein seltenes Phänomen dar: Einer Untersuchung (zit. in Maaßen 2008, 32) zufolge beobachteten 20 Prozent der befragten Schüler alle paar Monate sexuelle Übergriffe von Jungen an Mädchen; 6 Prozent beobachteten dies fast täglich.

Lehrers für Scham und Menschenwürde: eine Aufgabe für die Aus- und Fortbildung von Sportlehrern.

Gudrun Wehner (2005) schlägt vor, Koedukation im Sportunterricht aufzuheben – entweder zeitweilig (z. B. in den Klassenstufen 7 und 8) oder dauerhaft durch ein Tandemmodell: Dabei unterrichten eine Sportlehrerin und ein Sportlehrer in einer Jahrgangsstufe parallel, sodass die Schülerinnen und Schüler nach Geschlecht (oder auch: nach Leistungsstand und Sportart) getrennt werden können.
Eine weitere Anregung zum Schutz der Schüler/-innen gibt Antje Klinge. Die Sport- und Tanzpädagogin schlägt das Prinzip der Freiwilligkeit vor, wonach jeder Schüler selbst entscheiden kann, was er zeigen will und was nicht. Sie empfiehlt »Zonen der Sicherheit« im Schulsport zu schaffen, in denen gewährleistet ist, »dass die körperliche Exponiertheit nicht zum individuellen Problem wird« (Klinge 2009, 299f.). Damit fragt Klinge die didaktische Fantasie von Sport-Lehrenden an: Wie kann es vermieden werden, dass exponierende »Bühnen« entstehen, auf denen die Körper (und gegebenenfalls ein Scheitern) zur Schau gestellt werden? In welcher Weise könnten z. B. die Geräte arrangiert werden?
So schlägt etwa Thomas Auras (2008, 10) eine Alternative zum üblichen Vorturnen an Reck, Barren usw. vor. Verschiedene Geräte sind aufgebaut und die Aufgabenstellung lautet: »Findet verschiedene Möglichkeiten, euch an den aufgebauten Geräten zu drehen.« Jedes Kind kann selbst sein Gerät auswählen und Verschiedenes ausprobieren. Da die Schüler sich auf verschiedene Geräte verteilen, ist der Einzelne nicht auf dem »Präsentierteller«. Ein misslungener Versuch muss nicht als Blamage erlebt werden, sondern als notwendiger, selbstverständlicher Bestandteil des Erkundens der eigenen Bewegungsmöglichkeiten und Leistungsgrenzen.

Zugehörigkeit wird durch ausschließende Mannschaftsspiele wie z. B. Völkerball nicht gefördert. Klassengemeinschaft wird oft vergiftet durch die herkömmliche Methode, Mannschaften auszuwählen. Dabei besteht zusätzlich die Gefahr, so Schöneborn (2007), dass Teufelskreise entstehen: Weil ein schüchternes oder ängstliches Kind weniger gewählt wird, hat es weniger Erfolgserlebnisse und in der Folge noch weniger Selbstvertrauen. Das bewirkt, dass es noch weniger gewählt wird usw. Die Autorin empfiehlt, die Mannschaften auszulosen.

Die Klassengemeinschaft kann durch kooperative Spiele und kooperative Schulsportfeste gefördert werden. Diese Spiele machen Spaß, fördern das Selbstwertgefühl der Einzelnen und ihre Fähigkeit zur Partizipation. Gute Beispiele bietet der Artikel von Gabriele Sobiech (2008) und der Anhang der Zeitschrift Sportpädagogik (Themenheft zu Scham und Beschämung) mit Beiträgen von Carolin Basel, Anne Dörsam, Dorothee Hack, Caroline Kolb, Peter Neumann, Julia Schmitt und Kristin Stang (2008). Darunter sind so originelle Ideen wie der »1-Minuten-Schätzlauf«: Die Schüler bekommen die Aufgabe, eine Minute möglichst genau abzuschätzen und so lange zu laufen. Gemeinsam sollen die Schüler eine Taktik entwickeln, um das gesetzte Ziel zu erreichen.

Eine gute Klassengemeinschaft ist eine wesentliche Voraussetzung dafür, Erfahrungen des Scheiterns konstruktiv aufzuarbeiten. Sie ist ein schützender Rahmen, in dem auch neue Bewegungsformen eher akzeptiert werden können; dann müssen z. B. Jungen nicht ihre Scham abwehren und Männlichkeit beweisen, indem sie Tanzen als »weibisch« verachten, herumalbern oder anderweitig stören (Schmerbitz & Seidensticker 1997; Budde & Reemtsma 2008).

Die *Integrität* von Schülern wird gefördert, indem sie für Hilfestellungen für leistungsschwächere Mitschüler herangezogen werden. Das gibt ihnen die Chance, Sinn zu verwirklichen – eine Alternative zum rücksichtslosen Erfolgsstreben, wie es durch den herkömmlichen, Sieg orientierten Unterricht gefördert wird.
Durch hautnah und emotional ausgetragene Kampfspiele kann die Ganzheit von Schülern gefährdet werden. Bei diesen Spielen ist grundsätzlich, wie Wolf Miethling (2002, 6) zeigt, der Antagonismus der Spieler eingebunden in die Spielsituation: Gegner sind auch Mitspieler. Wenn Spieler jedoch absichtlich foulen, dann sind sie nicht nur Opfer eines sie »überwältigenden Aggressionstriebs, sondern sie geraten in einen Gegensatz zu sich selbst. Sie verletzen nicht nur den gegnerischen Mitspieler, sondern zugleich den Konsenscharakter und damit die Grundlagen ihres Spiels.«
Dies bedeutet jedoch nicht, so Annedore Prengel (2006), dass solche Spiele vermieden werden sollten. Vielmehr müssen Lehrende einschreiten, sobald lustvolles Kräftemessen in Gewalt umschlägt: Jetzt ist ein Zeitpunkt, um die Regeln des Spiels nochmals zu vermitteln (oder spielerisch zu variieren, Zimmer 2008), die wechselseitige Achtung zu betonen und Probleme der Fairness zu besprechen. Gerade der Sport ist ein fruchtbares Gebiet, um ethische Fragen zu bearbeiten (Prengel 2006).
Darüber hinaus schlägt Miethling (2002, 8) »Leitsätze zur Kultivierung von Aggressionen im Schulsport« vor, einschließlich einer Streitschlichtung nach dem Modell von Irene Heinzelmann-Arnold (2001). Dies kann an dieser Stelle leider nicht weiter ausgeführt werden.

Anerkennung wird Schülern nicht dadurch vermittelt, dass versucht wird, ihnen Scham zu ersparen. Etwa durch die gut gemeinte Aufforderung der Lehrerin: »Gib dem Gerhard auch mal den Ball!« Wie Thomas Auras (2008, 11) darstellt, möchte Gerhard auf so einen »Sozialball« (O-Ton eines Kindes) gerne verzichten, da er damit vor der Klasse bloßgestellt wird.

Anerkennung können Schüler viel eher durch Erfolgserlebnisse erfahren. Diemuth Möller (2008) schlägt vor, etwa die Weite eines Sprungs am Schuljahresbeginn zu messen und, nach Trainingsphasen, nochmals am Ende, um den *individuellen* Fortschritt sichtbar zu machen. Annedore Prengel (2002) plädiert für faire Konkurrenz, um zu vermeiden, dass Sieger und Verlierer von vornherein feststehen. So sollten etwa im Sportunterricht nur diejenigen Schüler/-innen miteinander wetteifern, die annähernd ähnliche Fähigkeiten haben. Die Teilnehmer eines Wettkampfes könnten aus verschiedenen Klassen zusammengesetzt werden und schwächere Schüler einen Vorsprung bekommen.

Die Chancen auf Erfolgserlebnisse sind umso größer, je breiter das Spektrum an Bewegungsmöglichkeiten ist. Ein Erfolgserlebnis in der einen Sportart macht es leichter, Misserfolg in anderen zu verkraften. Das Verlieren zu lernen sollte eines der Lernziele sein. Schüler sollten die Gelegenheit bekommen, ihre Lieblingssportarten vorzustellen (Möller 2008, 16). Neue Sportarten und aktuelle Trends wie Inlineskaten, Jonglieren, Tanzen oder Walken könnten aufgegriffen werden (Prengel 2006). Dies wird durch viele neue Lehrpläne durchaus ermöglicht (wie Antje Klinge 2009, 297, beobachtet, werden diese Möglichkeiten bisher jedoch zu wenig genutzt).

Ein beeindruckendes Beispiel ist das Projekt, das im Film *Rhythm is it* (Grube & Lansch 2004) dokumentiert ist. Angeleitet vom Tanzpädagogen und Choreografen Royston Maldoom proben 250 Kinder und Jugendliche die Aufführung

von Igor Stravinskys Ballett *Le sacre du printemps*, gespielt von den Berliner Philharmonikern unter dem Dirigenten Sir Simon Rattle. Maldoom nimmt die Kinder und Jugendlichen, die vorwiegend aus Berliner »Problemschulen« kommen, ganz ernst und erspart ihnen keine Scham. Er fordert sie jedoch heraus und unterstützt sie dabei, durch vermehrte Anstrengung zum Erfolg zu kommen.
Die künstliche Trennung zwischen Bewegung und Musik ist in diesem Projekt überwunden.[38]

Weitere Unterrichtsfächer

Auch andere Unterrichtsfächer bieten ihre je eigenen Chancen, die Schüler in ihrer Würde und in ihren Grundbedürfnissen nach Schutz, Zugehörigkeit, Integrität und Anerkennung zu fördern. Etwa in der didaktischen Gestaltung, in der Auswahl von Lehrbüchern, Methoden, Unterrichtsbeispielen usw. Beispielsweise im *Mathematikunterricht*: Zahlen können einschüchtern; diese Wirkung wird nicht selten missbraucht, um kritische Stimmen zum Verstummen zu bringen. André Zimbel (2008) plädiert für eine »Humanmathematik«. Erfolg versprechend sind m. E. auch ethno-mathematische Ansätze; dies kann an dieser Stelle nicht weiter ausgeführt werden.

Darüber hinaus möchte ich anregen, Menschenwürde und Scham selbst zu einem Unterrichtsthema zu machen. So sollte im *Geschichtsunterricht* die Vergangenheit aus Sicht der Scham und Menschenwürde betrachtet werden (wie dies

38. Ähnlich im Circus-Schule Radelito an der Willy-Brandt-Gesamtschule Köln-Höhenhaus.

in den Kapiteln 2 und 6.2 skizziert ist); bisher wurde die Scham in der historisch-politischen Bildung weitgehend übersehen (Oeftering 2009).

Der *Gemeinschaftskundeunterricht*, dieses unbeliebteste aller Schulfächer, könnte mit Leben erfüllt werden, wenn das thematisiert wird, worunter eine große Zahl von Heranwachsenden leiden: Die Mechanismen, mit denen Status und undemokratische Macht durch Beschämung hergestellt wird (Neckel 1991): die Mechanismen von Scham-Abwehr und Mobbing.

Die Themen Grundgesetz, Menschen- und Kinderrechte sollten mit dem Würde-Begriff verknüpft und konkretisiert werden. So verbietet die UN-Kinderrechtskonvention, die am 5. April 1992 für Deutschland in Kraft getreten ist, unter anderem Diskriminierung aufgrund Rasse, Hautfarbe, Geschlecht, Sprache, Religion, Herkunft, Vermögen, Behinderung, Geburt u. a. (Art. 2). Nach dieser Konvention hat jedes Kind das Recht, seine Meinung zu allen »das Kind berührenden Angelegenheiten frei zu äußern« (Art. 12) und das Recht auf Meinungs- und Informationsfreiheit sowie Gedanken-, Gewissens- und Religionsfreiheit (Art. 13 und 14). Kein Kind darf »willkürlichen oder rechtswidrigen Eingriffen in sein Privatleben, seine Familie, seine Wohnung oder seinen Schriftverkehr oder rechtswidrigen Beeinträchtigungen seiner Ehre und seines Rufes ausgesetzt werden« (Art. 16). Es ist zu schützen »vor jeder Form körperlicher oder geistiger Gewaltanwendung, Schadenzufügung oder Misshandlung, vor Verwahrlosung oder Vernachlässigung, vor schlechter Behandlung oder Ausbeutung einschließlich des sexuellen Missbrauchs« (Art. 19).

Ein geistig oder körperlich behindertes Kind hat das Recht auf ein »erfülltes und menschenwürdiges Leben unter Bedingungen (...), welche die Würde des Kindes wahren, seine

Selbstständigkeit fördern und seine aktive Teilnahme am Leben der Gemeinschaft erleichtern« (Art. 23). Jedes Kind hat das Recht »auf einen seiner körperlichen, geistigen, seelischen, sittlichen und sozialen Entwicklung angemessenen Lebensstandard« (Art. 27); auf Bildung und Berufsausbildung, die darauf gerichtet sein muss, »die Persönlichkeit, die Begabung und die geistigen und körperlichen Fähigkeiten des Kindes voll zur Entfaltung zu bringen« (Art. 28 und 29); »auf Ruhe und Freizeit, auf Spiel und altersgemäße aktive Erholung sowie auf freie Teilnahme am kulturellen und künstlerischen Leben« (Art. 31). Kinder sind zu schützen »vor dem unerlaubten Gebrauch von Suchtstoffen und psychotropen Stoffen (...), vor allen Formen sexueller Ausbeutung und sexuellen Missbrauchs« und vor »Folter oder einer anderen grausamen, unmenschlichen oder erniedrigenden Behandlung oder Strafe« (Art. 33, 34 und 37).

Scham und ihre Abwehr können auch anhand von *Literatur* verdeutlicht werden, etwa am Kinderbuch Pinocchio (Collodi 1990) oder klassischer Literatur wie z. B. Heinrich von Kleists Novelle *Michael Kohlhaas*, im Werk Franz Kafkas oder in Friedrich Schillers *Die Räuber*. Zu Letzterem hat die Gymnasiallehrerin und Schulpsychologin Monika Wierlacher-Engelhardt (2009) eine Unterrichtseinheit erarbeitet: In Form einer szenischen Inszenierung erleben die Schüler die Reaktion Karls, nachdem dessen Entschuldigung von seinem Vater zurückgewiesen wird.

- Zunächst werden die Schüler befragt, ob sie schon einmal erlebt haben, dass ihre Bitte um Entschuldigung nicht angenommen wurde.
- Im nächsten Schritt wird im Plenum erarbeitet, was zu einer vollständigen Entschuldigung gehört: Eingeständnis der

Schuld; Gewissens-Scham, Reue und Veränderung des eigenen Verhaltens; Angebot einer Wiedergutmachung; Bitte um Vergebung.

- Anschließend werden drei Reaktionsweisen des Vaters (dargestellt von drei verschiedenen Mitschülern) durchgespielt; der Schüler, der den sich entschuldigenden Karl spielt, wird gebeten, auf seine jeweiligen Gefühle zu achten: Im ersten Spiel weist der Vater die ausgestreckte Hand zurück. Auch im zweiten Spiel nimmt er die Entschuldigung nicht an, lässt aber die Frage nach einem weiteren Kontakt offen. Im dritten Spiel ergreift er die Hand Karls und akzeptiert dessen Entschuldigung.
- Im nächsten Schritt werden die drei Spiele gemeinsam reflektiert. Dabei wird den Schülern die Scham erlebbar, die Karl bei den ersten beiden Varianten erlebt, während das dritte Spiel Erleichterung auslöst.
- Abschließend werden textnah die weiteren Reaktionen Karls, die Schiller beschreibt, als Scham-Abwehr interpretiert.

Auch der *Religionsunterricht* scheint mir geeignet, um mit Heranwachsenden Wissen über Scham und Menschenwürde zu erarbeiten;[39] etwa anhand der verschiedenen Bibel-Stellen, in denen Scham thematisiert wird:

- Angefangen mit der Paradiesszene, die in Kapitel 1, im Zusammenhang mit der Entwicklung von Scham und der Fä-

••••••

39. Zumal Religion und Ethik zu den wenigen Schulfächer zählen, in deren Lehrpläne die Menschenwürde überhaupt erwähnt werden. So fordert z. B. der baden-württembergische Bildungsplan 2004 für Realschule, Klasse 10, Ethik, dass die Schülerinnen und Schüler »die Befähigung, die Unanstastbarkeit der Würde der Person zu achten« entwickeln sollen. Was darunter zu verstehen ist, bleibt offen.

higkeit zur objektiven Selbsterkenntnis, bereits erwähnt wurde.

- Die Geschichte von Kain und Abel lässt sich als Scham-Abwehr lesen (Bastian & Hilgers 1990). Kain ist beschämt, weil sein Opfer von Gott weniger anerkannt wurde: »Und es entflammte den Kain sehr und es fiel sein Gesicht.« Das »Entflammen« könnte als Rötung des Gesichts, als Schamesröte, interpretiert werden; das »Fallen« seines Gesichts könnte die Veränderung des Gesichtsausdrucks meinen, die oft mit Scham einhergeht (Hilgers 2006, 9). Zur Abwehr seiner Scham ermordet Kain seinen Bruder Abel.
- In einer anderen Bibel-Szene sieht ein Sohn (Ham) seinen betrunkenen, nackten Vater (Noah) und spottet darüber gegenüber seinen Brüdern; diese bedecken ihres Vaters Blöße. Der verächtliche Sohn wird von seinem Vater verflucht (1. Mose 9,20–25).
- Der Widerstreit zwischen Anpassungs- und Gewissens-Scham wird deutlich in der Szene im Hof des Hohenpriesters, während Jesus verhört wird. Petrus verrät zunächst seine Jüngerschaft mit Jesus, um nicht aus der Gesellschaft der im Hof Wartenden ausgeschlossen zu werden. Sein Verrat wird ihm bewusst, als der Hahn drei Mal kräht, daraufhin schämt er sich (Markus 14,66–72).

Solche Texte könnten ein Einstieg sein, um mit den Schülern zu erarbeiten: Was ist Scham? Wie »funktioniert« sie? Wie beeinflusst sie das menschliche Denken und Verhalten? Mit welchen Mechanismen wird sie abgewehrt? Darauf aufbauend lassen sich Scham-Konflikte der Schüler thematisieren sowie deren kulturspezifische Hintergründe: Welche Bedeutung hat Scham beispielsweise für Schüler mit Migrationshintergrund? Wo sind z. B. Schamgrenzen in der türkischen Kultur? Wie gehen Männer bzw. Frauen verschiedener Ge-

sellschaften mit Nacktheit und Scham um? Welche Bedeutung haben Zugehörigkeit bzw. Anpassungs-Scham und individuelles Gewissen bzw. Gewissens-Scham? Welches sind die Erfahrungen und Konflikte der Schülerinnen und Schüler? Durch solche Fragen könnten die Heranwachsenden für die charakteristischen Konflikte und Missverständnisse zwischen Scham-Kulturen und Schuld-Kulturen vorbereitet werden sowie einen respektvollen Umgang mit anderen Religionen und Weltanschauungen erlernen.
Altes und Neues Testament bieten auch zahlreiche Stellen, um Würde zu thematisieren. Etwa wenn die Gottesebenbildlichkeit des Menschen benannt wird: Wenn Jesus mit den verachteten Zöllnern und Sündern spricht. Oder wenn Jesus dazu auffordert, sein Licht nicht unter den Scheffel zu stellen.

Abschließend noch einige Gedanken zum Thema Hochschul- und Erwachsenenbildung sowie berufliche Fortbildung:

- Überflüssige Beschämungen von Zuhörern oder Seminar-Teilnehmenden können vermieden werden, wenn der oder die Referierende sich verständlich ausdrückt: ohne verkomplizierende Schachtelsätze und lateinische Fremdwörter. Es ist ein Irrtum zu glauben, dass Schwerverständlichkeit gleichbedeutend mit akademischem Niveau sei.
- Häufig wird nach einem Vortrag oder Theorie-Input gefragt: »Hat jemand noch eine Frage?« Oder: »Gibt es Verständnisfragen?« Mit dieser Formulierung werden Fragende in eine Position gebracht, in der sie sich als Ignoranten outen müssen (»Ich habe dies nicht verstanden«). Meiner Erfahrung nach ist es einladender, mit anderen Formulierungen zum Frageteil überzugehen; etwa: »Habe ich mich verständlich ausgedrückt?« Oder: »Welche Fragen haben Sie noch?«

- In Seminaren werden oft Rituale wie Stuhlkreis und Mitteilungen über persönliche Erfahrungen zum Thema (»Sharing«) eingesetzt. Als blockierend habe ich es oft erlebt, wenn die Sprechenden sich der Reihe nach äußern sollen. Für hilfreicher halte ich es, wenn Sharing grundsätzlich freiwillig ist (»Niemand muss, jede/r darf«) und wenn dies nicht der Reihe nach, sondern je nach »Eigen-Zeit« der Teilnehmenden geschehen darf.

5.2 Zum Thema Pflege

Pflegende arbeiten ganz nah an den Scham-Grenzen ihrer Patienten bzw. Heimbewohner, mehr noch: Sie sind per Arbeitsauftrag dazu verpflichtet, diese Grenzen zu überschreiten, sozusagen »Täter« zu sein, etwa beim Waschen im Intimbereich. Das kann bei Patienten Scham auslösen – aber auch bei Pflegekräften, wie folgende Äußerungen zeigen:

- »Ich empfinde Scham, weil ich die Grenzen meiner Patientinnen überschreite.«
- »Ich ekle mich vor Eiter und Ausscheidungen – und schäme mich dafür.«
- »Ich schäme mich, wenn ich die finanzielle Not mancher Heimbewohner – und ihre Scham darüber – mitbekomme.«
- »Neulich hat ein alter Mann einen anzüglichen Kommentar über meinen Busen gemacht, während seine junge asiatische Frau gleich daneben saß. Als ich das meinem Vorgesetzten sagte, meinte der nur: ›Wenn Sie sich auch so aufreizend anziehen‹.«
- »Ich schäme mich, dass ich den persönlichen Raum der Patienten verletze.«

- »Ich bin Berufsanfänger und habe Angst, das Sterben von Patienten mitzubekommen; dafür schäme ich mich.«
- »Es gibt Heimbewohner, die sich für schwierige Familienangehörigen schämen oder dafür, dass niemand sie besucht. Diese Scham bekomme ich mit.«
- »Ich finde es beschämend, dass Patienten heute ›gläsern‹ sind.«
- »Während meiner Ausbildung kriegte ein alter Mann beim Waschen eine Erektion. Ich war total hilflos. Meine Ausbilderin hat nur darüber gewitzelt.«
- »Neulich wurde ein Heimbewohner von einem meiner Kollegen lautstark beschimpft. Dafür habe ich mich sehr geschämt.«

Die Äußerungen illustrieren, dass die Pflegesituation nicht nur für die Patienten, sondern auch für Pflegekräfte intensiv mit Scham aufgeladen ist. Umso erstaunlicher, wie wenig sich auch die Pflegewissenschaft bisher diesem Thema gewidmet hat. Eine ganz wichtige Ausnahme ist das Buch von Katharina Gröning (2001),[40] über das ich an anderer Stelle berichtet habe (Marks 2009a, 180–182).

Wie könnte ein konstruktiver Umgang mit Scham aussehen? Was können Pflegende tun, um die Bedürfnisse ihrer Patienten nach Schutz, Zugehörigkeit, Integrität und Anerkennung zu wahren? Fragen wir die Pflegekräfte selbst – hier einige ihrer Antworten:

40. Vgl. Lucassen (2009).

- »Wir Pflegende können Schamgefühle, die wir wahrnehmen, thematisieren; wenn sie auftreten oder später, auch schon im Vorfeld.«
- »Wir sollten die Autonomie der alten Menschen fördern. Wenn zum Beispiel jemand nur noch eine Tasse halten kann, dann ist es wichtig, dass er dies auch tun darf, dass wir ihm dies nicht abnehmen. Wir sollten nicht problem- sondern ressourcenorientiert pflegen.«
- »Die Intimsphäre der Patienten muss soweit wie möglich geschützt werden. Das bedeutet, dass Frauen nur von Frauen, und Männer nur von Männern gepflegt werden dürfen.«
- »Beim Waschen muss die Zimmertür geschlossen bleiben.«
- »Pflegende müssen die alten Menschen respektvoll ansprechen. Nicht mit ›Wir‹, ›Du‹ oder ›Opa‹. Wir sollten auch nicht die Geschlechtsteile mit lächerlichen Begriffen umschreiben (›So, jetzt wollen wir mal unseren Piepmatz sauber machen‹).«
- »Nicht über Bewohner bestimmen, sondern sie fragen, was sie jeweils noch tun können oder wollen.«
- »Ich muss mir die Zeit nehmen, dem Patienten zu erklären, was ich tun werde, ihm eventuell den Ablauf zuerst vormachen.«
- »Ein Bewohner befriedigt sich immer selbst, wenn ich den Raum betrete. Ich werde künftig den Raum gleich wieder verlassen, ohne ihn zu beschämen oder zu schimpfen. Wenn es weiter passiert, werde ich einen Kollegen bitten, seine Betreuung zu übernehmen.«
- »Vor dem Öffnen der Tür sollten wir anklopfen und dann nicht gleich hineinstürzen, sondern innehalten. So viel Zeit muss sein. Das Innehalten kann auch mir helfen, mich auf die jeweilige Person einzustellen.«
- »Wir müssen zuallererst mit den Menschen Vertrauen herstellen: Indem sie möglichst von derselben Person gepflegt

werden (Bezugspflege). Durch möglichst geregelte Abläufe. Indem wir uns Zeit für sie nehmen und respektvoll mit ihnen umgehen. Diskretion wahren. Es schafft auch Sicherheit, wenn die Bewohner ihre eigenen Möbel in das Heim mitbringen dürfen.«

- »Nicht ›Eine Pflege für alle‹, sondern individualisieren: immer den einzelnen, einzigartigen Patienten sehen; seine Geschichte kennen und berücksichtigen. Die Pflege durch Gespräche unterstützen.«
- »In Bezug auf die Scham nicht wegschauen, sondern hinschauen. Wenn Schamgefühle auftreten, dann einfühlen und sie verstehen.«
- »Wenn in einer Wohngruppe ein Mitbewohner ausgegrenzt wird, dann müssen wir dafür sorgen, dass er wieder von der Gruppe aufgenommen wird.«
- »Wenn ein Patient sich schämt, dann kann es auch hilfreich sein, eigene Erfahrungen mit der Scham anzusprechen, um ihm zu signalisieren, dass ich sie auch kenne und mich in ihn einfühlen kann.«
- »Auch altersdemente oder geistig behinderte Patienten haben ein Recht auf Intimsphäre. Für sie müssen wir Anwaltschaft übernehmen.«
- »Durch mein Verhalten lebe ich einen achtsamen Umgang mit Scham und Intimitätsgrenzen vor.«
- »Gegenüber sexuell übergriffigen Patienten müssen wir ›Nein!‹ sagen, aber auf nicht beschämende Art und Weise.«

Die Antworten zeigen, dass viele Pflegekräfte über beachtliche Kompetenzen für eine menschenwürdige Pflege verfügen und bereit sind, sich zu engagieren. Entsprechendes gilt auch für viele andere Berufstätige. Die Frage ist jedoch, inwieweit die Arbeitsbedingungen und Strukturen es ermöglichen, dass diese Menschen in ihren Kompetenzen und ihrem Engagement auch anerkannt werden und inwieweit sie diese in ihre Arbeit einbringen können.

KAPITEL 6:
MENSCHENWÜRDE IM »KONTEXT«

Im Mittelpunkt dieses Kapitels stehen die Fragen: Welche Beschämungen werden durch den Kontext, die Strukturen, Arbeitsbedingungen, das Arbeitsklima usw. der Einrichtung, in der ich arbeite, ausgelöst? Welche Scham-Abwehr wird dadurch in den Menschen provoziert? Welchen Kontext benötige ich, damit für mich und für die Menschen, mit denen ich arbeite, Würde sowie Schutz, Zugehörigkeit, Integrität und Anerkennung gewahrt sind? Welche Strukturen sind geeignet, damit nicht Scham und ihre Abwehr der Beteiligten provoziert, sondern ihre Fähigkeiten und ihr Engagement eingeladen werden?

6.1 Strukturelle Entwürdigungen

Viele Berufstätige machen die Erfahrung, dass ihre Kompetenzen und ihr Engagement durch die Bedingungen ihrer Arbeit blockiert werden. Etwa in der Pflege durch den hohen Zeitdruck und die Budgetierung, wodurch die pflegende Arbeit mit Menschen in einzelne Tätigkeiten zerstückelt und jeweils mit Zeitbudgets versehen wird. Das hat zur Folge, dass viele Pflegekräfte gezwungen sind, ihre Patienten in einer Weise abzufertigen, die sie vor ihrem Gewissen nicht vereinbaren können – wofür sie sich schämen (Gröning 2001). Auch viele Leiter von Pflege-Einrichtungen empfinden strukturell bedingte Scham, wie die folgenden Aussagen zeigen:

- »Ich schäme mich für den Mangel an Personal, den ich als Leiter verwalten und vertreten muss.«
- »Ich schäme mich für die geringe Anerkennung, die Pflegekräfte in Deutschland bekommen, und dafür, dass sie auch in unserer Einrichtung nicht angemessen honoriert werden.«
- »Das Gesundheitssystem suggeriert: Alles ist okay. Ist es aber nicht. Dass ich diese Lüge mit vertrete, dafür schäme ich mich.«
- »Ich schäme mich für die Vorgaben, die ich umsetzen muss: Jeder Handgriff kostet Geld. Der Patient ist bei uns nur eine Zahl.«
- »Ich schäme mich für die Räumlichkeiten meiner Einrichtung.«
- »Ich schäme mich dafür, dass wir hier so unter Zeitdruck stehen, dass zum Beispiel schon mal ein Bewohner auf der Toilette essen muss.«
- »Ich finde es beschämend, wie die Kontrollorgane meiner Einrichtung, wenn sie sich mal sehen lassen, hier auftreten.«
- »Ich schäme mich für die Diskrepanz zwischen Anspruch und Wirklichkeit meines Hauses.«
- »Wie wir hier mit Fehlern untereinander umgehen, das ist beschämend.«
- »Als beschämend erlebe ich es, dass Heimbewohner keine Intimsphäre haben, zum Beispiel weil sie in einem Doppelzimmer wohnen.«
- »Ich schäme mich dafür, Mängel zu verwalten und dass vor lauter Papierkram immer weniger Zeit für die Pflege bleibt.«

Viele Schamgefühle werden durch den Kontext verursacht: durch die beruflichen Strukturen, Arbeitsbedingungen und Entscheidungsabläufe, das Betriebsklima und den Führungsstil einer Einrichtung, Organisation oder eines Unternehmens. Auch durch den Kontext im weiteren Sinne: die Gesellschaft, ihre Vergangenheit und ihren Umgang mit sozial Benachteiligten. Viele Mitarbeiter/-innen katholischer Einrichtungen schämen sich für die Kirche, der sie angehören und die sie vertreten. Viele Lehrer/-innen schämen sich für die Bildungspolitik, die sie »ausbaden« müssen, und für die Art und Weise, wie sie von Öffentlichkeit, Medien und vorgesetzten Behörden behandelt werden.
Der Kontext hat erhebliche Auswirkungen auf die Arbeit mit Menschen; dazu zwei weitere Beispiele aus den Arbeitsfeldern Medizin und Schule:

Zwei Beispiele

Eine Assistenzärztin berichtet über ihre Erfahrungen in einem Krankhaus:[41] »Heute ist es so weit: mein erster Arbeitstag als Ärztin in der Anästhesie! Nach sechs Jahren Studium heißt es: Verantwortung übernehmen. (...) Der Oberarzt sieht mich ständig finster an. Auf meine Versuche, mit ihm zu kommunizieren, reagiert er nicht. Argwöhnisch beäugt er mein Handeln, erklärt nichts und redet nur mit mir, wenn er mich kritisiert. Rückmeldung darüber, was ich hätte anders oder besser machen können, um zu lernen, bekomme ich nicht. Fragen werden mit Augenverdrehen oder Sätzen

••••••

41. Der (hier gekürzte) Bericht erschien 2009 im *Deutschen Ärzteblatt* unter dem Titel »Der Feind in meinem OP«.

wie: ›Sie haben doch studiert, oder? Dann lesen Sie doch selbst nach!‹ beantwortet.
Jeden Tag das gleiche Spiel, und ich frage mich, ob ich vielleicht besser putzen gehen sollte. Wie konnte ich nur das Medizinstudium durchziehen, wenn ich anscheinend so dumm bin? (…) Ich bekomme Sätze zu hören wie ›Sie sind zum Arbeiten und nicht zum Reden hier‹ – ich hatte versucht, eine ängstliche, weinende Patientin zu beruhigen. (…) Ich frage den stellvertretenden Chef um Rat, zu dem ich einen ganz guten Draht habe. ›Sind Sie wahnsinnig? Vergessen Sie das! Da müssen Sie durch! Sie werden sich in einem Jahr nicht mehr wiedererkennen, denn Sie sind in einer der strengsten Hierarchien gelandet, schlimmer als bei der Bundeswehr …‹
(…)
Es folgt die Eskalation – ohne erkennbaren Grund. Morgens betrete ich den OP und werde von besagtem Oberarzt sofort in den Aufenthaltsraum zitiert. Er komme gleich, müsse mit mir reden. Was um Himmels Willen ist denn jetzt schon wieder los? Das Herz schlägt mir bis zum Hals (…). Nach zehn Minuten kommt er, knallt die Tür zu und schreit mich an, dass er keine Lust mehr habe, mit mir zu arbeiten. Die Frage, was für ein Problem er mit mir habe, kann ich nicht zu Ende formulieren, weil er mich sofort unterbricht: ›Lassen Sie das Geplapper!‹ (…) Er lässt mich nach einer weiteren Woche versetzen. Erneut suche ich das Gespräch mit dem Stellvertreter des Chefs (…), um die verlegene Antwort zu erhalten: ›Mit ihm ist es nicht leicht. Das kennen wir schon, jetzt sind Sie ja weg von dort.‹ Nimmt die Sorgen und Probleme der Assistenten hier denn keiner ernst?
Dem Klinikdirektor begegne ich nur, wenn ich Privatpatienten behandele. Fragen, wie man sich eingelebt hat, wie es einem an der Klinik gefällt, werden nicht gestellt. Interesse

besteht lediglich daran, ob die Zeiten im Protokoll korrekt erfasst sind, damit es keine finanziellen Einbußen bei der Abrechnung gibt. Kritik hagelt es, wenn man sich im OP primär um den bereits narkotisierten Patienten kümmert und erst danach um das Protokoll. Ist es denn egal, ob Beatmung, Lagerung und Vitalwerte in Ordnung sind?
Nach drei Monaten bin ich ›durch‹ mit dem Job – an dieser Klinik und im Allgemeinen. Ich beschließe, ›Dienst nach Vorschrift‹ zu machen und meiner Verantwortung gerecht zu werden. Parallel strecke ich meine Fühler nach Berufsalternativen aus (…).«

Der folgende Vorfall illustriert einen der Mechanismen, mit denen das Engagement von kompetenten und engagierten Lehrkräften durch das Bildungssystem blockiert wird. Hier: durch den Auftrag an die Lehrer, Schüler nicht nur zu bilden, sondern auch zu selektieren. Denn von Lehrenden wird erwartet, dass sie gute *und* schlechte Noten verteilen, in etwa nach der Gauß'schen Normalverteilung.[42] Der Mathematiker hatte in der Natur beobachtet, dass Extreme selten sind, während die breite Mitte öfter auftritt (allerdings stimmt diese Verteilung gerade nicht für Lerngruppen, was leider oft übersehen wird; Bleher 2008).
Der Spießrutenlauf der Grundschullehrerin Sabine Czerny beginnt, als sie ihren Unterricht verändert und ihre Schüler mit Begeisterung lernen – mit der Folge, dass sie immer bessere Noten erzielen. Frau Czerny weigert sich jedoch, einigen ihrer Schüler ungerechtfertigt schlechte Noten zu geben, wie es von Vorgesetzten und Kollegen erwartet wird. Daraufhin

••••••

42. Auch in der Wirtschaft wird bei der Beurteilung von Mitarbeitern die Gauß'sche Normalverteilung zugrunde gelegt.

wird sie mehrfach zur Schulleitung und zu übergeordneten Kultusbeamten bestellt. Ihr wird der Morgenkreis verboten (eine pädagogische Methode, mit denen die Schüler vor Lernbeginn ins Gespräch kommen) und sie wird aufgefordert, das Notenspektrum voll auszuschöpfen: »Auch bei Ihnen muss es Fünfer und Sechser geben«, so ein Schulbeamter (Füller 2009).

Sabine Czerny (2008) wehrt sich jedoch gegen den Auftrag, dass es »dumme« Kinder geben müsse; sie möchte jedes Kind zum Erfolg führen. Daraufhin ordnen die Schulbehörden »aus Fürsorge« ihre amtsärztliche Untersuchung an mit dem Zweck: »psychologische Begutachtung und eventuelle Versetzung in den vorzeitigen Ruhestand« (Füller 2009). Den Test übersteht Sabine Czerny ohne Mühe.

Als sie, nach Ansicht der Behörden, zu viele Viertklässler als tauglich für Realschule oder Gymnasium einstuft, wird sie an eine andere Schule versetzt, da »der Schulfriede nachweislich und nachhaltig gestört« sei, so die amtliche Begründung (Füller 2009). An ihrer neuen Schule unterrichtet sie eine erste Klasse, in der noch keine Noten zu verteilen sind.

Vom »Wert« der Menschenwürde

Diese Beispiele stehen stellvertretend für das Klima und die Strukturen vieler Betriebe, Einrichtungen und Organisationen, mit denen die Fähigkeiten und Arbeitsbereitschaft der Menschen blockiert oder zerstört werden. Bei einer repräsentativen Untersuchung des Ifak-Instituts über das Arbeitsklima in deutschen Betrieben im Jahr 2008 zeigte sich, dass nur 12 Prozent aller Beschäftigten engagiert und motiviert bei der Arbeit sind. 64 Prozent spulen am Arbeitsplatz nur das Pflichtprogramm ab, während 24 Prozent ih-

ren Arbeitsvertrag innerlich schon gekündigt haben (Ifak 2008). In internationalen Vergleichen schneidet Deutschland darin am schlechtesten ab.
Diese Zahlen sind es, die m. E. unsere Schlagzeilen, Debatten und Politik bestimmen sollten! Sie veranschaulichen einen katastrophalen Zustand:

- Zuallererst in menschlicher Hinsicht, indem Millionen von Männern und Frauen sich nicht beruflich sinnvoll einbringen können. Dies ist eine Zurückweisung ihrer Würde: ihres Grundbedürfnisses, ihre Kompetenzen arbeitend auszudrücken.
- Zweitens macht dieser Zustand krank (Siegrist 2004). Die Folgen können Depression, Sucht, Diabetes, Herz-Kreislauf-Erkrankungen und andere psychosomatische Symptome sein. Joachim Bauer (2002, 226) schätzt, dass sich jeder vierte Erwerbstätige unseres Landes in einem gesundheitlichen Zustand befindet, der als »Burn-out-Syndrom« bezeichnet wird. Die Symptome sind u.a. Schlafstörungen, Erschöpfung, Schwindelgefühl, Kopfschmerzen, depressive Verstimmungen oder Angst.
- Drittens verursachen diese Erkrankungen unübersehbare Folgekosten für das Gesundheitssystem und, aufgrund der Frühverrentungen, für das Rentensystem (z. B. scheiden mehr als 90 Prozent aller Lehrer/-innen vorzeitig aus dem Berufsleben aus). Zusätzlich wird die ganze Gesellschaft belastet, wenn z. B. eine Assistenzärztin, die kostenintensiv an einer Universität ausgebildet wurde, aus ihrem gewünschten Beruf hinausgeekelt wird, wie im zitierten Beispiel.
- Viertens entstehen den Betrieben hohe Fehlzeiten (das Ifak schätzt diese Kosten für die deutsche Wirtschaft auf jährlich 22,4 Milliarden Euro) sowie Unkosten durch qualitativ schlechte Arbeit.

- Fünftens werden unschätzbare Kompetenzen vernichtet, wenn erfahrene Arbeitskräfte in die innere Emigration oder in den vorzeitigen Ruhestand genötigt werden. Arbeitgeber, die sich nicht mit ihrer Arbeit identifizieren dürfen, bringen auch deutlich weniger Verbesserungsvorschläge ein.

Die Ifak-Studie kommt zum Resümee: »Führungskräften, die die grundlegenden Bedürfnisse und Erwartungen der Beschäftigten am Arbeitsplatz berücksichtigen, gelingt es besser, ihre Mitarbeiter und Mitarbeiterinnen an das Unternehmen zu binden« (Ifak 2008). Ein grundlegendes Bedürfnis von Menschen ist es, in ihrer Würde respektiert zu werden. Wie die Studie zeigt, ist die Menschenwürde kein abgehobenes, teures Luxusgut, kein schönes Ideal, das für die »harte Wirklichkeit« nicht taugt. Es ist genau umgekehrt: Wir können uns den zweifelhaften »Luxus« von Entwürdigungen nicht mehr leisten. Auch wenn viele Führungskräfte das noch nicht begriffen haben und nach wie vor wie in Feudalzeiten regieren – im Irrglauben, Menschen würden effektiver lernen oder arbeiten, wenn sie entwürdigt werden.
Wie teuer es uns tatsächlich kommt, die Würde von Menschen nicht zu achten, soll an einem weiteren Beispiel veranschaulicht werden:

Beispiel Strafvollzug: Schönheit gibt Würde

Im deutschen Strafvollzug gehören Entwürdigungen der Häftlinge zur Tagesordnung. Angefangen mit ihrer erzwungenen Nacktheit bei Sicherheitskontrollen und der fehlenden Privatsphäre bis hin zu Fesselungen im Bett zum »Ruhigstellen«. In den vergangenen Jahren wurde das Ziel der Resozialisierung zunehmend in den Hintergrund gedrängt; vorherrschend ist der Gedanke der »inneren Sicherheit« und damit die Ausgrenzung der Verurteilten (Müller-Dietz 2009).[43] Eine weibliche Gefangene berichtet: »Wir lebten zu viert auf 14 Quadratmetern, die Toilette war unabgeschirmt in einer Ecke des Raumes. (...) Manchmal platzten auch männliche Beamte in den Raum, wenn eine von uns auf der Toilette saß. (...) Wir werden behandelt, als sei man nicht den Schmutz unterm Fingernagel wert« (zitiert in Joeres 2010, 6). Am 5. August 2009 entbindet eine 27-jährige Gefangene (sie ist wegen Diebstahls verurteilt) in einem Kreißsaal. Dabei ist ihre rechte Hand an einen Bettpfosten gekettet, ein männlicher JVA-Beamter sitzt daneben und kann alles sehen und hören. Ihr Neugeborenes wird ihr nur kurz ans Bett gebracht und dann, ohne dass sie es umarmen konnte, weggebracht (Joeres 2010, 6).

Dass es auch anders gehen kann, zeigt eine sozialtherapeutische Institution des Straf- und Maßnahmenvollzugs in der Nordwest-Schweiz: Der Arxhof (www.arxhof.ch) hat 46 Plätze für straffällige, süchtige und gewalttätige junge Männer zwischen 17 und 25 Jahren, die per Gerichtsurteil dort eingewiesen wurden. Ausgenommen sind akut Suizid-Gefährdete, schwer psychotisch Gestörte und Sexualstraftäter. Voraussetzung für die Aufnahme ist ein Aufnahmegespräch sowie die Bereitschaft, die Regeln der Einrichtung zu akzeptieren (u.a. völliger Verzicht auf Gewalt, Alkohol und andere Drogen) und sich persönlich weiterentwickeln zu wollen. Dieses wird gefördert durch sozialtherapeutische Hilfen, das Leben in der Gemeinschaft und eine berufliche Ausbildung einschließlich Berufsfachschule.

••••••

43. Der Gefängnisaufenthalt führt häufig zur Entfremdung vom Ehepartner, mit der Folge, dass Freigelassene ein weiteres Stück Zugehörigkeit verlieren und Resozialisierung erschwert wird. Das Projekt Cocon (www.coconfreiburg.de) versucht dem durch Familientherapie entgegenzuwirken.

Der Arxhof ist, abgesehen von wenigen Ausnahmen, offen. Das Projekt setzt auf Beziehungen, welche die Bewohner an die Gemeinschaft binden. Neue Bewohner werden nicht mit Degradierungsritualen, sondern mit Geschenken begrüßt: mit Pflanzen. Sie wohnen nicht in Zellen, sondern in schön gestalteten Räumen, die sie persönlich einrichten und auch abschließen können. »Denn Schönheit gibt Würde«, sagt der Direktor Renato Rossi (2009).[44] Die Kunstwerke und Möbel, mit denen die Häuser ausgestattet (und die nicht beschädigt) sind, tragen mit dazu bei, das Verhalten der Bewohner positiv zu verändern.

Die Bewohner lernen auch, Verantwortung zu übernehmen – für das eigene Verhalten und für die Gemeinschaft: durch Mitarbeit in Gremien wie Großgruppe und Delegierten-Rat, in denen Konflikte gelöst und Konsequenzen von Verstößen gegen die Regeln entschieden werden. Beschämungen werden nicht geduldet. Die Bewohner sorgen dafür, dass Schwächere geschützt werden. Konflikte werden grundsätzlich als etwas betrachtet, was alle angeht und zu deren Lösung alle beitragen können.

Auch mit ihrer Arbeit wirken die jungen Männer am Funktionieren des Ganzen mit, zum Beispiel in Verwaltung, Telefonzentrale, Küche, Cafeteria; im Technischen Dienst beim Waschen, Bügeln der eigenen Kleider oder beim Putzen und Instandhalten des Hauses.

••••••

44. Weitere Beispiele dafür, wie Schönheit Würde gibt: Der Vandalismus in Münchner U-Bahnhöfen konnte durch klassische Musik deutlich reduziert werden. In der Steiermark gibt es ein hell gestaltetes Gefängnis, an dessen Gestaltung Künstler mitgewirkt haben. Reinhard Kahl (2004 & 2009a) und Ulrike Kegler (2009) begründen die Notwendigkeit von Schönheit für gelingende Schule.

Der Arxhof bietet Therapien zur Behandlung von Sucht, Gewalt und Devianz. Die Bewohner lernen, konstruktiv mit schwierigen Situationen und emotionalen Spannungen umzugehen; sie erwerben die Fähigkeit, die Welt nicht nur aus dem eigenen Blickwinkel zu beurteilen, sondern auch andere Perspektiven einzunehmen. Dieses wird unterstützt durch Seminare zu Fragen wie z. B.: Was sind meine kleinen Fluchten, meine Rückzüge und mein Ausweichmöglichkeiten? Wie hole ich mir Unterstützung? Was ist mein Image, wie sehen mich andere?

Ein Bewohner erzählt: »Am Anfang haut's dich einfach um: Du kommst an, und es kümmert sich jemand um dich. Niemand beschimpft dich, es gibt keine Vorwürfe. Da sind nur die Gruppe und das Team. Dieser geschützte Rahmen tat mir gut. Als ich ankam, schwankte ich zwischen großer Hoffnung und totaler Verunsicherung. Ich wollte unbedingt die Chance packen, hier eine Lehre zu machen. Im Alltag wurde ich dann schnell mit der Realität konfrontiert. Die Ausbildung ist hart. Sie verlangt Disziplin und Willen, und ich hatte einige schulische Defizite aufzuholen.

Gleichzeitig ist immer die Gruppe da, das gab mir viel Sicherheit. Obwohl man sich zuerst daran gewöhnen muss, mit den anderen im selben Haus zu wohnen, zusammen zu essen und den Haushalt zusammen zu führen. Das Zusammenleben ist streng geregelt – mühsam manchmal. Dafür weiß man auch, woran man ist. Klar ist es auch hart, denn keiner ist freiwillig hier. Warum ich nicht abgehauen bin? Die Türen sind ja immer offen. Es ist der geschützte Rahmen, die Verantwortung, die man gleich zu Beginn übernehmen muss. Ich werde ernst genommen. Es ist meine letzte Chance.«

Ein anderer Bewohner berichtet: »Wer gegen die Regeln verstößt, erhält keinen Ausgang mehr oder sogar einen Arrest. Ich habe irgendwann begriffen, dass ich die Konsequenzen

meines Verhaltens tragen muss. Hier (...) ist mir auch klar geworden, was es bedeutet, in einem gewaltfreien Raum zu leben. Zum ersten Mal in meinem Leben. Du wirst nicht bedroht und nicht beschimpft, egal, was du sagst oder tust. Allerdings heißt das auch, dass du viel ehrliche Kritik einstecken musst. Seitdem ich das begriffen habe, bin ich viel ruhiger geworden. Manchmal bin ich glücklich hier oben.«
Nahezu alle Absolventen haben eine drei- oder vierjährige Lehre oder eine Attestausbildung absolviert und leben danach ihr Leben wie andere Bürger, arbeiten und zahlen Steuern. Mehr als die Hälfte der jungen Männer schafft es, trotz oft sehr schwieriger Voraussetzungen, nach ihrem Austritt nicht mehr straffällig zu werden; bei den anderen ist die Schwere ihres Rückfalldelikts signifikant niedriger. Verglichen mit der Rückfallquote von 80 % in deutschen Jugendgefängnissen ist das ein erstaunliches Ergebnis (Müller & Rossi 2010).
Ein Platz im Arxhof kostet etwa 300.000 Euro, während ein Straftäter in Deutschland im Laufe seines Lebens durchschnittlich Schäden in Höhe von 5 Millionen Euro verursacht.

6.2 Was tun?

Das Beispiel ist auch auf andere Berufsfelder übertragbar. Beispiel Bildung: Wir können uns ein Schulsystem nicht länger leisten, in dem so viele Lehrer und Schüler in ihrer Würde verletzt werden und dadurch in ihren Fähigkeiten blockiert werden. Reinhard Kahl (2009, 11) schreibt: »Wie viele Milliarden kämen schon in einem Monat zusammen, wenn man die Stunden herausrechnet, in der Schüler und Lehrer nur so tun, als wären sie da?« Entsprechendes gilt für zahlreiche

Ausbildungsbetriebe, Hochschulen und Arbeitsplätze in der Wirtschaft: Milliarden gehen verloren, weil die Betroffenen entwürdigt werden und viele nur Dienst nach Vorschrift machen. Wir können uns auch nicht länger eine Arbeitsmarktpolitik leisten, in der Millionen von Arbeitslosen strukturell als Schmarotzer beschämt werden.[45]
Was ist zu tun? Wie können wir Strukturen und Arbeitsbedingungen schaffen, in denen die Würde alle Beteiligten und ihre Grundbedürfnisse nach Schutz, Zugehörigkeit, Integrität und Anerkennung gewahrt sind?

Zuerst dürfen wir die Menschenwürde und ihre Verletzungen nicht länger als etwas betrachten, das mit unserer Gesellschaft nichts zu tun hat. Es ist überfällig, dass wir uns unseres blinden Flecks bewusst werden und Würde-Verletzungen in unserer Mitte wahrnehmen und benennen – und zwar nicht nur massive Verletzungen wie z. B. Folter, sondern auch die ungezählten, alltäglichen Verletzungen: Wir sollen merken. Merken sollten wir auch die strukturellen Entwürdigungen, die wie selbstverständlich zum Alltag unserer Gesellschaft gehören.

Der zweite Schritt besteht darin, die Würde des Menschen zum allerersten und wichtigsten Kriterium unseres Handelns zu machen. Was Luise Reddemann über die psychotherapeutische Kultur schreibt, gilt m. E. auch für die Bundesrepublik: Die Expertin für Traumatherapie beklagt das Fehlen einer expliziten Würde-Orientierung, »denn Begriffe bilden Bewusstsein. Wenn wir den Begriff Würde in unserer (…) Kul-

••••••

45. Hinzu kommt, nochmals beschämend, dass die Arbeitsmarkt-Gesetze nach einem Mann benannt sind, der wegen Untreue und Begünstigung zu einer Geld- sowie Freiheitsstrafe verurteilt wurde.

tur nicht oder kaum verwenden, kann sich dafür auch kein Bewusstsein bilden (…). Würdeorientierung könnte so etwas wie ein Leitbild oder ein Kompass sein, letztlich bei allem, was wir tun« (Reddemann 2009, 14).

Würde-Orientierung als Kompass: Diese Worte knüpfen unmittelbar an Artikel 1 des Grundgesetzes an: »Die Würde des Menschen ist unantastbar.« Dieser erste Satz unserer Verfassung lässt sich auch als Verbot lesen, die Würde von Menschen anzutasten. Der Auftrag an jeden einzelnen Bürger wird im zweiten Satz unterstützt durch den Auftrag an den Staat: Die Würde »zu achten und zu schützen ist Verpflichtung aller staatlichen Gewalt«.

Diese Aufgabe erfüllt der deutsche Staat bisher nur unzureichend. Das mag auch daran liegen, dass Politiker selbst zu einer viel verachteten Berufsgruppe zählen. Und, wie Marion Sonnenmoser (2009, 272) im Deutschen Ärzteblatt schreibt, dass es genau die Charaktereigenschaften und Verhaltensweisen von Mobbing-Tätern sind, die »in Politik und Wirtschaft (…) oft zum Erfolg zu führen« scheinen.

So hat es der Staat z. B. versäumt, unser Schulsystem so umzugestalten, dass die Würde von Lehrern und Schülern geschützt ist. Ein Vorbild könnte etwa Kanada sein: Dort müssen sich alle, die mit Schule zu tun haben, schriftlich verpflichten, sich respektvoll zu verhalten: Lehrer, Schüler, aber auch Busfahrer, Hausmeister usw. Diese Vereinbarung zu brechen, wird dort nicht als Kavaliersdelikt bagatellisiert (»war ja nicht so gemeint«), sondern sehr ernst genommen: Die betreffende Person wird zu Gesprächen einbestellt und Maßnahmen (z. B. Fortbildungen, Supervision) werden vereinbart, um ihr Verhalten positiv zu verändern.

Grundsätzlich muss das Thema Würde auch in den Ausbildungen und Fortbildungen pädagogischer und psychosozialer Berufe verankert werden. Das ist eine besondere Herausforderung, sind doch viele deutsche Hochschulen ihrerseits durch ein Klima der Arroganz (die sich z. B. in schwer verständlicher Sprache ausdrückt), Verachtung und rücksichtsloser Konkurrenz geprägt.

Der Staat hat es bisher auch versäumt, für den Schutz der Menschenwürde in der privaten Wirtschaft zu sorgen. Aber jemanden zu beschämen ist keine Privatsache! So könnten z. B. Ombudspersonen oder Beauftrage (analog zu Gleichstellungsbeauftragten) damit betraut werden, auf die Respektierung der Würde der Mitarbeiter/-innen zu achten. So müsste gesetzlich vor Kündigung geschützt werden, um zu vermeiden, was Brigitte Heinisch (2008) erleben musste:
Die Altenpflegerin engagiert sich gegen Missstände in der Altenpflege. Sie war von Gewissenbissen geplagt, weil sie »jeden nach dem gleichen Schema behandeln musste und weder für die Gefühle noch für die Seele der alten Menschen Aufmerksamkeit blieb«. Aus Profitgründen wurde am Personal gespart: »Ich musste die armen Leute dann stundenlang in vollen Windeln liegen lassen, weil ich nicht rum kam.« Die Fähigkeiten der Mitarbeiter wurden in ihrer Einrichtung nicht genutzt, sie durften z. B. Dienstpläne nicht selbst organisieren. Menschen wie Brigitte Heinisch gelten oft als illoyale Nestbeschmutzer. Sie wurde fristlos entlassen, ohne von ihrer Gewerkschaft unterstützt zu werden (der Betriebsratsvorsitzende saß zugleich im Aufsichtsrat der Unternehmensgruppe).
Nur langsam setzt sich die Erkenntnis durch, wie wichtig solche zivilcouragierten Menschen für eine demokratische Gesellschaft sind. Notwendig sind unterstützende Organisationen, ein gesetzlicher Kündigungsschutz, wie es sie in Großbritannien und den USA bereits gibt (Jennert 2008) und

ihre Verankerung im jeweiligen Betrieb, Institution oder Organisation.

Menschen-würdigende Strukturen können naturgemäß nicht von oben nach unten, unter Ausgrenzung der Betroffenen, verordnet werden. Daran scheitern ja viele gut gemeinte Reformvorhaben, z. B. in der Bildungspolitik: Sie werden von »oben«, von mehr oder weniger fachfremden Politikern beschlossen, die vom Schulalltag oft weit entfernt sind.
Vielmehr ist es unabdingbar, die Erfahrungen, Kompetenzen und das Engagement der Lehrerinnen und Lehrer zu würdigen und in den Entwicklungsprozess einzubeziehen. Der Bildungsforscher Rolf Arnold hält einen Paradigmenwechsel für unaufhaltsam: »Wir müssen erkennen, dass Menschen und Systeme sich nur selbst entwickeln können. Dafür benötigen sie Freiräume und Wertschätzung sowie eine neue Art von Führung« (Arnold 2009, 40).
Eine Methode, mit der Systeme sich selbst konstruktiv weiterentwickeln können, ist die Zukunftswerkstatt, die von den Zukunftsforschern Robert Jungk und Norbert Müllert (1981) sowie Rüdiger Lutz entwickelt wurde. Sie wird seit vielen Jahren mit Erfolg in Städten, Gemeinden, Lokalverwaltungen, Unternehmen und regionalen Prozessen eingesetzt: in Prozessen von Schulentwicklung und Teamfindung sowie in der Organisations- und Projektentwicklung.
Die Stärke dieser Methode liegt darin, dass alle Betroffenen mit ihren Erfahrungen und Fähigkeiten in Entscheidungsprozesse einbezogen werden. Im Mittelpunkt der Zukunftswerkstätten stehen drei Arbeitsschritte:

- In der Kritikphase tragen die Teilnehmenden per Brainstorming all ihre negativen Erfahrungen und Kritik, ihren Unmut zum Thema zusammen, auch ihre Scham über den Status quo.

- In der Utopiephase sollen die Teilnehmenden frei und kreativ assoziieren; sie sind aufgefordert, nichts weniger als die Zukunft zu entwerfen, in der sie leben und arbeiten möchten. Dabei ist unbedingt zu vermeiden, dass der kreative Prozess durch negativistische Einwürfe wie »Das geht doch nicht!« zerstört wird. Hinter solchen Sätzen kann abgewehrte Scham stecken; daher ist es wichtig, dass die Zukunftswerkstätten in einer Atmosphäre stattfinden, in der die Beteiligten sich geschützt, zugehörig und wertgeschätzt fühlen und in der unorthodoxe Gedanken nicht nur akzeptiert, sondern ausdrücklich gewünscht sind. Dieser Phase liegt die Erfahrung zugrunde, »dass die Ziele, die von einer Organisation, einer Gruppe bzw. einem Team verfolgt werden, dann die meiste Chance auf Umsetzung haben, wenn sie von der Kraft der Wünsche und Visionen der Mitarbeiter getragen sind. Nur dann nämlich werden sich diese für die Erreichung dieser Ziele wirklich engagieren« (I. Böttger 2001).
- In der Verwirklichungsphase werden zentrale Elemente der Visionen identifiziert und in konkrete Ziele übersetzt. Ist-Zustand und Vision werden in Verbindung gebracht und daraus Handlungsschritte entwickelt. Konkrete Schritte zur Umsetzung werden erarbeitet und vereinbart, um so der Vision ein Stück näher zu kommen. Abschließend werden die Ergebnisse zusammengefasst und der weitere Fortgang vereinbart, eventuell mit einem Folgetreffen.

6.3 Ausblick

An der Gesamtschule Winterhude bei Hamburg beginnt das Schuljahr für die Jahrgangsstufen 8 bis 10 mit einem dreiwöchigen Abenteuer: einer Kanufahrt von Potsdam nach Hamburg, dem Bau eines Wintergartens für das Schulcafé, der Organisation eines Popkonzerts oder einer Wanderung über die Alpen. Ein beteiligter Lehrer berichtet, dass die Kinder anders zurückgekommen sind, als sie losgezogen waren. Denn sie haben etwas geleistet, was sie sich selbst und andere ihnen zuvor nicht zugetraut hätten. Das, was sie in diesen Wochen lernen, wiegt bei Weitem den Unterrichtsstoff auf, den sie versäumt haben (Dworschak 2010, 126).

Die staatliche Montessori-Oberschule in Potsdam schickt die Siebt- und Achtklässler für einige Zeit auf ein verfallenes Stasi-Feriengelände, um einen Schulbauernhof mit Ställen, Unterkünften, Werkstätten und einer Küche zu bauen. Die Schulleiterin Ulrike Kegler (2009) beschreibt die Entwicklung dieser Schule in ihrem sehr empfehlenswerten Buch »In Zukunft lernen wir anders«. Aus der Fülle ihrer Gedanken kann ich hier nur einige wiedergeben:

Bei der räumlichen Gestaltung der Schule wurde auf Raumgröße, Einrichtung, Temperatur, Licht, Geräusche und Gerüche geachtet; es gibt Trinkgelegenheiten und gesundes Essen. Die klassischen Schulmöbel wurden entsorgt; es darf und kann auch im Stehen oder auf dem Fußboden gelernt werden; es gibt verschiedene Frei-Räume und einen anregend gestalteten Schulhof.

Zur Kultur dieser Schule gehört es, dass die Schüler namentlich begrüßt werden und die Lehrer aufmerksam z. B. gegenüber ihren Geburtstagen sind. Im Unterschied zum traditionellen Schulsystem werden bewusst Kinder verschiedenen

Alters und mit unterschiedlichen Lernvoraussetzungen in Lerngruppen zusammengebracht. Die Sitzordnungen werden differenziert zusammengestellt. Bis zum 12. Schuljahr wird fächerübergreifend gelernt.[46] So werden nicht zerstückelte Details gepaukt, sondern Zusammenhänge verstanden. Gelernt wird an wirklichen Problemen und deren Verbesserung. So können die Schüler die Erfahrung machen, etwas Sinnvolles bewirkt zu haben – dies ist um Vieles wertvoller als Lobesworte.

Die Schule ist offen für die Welt: Handwerker, Künstler, Ingenieure, Musiker, Regisseure, Schriftsteller, Theaterleute usw. führen die Schüler in ihren Alltag ein. Eltern halten Vorträge oder führen Übungen mit Schülern durch – mit der Folge, dass sie die Schule ihrer Kinder mit anderen Augen sehen.

Die Schüler lernen in ihrem eigenen Rhythmus, ihrer Eigen-Zeit. In der Schule herrscht kein Gehetze, wie es Alltag in vielen Schulen ist, sondern eine Kultur des Wartens (daher kommt übrigens auch der Begriff Schule: vom griechischen Wort »schola« für Muße und Innehalten). Diese Pädagogik ist geprägt von einem tiefen Vertrauen in das Kind, seine Fähigkeit und sein Bedürfnis nach Lernen: »Die Kinder haben mir gezeigt, was sie brauchen« (Kegler 2009, 28).

Die Schule ist erfolgreich. Vor allem bei denjenigen Schülern, deren »Eltern mit der Schule kooperierten und ein Lehrer, eine Lehrerin da war, die wirklich an den Jungen oder das Mädchen glaubte« (Kegler 2009, 52). Den Besuchern imponiert vor allem »das Leuchten in den Augen der Jungen und Mädchen, ihre aufrechte Haltung und die friedliche Gelas-

••••••

46. Zum Vergleich: An deutschen Hochschulen ist Interdisziplinarität bis heute ein Makel.

senheit, mit der das Schulleben geschieht« (Kegler 2009, 57).

Anders – menschenwürdig – lernen und miteinander umgehen: Es ist höchste Zeit, damit anzufangen. In der Schule, aber auch in anderen Arbeitsfeldern und Bereichen unserer Gesellschaft. Die Ideen, Methoden und Kompetenzen dafür stehen bereit – einige davon konnten in diesem Buch vorgestellt werden. Ich bin überzeugt, dass die Zeit reif ist. Reinhard Kahl (2009b, 10) schreibt: »Mit der Kultivierung des Alltags kann man sofort und überall beginnen. Dafür gibt es tausend Möglichkeiten.«

Die Arbeit für eine menschenwürdige Gesellschaft bewegt sich keineswegs im luftleeren Raum. Rechtliche Bezugsrahmen sind das Grundgesetz und die Allgemeine Erklärung der Menschenrechte von 1948.[47] Letztere spricht jedem Menschen unter anderem folgende Rechte zu:

- Rechte auf Leben, Freiheit und Sicherheit (Art. 3), Schutz vor Sklaverei, Leibeigenschaft (Art. 4), vor Folter oder grausamer, unmenschlicher oder erniedrigender Behandlung oder Strafe (Art. 5) sowie vor Diskriminierung (Art. 7),
- Schutz vor willkürlichen Eingriffen in sein Privatleben, seine Familie, seine Wohnung und seinen Schriftverkehr oder Beeinträchtigungen seiner Ehre und seines Rufes (Art. 12).
- Das Recht auf Eheschließung nur bei freier und uneingeschränkter Willenseinigung der künftigen Ehegatten (Art. 16).

••••••

47. Vgl. Fritzsche 2009; Flowers (2009).

- Das Recht auf Gedanken-, Gewissens- und Religionsfreiheit (Art. 18), auf Meinungsfreiheit und freie Meinungsäußerung (Art. 19).
- Das Recht auf soziale Sicherheit und die wirtschaftlichen, sozialen und kulturellen Rechte, die für seine Würde und die freie Entwicklung seiner Persönlichkeit unentbehrlich sind (Art. 22).
- Das Recht auf Arbeit, gerechte und befriedigende Entlohnung, die ihm und seiner Familie eine der menschlichen Würde entsprechende Existenz sichert (Art. 23).
- Das Recht auf Erholung und Freizeit und insbesondere auf eine vernünftige Begrenzung der Arbeitszeit und regelmäßigen bezahlten Urlaub (Art. 24) sowie das Recht auf Bildung, die auf die volle Entfaltung der menschlichen Persönlichkeit gerichtet ist (Art. 26).

Eine Kultur der Menschenwürde kann darüber hinaus an eine lange, weitgehend verschüttete Tradition anknüpfen. Zwar ist die deutsche Geschichte, wie in Kapitel 2 skizziert, gewiss massiv an Würde-Verletzungen. Aber das ist nur die eine Wahrheit. Unterhalb dieser manifesten Geschichte existiert noch eine andere, latente, Traditionslinie:

Dies ist die Geschichte von integren Frauen und Männern, die für die Würde eingetreten sind, etwa im Widerstand gegen den Nationalsozialismus: Zivilcouragierte Menschen, die ihr Leben aufs Spiel setzen, um die Barbarei zu beenden, wie die Mitglieder der Weißen Rose oder, jahrzehntelang übersehen, Georg Elser und viele andere. Daneben sollten die zahlreichen Taten nicht übersehen werden, mit denen sich viele (wenn auch insgesamt: zu wenige) Deutsche dem NS-Terror verweigern: Eltern, die versuchen, ihre Kinder von der HJ fernzuhalten; Bürger, die Juden verstecken oder Zwangsarbeitern Brot zukommen lassen; Soldaten, die nicht an Kriegsverbrechen teilnehmen oder desertieren.

Wenn wir weiter in die deutsche Geschichte zurückblicken, sind es integre Persönlichkeiten wie Thomas Müntzer (1489 bis 1525) und Zehntausende von Bauern, die mit ihm gegen die Entwürdigungen des Feudalsystems eintreten. Tatsächlich ist unsere Geschichte reich an zivilcouragierten Männern und Frauen; von ihrem Engagement zu berichten würde den Geschichtsunterricht außerordentlich bereichern. Daneben sollten auch die vielen, scheinbar »kleinen« Taten gewürdigt werden, mit denen sich ungezählte Menschen dem Terror des Feudalsystems zu entziehen versuchen, etwa indem sie bei öffentlichen Entwürdigungen nicht in die Verhöhnung der Verurteilten einstimmen.

Eine Kultur der Menschenwürde kann auch anknüpfen an das Werk etwa von Mystikerinnen und Theologen wie Hildegard von Bingen (1098 bis 1179), Mechthild von Magdeburg (1207 bis 1282)[48] und Meister Eckhart (1260 bis 1328): Sie vertreten eine lebensbejahende Religiosität, in welcher der Mensch nicht durch Erbsünde und Scham gedrückt, sondern Ebenbild Gottes ist. An den Philosophen der Menschenwürde, Immanuel Kant (1724 bis 1804), dem zufolge der Mensch »Zweck an sich« ist, nie nur »Mittel zum Zweck« sein darf.[49] An Adolph Kolping (1813 bis 1865), den Begründer des Kolpingwerkes. An Ferdinand Lassalle (1825 bis 1864) und die weiteren Begründer der linken und christlichen Bewegungen zum Kampf für die Würde der Arbeiter – bis hin zum Philosophen Ernst Bloch (1885 bis 1977).

••••••

48. Mechthild schrieb theologische Literatur in der Volkssprache statt Latein.
49. Vgl. Honnefelder (2009, 42); Barth (2009, 94).

Eine Kultur der Menschenwürde kann darüber hinaus anknüpfen an alte Lebensweisheiten, wie sie etwa in Volksmärchen tradiert sind: Darin werden häufig wichtige, unlösbar erscheinende Aufgaben gestellt. Stets sind es die arroganten, rücksichtslosen, gewalttätigen jungen Menschen, die scheitern. Gelöst wird die Aufgabe von denjenigen, die zunächst begriffsstutzig, unscheinbar, hässlich zu sein scheinen (eben diejenigen Heranwachsenden, die von unserem Schulsystem systematisch aussortiert werden).

Eine Kultur der Menschenwürde kann auch anknüpfen an alte Rituale und Traditionen wie das jüdisch-christliche Gebot, den siebten Tag zu ehren: die uralte Verpflichtung des Menschen, seine Grenzen gegen Überarbeitung zu schützen.[50]

Auch unsere neuen, zugewanderten Mitbürger können viel zu einer Kultur der Menschenwürde beitragen, etwa durch Rituale der Gastfreundschaft, die sie aus ihren traditionell sehr gastfreundlichen Heimatländern wie z. B. Griechenland oder der Türkei mitbringen.

Eine Kultur der Menschenwürde kann letztlich an die Resilienz anknüpfen: An die erstaunliche Fähigkeit des Menschen, entwürdigende Erfahrungen zu überstehen. Sowie an die menschliche Sehnsucht und die Grundbedürfnisse nach Schutz, Zugehörigkeit, Integrität und Anerkennung: An eine Sehnsucht, die in den meisten Menschen »wie Glut unter der Asche glimmt« (Baer & Frick-Baer 2009, 129).

50. Auch durch Artikel 140 des Grundgesetzes sind der Sonntag und die staatlich anerkannten Feiertage als Tage der Arbeitsruhe und der seelischen Erhebung gesetzlich geschützt.

Eine Kultur der Menschenwürde kann anknüpfen an die Sehnsucht nach dem, was Ernst Bloch (1985, 1628) zum Abschluss seines Werkes »Das Prinzip Hoffnung« beschreibt als das, »worin noch niemand war: Heimat«.

LITERATUR

Aly, Götz (2005). Hitlers Volksstaat. Raub, Rassenkrieg und nationaler Sozialismus. Frankfurt: S. Fischer.

Arnim, Gabriele von (1989). Das große Schweigen. Von der Schwierigkeit, mit dem Schatten der Vergangenheit zu leben. München: Knaur.

Anonyma (2003). Eine Frau in Berlin. Tagebuchaufzeichnungen vom 20. April bis 22. Juni 1945. Frankfurt: Eichborn Verlag.

Arnold, Rolf (2009). »Wir leiden immer noch an den Folgen einer rigiden Erziehungsmoral.« (Interview). In: Psychologie heute, Juli, S. 40–41.

Auras, Thomas (2008). »Gib dem Gerhard auch mal den Ball!« In: Sportpädagogik 6, S. 10f.

B., Sebastian (2006). Abschiedsbrief. Im Internet verfügbar unter: http://www.n-tv.de/734961.html (Zugriff 31.1.2007).

Baer, Udo & Frick-Baer, Gabriele (2008). Vom Schämen und Beschämtwerden. Weinheim: Beltz Verlag.

dies. (2009). Würde und Eigensinn. Weinheim: Beltz Verlag.

Baldauf, Dieter (2004). Die Folter. Eine deutsche Rechtsgeschichte. Köln: Böhlau Verlag.

Barth, Hermann (2009). Würde und Werte im Verfassungsrecht. In: Christian Thies (Hg.). Der Wert der Menschenwürde. Paderborn: Schöningh, S. 93–105.

Bartsch, Matthias (2009). Ende des Aussortierens. In: Der Spiegel 50, S. 46–49.

Basel, Carolin u.a. (2008): Gemeinsam zum Ziel. Ideen für kooperative Schulsportfeste. In: Sportpädagogik 6, S. 29–37.

Bastian, Till & Hilgers, Micha (1990). Kain. Die Trennung von Scham und Schuld am Beispiel der Genesis. In: Psyche 44, S. 1100–1112.

Basoglu, Metin; Livanou, Maria & Crnobaric, Cvetana (2007). Torture vs Other Cruel, Inhuman, and Degrading Treatment. Is the Distinction Real or Apparent? In: Archives of General Psychiatry Vol. 64, No 3, March 2007, S. 277–285.

Bauer, Joachim (2002). Das Gedächtnis des Körpers. Wie Beziehungen und Lebensstile unsere Gene steuern. Frankfurt: Eichborn.

ders. (2005). Warum ich fühle, was du fühlst. Intuitive Kommunikation und das Geheimnis der Spiegelneuronen. Hamburg: Hoffmann und Campe.

ders. (2008). Lob der Schule. Sieben Perspektiven für Schüler, Lehrer und Eltern. München: Heyne.

Baumann, Zygmunt (2005). Verworfenes Leben. Die Ausgrenzung der Moderne. Bonn: Bundeszentrale für politische Bildung.

Beyer, Susanne (2010). 14 Tage lebenslänglich. In: Der Spiegel 8, S. 106–109.

Birnbacher, Dieter (2005). Mehrdeutigkeiten im Begriff der Menschenwürde. Im Internet verfügbar unter. www. gkpn.de/singer2.htm (Zugriff 2.2.2010).

Blech, Jörg u.a. (2009). »Wow, was für ein Gefühl!« In: Der Spiegel 44, S. 46–50.

Bleher, Christian (2008). Bitte nicht engagieren! In: Badische Zeitung 8.8.2008, S. 3.

Bloch, Ernst (1985). Das Prinzip Hoffnung. Frankfurt: Suhrkamp.

Böhmer, Martina (2000). Erfahrungen sexualisierter Gewalt in der Lebensgeschichte alter Frauen. Frankfurt: Mabuse.

Bölsche, Jochen (2002). Pfusch am Kind. In: Der Spiegel 20, S. 96–123.

Bönisch, Georg (2008). »Verwirrte Zeitverhältnisse«. In: Der Spiegel 11, S. 52.

Böttger, Ilona (2001). Zukunftswerkstatt. In: sowi-online-Methodenlexikon. Im Internet verfügbar unter: www.sowi-online.de/methoden/lexikon/zukunftswerkstatt-boettger.htm (Zugriff: 11.5.2010).

Bologne, Jean-Claude (2001). Nacktheit und Prüderie. Eine Geschichte des Schamgefühls. Weimar: Verlag Hermann Böhlaus Nachf.
Bradshaw, John (2006). Wenn Scham krank macht. Verstehen und Überwinden von Schamgefühlen. München: Knaur.
Brähler, Elmar; Decker, Otmar & Radebold, Hartmut (2003). Beeinträchtigte Kindheit und Jugendzeit im Zweiten Weltkrieg. Fassbare Folgen bei den Geburtsjahrgängen 1930–1945. In: Psychosozial Jg. 26, Nr. 92, Heft 2, S. 51–59.
Braining, Elisabeth (1998). Entschädigung — Wiedergutmachung oder erneute Traumatisierung? Im Internet verfügbar unter: www.univie.ac.at/jugend-ns/html/brainin01.htm (Zugriff 26.1.2010).
Brauck, Markus (2009). Die Reality-Falle. In: Der Spiegel 43, S. 86–88.
Bredow, Rafaela von; Dworschak, Manfred; Müller, Martin & Rosenbach, Marcel (2010). Ende der Privatheit. In: Der Spiegel 2, S. 58–69.
Brendler, Konrad (1997). Die NS-Geschichte als Sozialisationsfaktor und Identitätsballast der Enkelgeneration. In: Dan Bar-On; Konrad Brendler & Paul Hare (Hg.). Da ist etwas kaputtgegangen an den Wurzeln ... Identitätsformationen deutscher und israelischer Jugendlicher im Schatten des Holocaust. Frankfurt: Campus, S. 53–104.
Brinkbäumer, Klaus (2001). Weiß, deutsch, schwach. In: Der Spiegel 19, S. 169–172.
Brueggemann, Walter (1985). The Prophetic Imagination. Philadelphia: Fortress Press.
Buber, Martin (1992). Das dialogische Prinzip. Gerlingen: Bleicher Verlag.
Budde, Jürgen & Reemtsma, Reemt (2008). Jungen entkommen der Mausefalle. In: Sportpädagogik 6, S. 24f.
Campino (2007). Leben nach dem Töten. In: FR-online 1.6.2007, Im Internet verfügbar unter: www.fr-online.de/in_und_ausland/politik/dossiers/afrika_spezial/1146593_Campino-ueber-Kindersoldaten-Leben-nach-dem-Toeten.html (Zugriff: 6.4.2010).
Casals, Pablo (1971). Licht und Schatten auf einem langen Weg. Frankfurt: S. Fischer.
Cohn, Ruth (2008). Große Gruppe – kleine Gruppe – kleine Schritte – große Schritte. In: Themenzentrierte Interaktion 2, S.65–79.
Collodi, Carlo (1990). Pinocchio. Wien: Carl Ueberreuter.
Csikszentmihalyi, Mihaly (2002). Flow. Stuttgart: Klett-Cotta.
Czerny, Sabine (2008). »Ich kenne kein Kind, das nicht lernen will«. (Interview). In: www.ganztagsschulen.org., 9.12.2008. Im Internet verfügbar unter: http://www.ganztagsschulen.org/10421.php (Zugriff: 27.4.2010)
Dahlkamp, Jürgen (2009). Stoned vor dem Schirm. In: Der Spiegel 12, S. 48–55.
Dallmann, Gerhard (2007). »Ich bin größer als du« (Interview). In: Der Spiegel 38, S. 175–178.
Deggerich, Markus u. a. (2006): Virus im Programm. In: Der Spiegel 48, S. 36–39.
ders. (2009). Der letzte Kampf. In: Der Spiegel 5, S. 37f.
Deutsches Ärzteblatt (2009). Der Feind in meinem OP. In: Deutsches Ärzteblatt, Jahrgang 106, Heft 14, 3. April 2009. Im Internet verfügbar unter: www.aerzteblatt.de/V4/archiv/artikel.asp?src=heft&id=64061 (Zugriff 7.5.2010).
Dülmen, Richard van (1985). Theater des Schreckens. Gerichtspraxis und Strafrituale in der frühen Neuzeit. München: C.H.Beck.
Duerr, Hans Peter (1988). Der Mythos vom Zivilisationsprozess. Bd. 1: Nacktheit und Scham. Frankfurt: Suhrkamp.
Dworschak, Manfred (2010). Helden auf Bewährung. In: Der Spiegel 15, S. 124–134.
Ehlers, Fiona (2008). Wo die wilden Kerle wohnen. In: Der Spiegel 7, S. 54–58.
Einzmann, Simone (2009). Armut schädigt das Gehirn. In: Psychologie heute, Juli, S. 16.
Eissler, Kurt R. (1963) : Die Ermordung von wievielen seiner Kinder muß ein Mensch symptomfrei ertragen können, um eine normale Konstitution zu haben? In: Psyche 17, S. 241–291.
Elger, Katrin; Kneip, Ansbert & Theile, Merlind (2009). Für immer fremd. In: Der Spiegel 5, S. 32–36
Elias, Norbert (1939/ 1969). Über den Prozeß der Zivilisation. 2 Bde. Bern: Francke.

Ennulat, Gertrud (2008). Kriegskinder. Stuttgart: Klett Cotta.
Evans, Richard (1984). Öffentlichkeit und Autorität. Zur Geschichte der Hinrichtungen in Deutschland vom Allgemeinen Landrecht bis zum Dritten Reich. In: Heinz Reif (Hg): Räuber, Volk und Obrigkeit. Studien zur Geschichte der Kriminalität in Deutschland seit dem 18. Jahrhundert. Frankfurt: Suhrkamp, S. 185–258.
Färberböck, Max (2008): Anonyma – Eine Frau in Berlin (Film).
Fanon, Frantz (1969). Die Verdammten dieser Erde. Reinbek: Rowohlt.
Faulenbach, Bernd (2002). Die Vertreibung der Deutschen aus den Gebieten jenseits von Oder und Neiße. Zur wissenschaftlichen und öffentlichen Diskussion in Deutschland. In: Aus Politik und Zeitgeschichte B 51–52/2002, S. 44–54
Findeis-Dorn, Christine (2005). Achtsamkeit üben im Dialog. In: Christiane Neuen (Hg.): Einander anerkennen. Eine neue Beziehungskultur. Düsseldorf: Patmos, S. 143–165.
Fleischhauer, Jan u. a. (2010). Aufstieg einer Sünderin. In: Der Spiegel 9, S.66–74.
Flowers, Nancy (Redaktion, 2009). Compasito. Handbuch zur Menschenrechtsbildung mit Kindern. Hg. vom Deutschen Institut für Menschenrechte u. a., Berlin.
Frankfurter Rundschau (2009). Turnen: Wir haben überlebt. In: Frankfurter Rundschau 29.5.2009, S. 44f. Im Internet verfügbar unter: www.fr-online.de/frankfurt_und_hessen/dossiers/deutsches_turnfest_2009/1776237_Turnen-Wir-haben-ueberlebt.html (Zugriff: 5.5.2010).
Frankl, Viktor (1972). Der Mensch auf der Suche nach Sinn. Stuttgart: Ernst Klett.
Fricke, Beatrix (2010). Auch Anschreien ist Gewalt. In: Berliner Morgenpost vom 29.4.2010. Im Internet verfügbar unter: www.morgenpost.de/familie/article1299997/Auch-Anschreien-ist-Gewalt.html (Zugriff: 30.4.2010).
Fricke, Karl Wilhelm (1989). Die DDR-Staatssicherheit. Entwicklung, Strukturen und Aktionsfelder. Köln: Verlag Wissenschaft und Politik.
Friedmann, Jan (2010). Ehrlose Frauen. In: Der Spiegel 3, S. 37.
Fritzsche, K. Peter (2009). Menschenrechte. Eine Einführung mit Dokumentation. Paderborn: Schöningh.
Füller, Christian (2009). Strafversetzt wegen guter Noten. Grundschul-Rebellin erhält Courage-Preis. In: Spiegel-Online. Im Internet verfügbar unter: www.spiegel.de/schulspiegel/wissen/0,1518,628411,00.html (Zugriff: 7.5.2010).
Funke, Hajo (2001). Rechtsextremismus 2001. Eine Zwischenbilanz. Verwahrlosung und rassistisch aufgeladene Gewalt – Zur Bedeutung von Familie, Schule und sozialer Integration. In: Roland Eckert u. a. (Hg.). Demokratie lernen und leben. Eine Initiative gegen Rechtsextremismus, Rassismus, Antisemitismus, Fremdenfeindlichkeit und Gewalt. Band I: Probleme – Voraussetzungen – Möglichkeiten. Weinheim: Freudenberg Stiftung, S. 59–108.
Geißler, Karlheinz (1993). Zeit leben. Vom Hasten und Rasten, Arbeiten und Lernen, Leben und Sterben. Weinheim: Beltz Verlag.
Giesecke, Jens (2000). Die hauptberuflichen Mitarbeiter der Staatssicherheit. Personalstruktur und Lebenswelt 1950–1989/90. Berlin: Chr. Links Verlag.
Grimm, Dieter (2008). Was ist erlaubt? In: Die Zeit 49, S. 14.
Gröning, Katharina (2001). Entweihung und Scham. Grenzsituationen in der Pflege alter Menschen. Frankfurt: Mabuse.
Grube, Thomas & Lansch, Enrique Sánchez (2004). Rhythm Is It! (Dokumentarfilm).
Haarer, Johanna (1934). Die deutsche Mutter und ihr erstes Kind. Berlin: C. F. Lehmanns Verlag.
dies. (1987). Die Mutter und ihr erstes Kind. München: Carl Gerber Verlag.
Hafeneger, Benno; Henkenborg, Peter & Scherr, Albert (Hg.) (2002). Pädagogik der Anerkennung. Grundlage, Konzepte, Praxisfelder. Schwalbach: Wochenschau Verlag.
Hammerer, Franz (2001). Der Fehler – eine pädagogische Schlüsselsituation und Herausforderung. In: Erziehung und Unterricht H. 1–2, S. 37–50.

Haneke, Michael (2009). Das weiße Band. Eine deutsche Kindergeschichte (Film).
Heinisch, Brigitte (2008). Satt und sauber? Eine Altenpflegerin kämpft gegen den Pflegenotstand. Reinbek: Rowohlt.
Heinzelmann-Arnold, Irene (2001). Streitschlichtung: Und so wird's gemacht. In: Lernende Schule 13, S. 18–19.
Henke-Bockschatz, Gerhard (2004). Der ›Holocaust‹ als Thema im Geschichtsunterricht. In: Wolfgang Mesetz, Matthias Proske & Frank-Olaf Radtke (Hg.). Schule und Nationalsozialismus. Frankfurt: Campus.
Herrmann, Horst (2004). Die Folter. Eine Enzyklopädie des Grauens. Frankfurt: Eichborn.
Heyne, Claudia (1993). Täterinnen: offene und versteckte Aggression von Frauen. Zürich: Kreuz.
Hilgers, Micha (2006). Scham. Gesichter eines Affekts. Göttingen: Vandenhoeck & Ruprecht.
Hilkens, Myrthe (2010). McSex. Die Pornofizierung unserer Gesellschaft. Berlin: Orlanda Verlag.
Hirsch, Matthias (1998). Schuld und Schuldgefühl. Zur Psychoanalyse von Trauma und Introjekt. Göttingen: Vandenhoeck & Ruprecht.
Honnefelder, Ludger (2009). Würde und Wert. In: Christian Theis (Hg.). Der Wert der Menschenwürde. Paderborn: Schöningh, S. 33– 43.
Hosseini, Khaled (2003). Der Drachenläufer. Berlin: Berlin Verlag.
Icaza, Jorge (1978). Huasipungo. Bornheim: Lamuv.
IFAK (2008): Motivation und Engagement am Arbeitsplatz sinkt. Im Internet verfügbar unter: www.ifak.com/de/ifak-jubil-um/motivation-und-engagement-am-arbeitsplatz-sinken.html (Zugriff 10.5.2010).
Irle, Katja (2010). Die tägliche Beschämung. In: Frankfurter Rundschau 7.4.2010, S. 12.
Jeder dritte Schüler wird gemobbt. In: Badische Zeitung 25.10.2005, S. 6.
Jelpke, Ulla (2003). Gewöhnung an die Folter. In: Ossietzky 5 /2003. Im Internet verfügbar unter: www.sopos.org/aufsaetze/3e7e100e22e86/1.phtml (Zugriff: 8.1.2010).
Jennert, Ingrid (2008). Minutenpflege. In: Badische Zeitung vom 24.11.2008, S. 23.
Jessen, Jens (2009). Jeder, der bei Vernunft ist. In: Die Zeit 2.7.2009. Im Internet verfügbar unter: http://www.zeit.de/2009/28/L-S-Menschenwuerde (Zugriff: 20.7.2010).
Joeres, Annika (2010). Beamter war »unmittelbar« bei Geburt dabei. In: Frankfurter Rundschau 30.4.2010, S. 6
Jungk, Robert & Müllert, Norbert (1981/1989). Zukunftswerkstätten. Mit Phantasie gegen Routine und Resignation. München: Heyne.
Kästner, Erich (2006). Das fliegende Klassenzimmer. Hamburg: Cecilie Dressler Verlag.
Kahl, Reinhard (2004). Treibhäuser der Zukunft. Wie in Deutschland Schulen gelingen. Weinheim: Beltz.
ders. (2009a). Wenn Üben glücklich macht. In: Zeit Online Schule, 7.9.2009. Im Internet verfügbar unter: www.zeit.de/online/2008/36/lernen-ueben-musik (Zugriff 30.4.2010).
ders. (2009b). Vorwort. In: Kegler, Ulrike (2009). In Zukunft lernen wir anders. Weinheim: Beltz, S. 6–11.
Kaiser, Simone (2010). »Die Schule soll bezahlen«. In: Der Spiegel 16, S. 44–46.
Kegler, Ulrike (2009). In Zukunft lernen wir anders. Weinheim: Beltz.
Kermani, Navid (2009). Wer sind Wir? Deutschland und seine Muslime. München: C.H. Beck.
Kistler, Petra (2008). Problemfall Abbrecher. In: Badische Zeitung 12.11.2008. Im Internet verfügbar unter: http://www.badische-zeitung.de/ratgeber/berufkarriere/problemfall-abbrecher--7710469.html (Zugriff 30.9.2009).
Klinge, Antje (2009). Die Scham ist nie vorbei! Beschämung im Schulsport – eine sportpädagogische Herausforderung. In: Sportunterricht 58, Heft 10, S. 296–301.

Kloth, Hans Michael (2007). Der Henker kam von hinten. Todesstrafe in der DDR. In: SPIEGEL ONLINE 13. Juli 2007. Im Internet verfügbar unter: www.spiegel.de/panorama/zeitgeschichte/0,1518,druck-494202,00.html (Zugriff: 3.2.2010).
Klug, Heiner (2001). Musizieren zwischen Virtuosität und Virtualität. Praxis, Vermittlung und Theorie des Klavierspiels in der Medienperspektive. Essen: Verlag Die Blaue Eule.
Knopf, Dagmar (2006). Werden verunsicherte Männer zu Machos? In: Psychologie heute, Januar, S. 12.
Koch, Sannah (2007). Wie erkennt man School Shooter? In: Psychologie heute, November, S. 34–39.
dies. (2009). Erziehung zum Rechtsextremismus? In: Psychologie heute, April, S. 13.
Koenen, Gerd (2001). Und in den Herzen Asche. In: Der Spiegel 35, S.156–161.
Köpp, Gabi (2010). »Warum war ich bloß ein Mädchen?« München: Herbig Verlag.
Korczak, Janusz (2001). Das Recht des Kindes auf Achtung. Gütersloh: GTB.
Krumm, Volker & Eckstein, Kirstin (2001). »Geht es Ihnen gut oder haben Sie noch Kinder in der Schule?« Erweitere Fassung eines Vortrags auf der ÖGIF Jahrestagung 2001, im Internet verfügbar unter: http://www.sbg.ac.at/erz/artikel/klagenfurt_endfassung.doc (Zugriff 16.1.2007).
Krumm, Volker & Weiß, Susanne (2000). Ungerechte Lehrer. Zu einem Defizit in der Forschung über Gewalt an Schulen. In: psychosozial 23, S. 57–73.
Krystal, Henry (1968). Massive psychic trauma. New York: International University Press.
Kuwertz, Anna (2003). Musik und Bewegung im Dialog – künstlerisches Lernen im neuen Paradigma. In: Rhythmik H. 4, November, S. 4–8.
Lakotta, Beate (2008). »Es tut ein ganzes Leben weh«. In: Der Spiegel 19, S. 62f.
Lanier, Jaron (2010). »Dynamik der Meute« (Interview). In: Der Spiegel 4, S. 128f.
Largo, Remo & Beglinger, Martin (2009). Schülerjahre: Wie Kinder besser lernen. München: Piper.
Lenz, Hans-Joachim (2007). Männer und die Widerfahrnisse des Krieges. In: Mike Penkwitt (Hg.): Erinnern und Geschlecht, Band II. Freiburg: Jos Fritz Verlag (Freiburger Frauenstudien – Zeitschrift für interdisziplinäre Frauenforschung. Ausgabe 20), S. 159–192.
Levi, Primo (1990). Die Untergegangenen und die Geretteten. München: Carl Hanser.
Lewis, Michael (1993). Scham. Annäherung an ein Tabu. Hamburg: Kabel.
Lindner, Evelin (2006). Making Enemies. Humiliation and International Conflict. Westport: Praeger Security International.
Lucassen, Hanna (2009). »Es hat getroffen«. Gesundheitsberufler sprechen über Ekel- und Schamgefühle. In: Dr. med. Mabuse Nr. 181, S. 22–25.
Maaßen, Julia (2008): Scham und Beschämung im Sportunterricht – Analysen, Konzepte und Perspektiven. Freiburg: Pädagogische Hochschule, unveröffentl. Hausarbeit.
Marks, Stephan (2007). Warum folgten sie Hitler? Die Psychologie des Nationalsozialismus. Düsseldorf: Patmos.
ders. (2009a). Scham – die tabuisierte Emotion. Düsseldorf: Patmos (2. Aufl.).
ders. (2009b). Pädagogik im Nationalsozialismus. In: Elisabeth Zwick (Hg.). Spiegel der Zeit – Grundkurs Historische Pädagogik III, Renaissance bis Gegenwart. Berlin: LIT-Verlag, S. 211–230.
Meyer, Cordula (2010). Dämonen im Kopf. In: Der Spiegel 12, S. 128–131.
Miethling, Wolf (2002). Gewalt im Sportunterricht. In: Sportpädagogik 2, S. 4–10.
Miller, Alice (1980). Am Anfang war Erziehung. Frankfurt: Suhrkamp.
dies. (1981). Du sollst nicht merken. Variationen über das Paradies-Thema. Frankfurt: Suhrkamp.
Mitscherlich, Alexander (1963/2003). Auf dem Weg zur vaterlosen Gesellschaft. Ideen zur Sozialpsychologie. Weinheim: Beltz
Möller, Diemuth (2008). Scham und Beschämung am Beispiel des Sportunterrichts. Freiburg: Pädagogische Hochschule, unveröffentl. Hausarbeit.

Müller, Daniel & Rossi, David (2010). Rückfall nach Massnahmenvollzug. Eine Studie zur Rückfälligkeit von jungen Erwachsenen aus den Massnahmenzentren Arxhof und Uitikon. Im Internet verfügbar unter: www.baselland.ch/fileadmin/baselland/files/docs/jpd/arxhof/rueckfallstudie.pdf (Zugriff: 29.4.2010).
Müller-Dietz, Heinz (2009). Aktuelle Trends im Umgang mit Straftaten und Straftätern. Vortrag auf der Fachwoche der Strafgefangenenhilfe Achten statt Ächten in Straffälligenhilfe und Kriminalpolitik, 23.-25.11.2009, Ludwigshafen.
Nadolny, Sten (1983). Die Entdeckung der Langsamkeit. München: Piper.
Nathanson, Donald (1987). A timetable for shame. In: ders. (Hg.). The many faces of shame. New York: Guilford, S. 1–63.
Neckel, Sighard (1991). Status und Scham. Zur symbolischen Reproduktion sozialer Ungleichheit. Frankfurt: Campus.
ders. (2009). »Kaum hat man Erfolg, muss man schon zum nächsten jagen« (Interview). In: Psychologie heute, November S. 44–49.
Nietzsche, Friedrich (1882/ 1965). Die fröhliche Wissenschaft. Sämtliche Werke Bd. 5. Stuttgart: Alfred Kröner.
Oeftering, Tonio (2009). Scham – eine ›vergessene‹ Emotion in der historisch-politischen Bildung zum Nationalsozialismus? In: ders. (Hg.): Texte zur Menschenrechtspädagogik. Berlin: LIT-Verlag, S. 87–92.
Oehmke, Phill (2008). Big Brother im Netz. In: Der Spiegel 31, S. 144f.
Orbach, Susie (2010). Bodies. Schlachtfelder der Schönheit. Zürich: Arche Verlag.
Oser, Fritz & Spychiger, Maria (2005): Lernen ist schmerzhaft. Zur Theorie des Negativen Wissens und zur Praxis der Fehlerkultur. Weinheim: Beltz Pädagogik.
Osten, Manfred (2006). Die Kunst, Fehler zu machen. Frankfurt: Suhrkamp.
Paul, Axel (2007). Die Gewalt der Scham. Elias, Duerr und das Problem der Historizität der Gefühle. In: Mittelweg 36, S. 77–99.
Pingel-Schliemann, Sandra (2002). Zersetzen. Strategie einer Diktatur. Berlin: Robert-Havelmann-Gesellschaft.
Pollmann, Arnd (2005). Integrität. Aufnahme einer sozialphilosophischen Personalie. Bielefeld: Transcript Verlag.
Prengel, Annedore (2002). »Ohne Angst verschieden sein« – Mehrperspektivische Anerkennung von Schulleistungen in einer Pädagogik der Vielfalt. In: Benno Hafeneger, Peter Henkenborg & Albert Scherr (Hg.). Pädagogik der Anerkennung. Grundlage, Konzepte, Praxisfelder. Schwalbach: Wochenschau Verlag, S. 203–221.
dies. (2006). Leiblichkeit und die Pädagogik der Vielfalt – Anregungen für sportpädagogische Diskurse. In: Wolf Miethling & Claus Krieger (Hg.). Zum Umgang mit Vielfalt als sportpädagogische Herausforderung. Ahrensburg: Czwalina-Verlag, S. 17–26.
Prengel, Annedore & Heinzel, Friederike (2003). Anerkennungs- und Missachtungsrituale in schulischen Geschlechterverhältnissen. In: Christoph Wulf & Jörg Zirfas (Hg.). Zeitschrift für Erziehungswissenschaft: Innovation und Ritual. Jugend, Geschlecht und Schule, Beiheft 2. Opladen: Leske + Budrich, S. 115–128.
Raschka, Johannes (2000. Justizpolitik im SED-Staat. Köln: Böhlau Verlag.
Radebold, Hartmut (2005). Die dunklen Schatten unserer Vergangenheit. Ältere Menschen in Beratung, Psychotherapie, Seelsorge und Pflege. Stuttgart: Klett-Cotta.
Reddemann, Luise (2009). Würde, ein vergessener Wert in der Psychotherapie? In: Brigitte Dorst; Christiane Neuen & Wolfgang Teichert (Hg.). Würde. Eine psychologische und soziale Herausforderung. Düsseldorf: Patmos, S. 9–29.
Reiter, Johannes (2004). Menschenwürde als Maßstab. In: Aus Politik und Zeitgeschichte B 23–24. Im Internet verfügbar unter: www.bpb.de/publikationen/E758U5,0,Menschw%FCrde_als_M%DFstab.html (Zugriff: 28.5.2010).
Riedel, Ingrid (1991). Hans mein Igel. Wie ein abgelehntes Kind sein Glück findet. Stuttgart: Kreuz.

Robert Koch Institut (2006). Erste Ergebnisse der KiGGs-Studie zur Gesundheit von Kindern und Jugendlichen in Deutschland. Im Internet verfügbar unter: www.kiggs.de/experten/downloads/dokumente/kiggs_elternbroschuere.pdf (Zugriff 25.3.2010).

Rohlfes, Joachim (2005): Geschichte und ihre Didaktik. Göttingen: Vandenhoeck & Ruprecht.

Rosenberg, Marshall (2009). Gewaltfreie Kommunikation. Eine Sprache des Lebens. Paderborn: Junfermann.

Rossi, Renato (2009). Die Bedeutung der Würde im Behandlungsprozess von jungen Straftätern. Vortrag auf der Fachwoche der Strafgefangenenhilfe Achten statt Ächten in Straffälligenhilfe und Kriminalpolitik, 23.–25.11.2009, Ludwigshafen.

Rushdie, Salman (1990). Scham und Schande. München: Piper.

Rutschky, Katharina (Hg.) (1977): Schwarze Pädagogik. Quellen zur Naturgeschichte der bürgerlichen Erziehung. Berlin: Ullstein.

Said, Erika (1981). Zur Situation der Lehrerinnen in der Zeit des Nationalsozialismus. In: Frauengruppe Faschismusforschung (Hg.). Mutterkreuz und Arbeitsbuch. Zur Geschichte der Frauen in der Weimarer Republik und im Nationalsozialismus. Frankfurt: Fischer Tb, S. 105–130.

Saint-Exupéry, Antoine de (2006). Der kleine Prinz. Düsseldorf: Karl Rauch, 63. Aufl.

Schimpf-Herken, Ilse (1979). Erziehung zur Befreiung? Paulo Freire und die Erwachsenenbildung in Lateinamerika. Berlin: Sozialpolitischer Verlag SPV.

Schmerbitz, Helmut & Seidensticker, Wolfgang (1997). Sportunterricht und Jungenarbeit. In: Sportpädagogik 6, S. 25 – 37.

Schmider, Franz (2005). Notwendige Fehler. In: Badische Zeitung 14.4.2005, S. 4

Schmitz-Berning , Cornelia (1998). Vokabular des Nationalsozialismus. Berlin: de Gruyter.

Schöneborn, Katharina (2007). Theoretische und empirische Analyse der Problematik ›Beschämung im Sportunterricht‹. Freiburg: Pädagogische Hochschule, unveröffentl. Hausarbeit.

Schore, Allan (1998). Early Shame Experiences and Infant Brain Development. In: Paul Gilbert & Bernice Andrews (Hg.): Shame. Interpersonal Behavior, Psychopathy, and Culture. New York: Oxford University Press, S. 57–77.

Schüller, Anne (2008). Richtig loben. Anerkennung als Instrument der Mitarbeiterführung. In: Perspektive Mittelstand 7.4.2008. Im Internet verfügbar unter: www.perspektive-mittelstand.de/Richtig-loben-Anerkennung-als-Instrument-der-Mitarbeiterfuehrung-/management-wissen/print/1831.html (Zugriff 8.4.2010).

Schüttauf, Konrad; Specht, Ernst & Wachenhausen, Gabriela (2002). Das Drama der Scham. Göttingen: Vandenhoeck & Ruprecht.

Schwarze, Gisela (2009). Es war wie Hexenjagd. Die vergessene Verfolgung ganz normaler Frauen im Zweiten Weltkrieg. Münster: Ardey-Verlag.

Sidiropoulos, Lazaros (2008). Die »Würde des Menschen« als Leitprinzip in den ethischen und rechtlichen Diskursen der Moderne. München: DVH-Verlag.

Siegrist, Johannes (2004). Soziale Determinanten von Herz-Kreislauf-Krankheiten – neue Erkenntnisse und ihre Bedeutung für die Prävention. Paderborn: Schöningh.

Simon, Annette (1992). Osten: ›Alles Kriecher und Spitzel?‹ Die Beschämung des Ost-Zwillings ist der Schamlosigkeit des West-Zwillings geschuldet. In: enfant t. 2, S. 81–88.

Singer, Kurt (2005). Wenn Lehrer Schüler seelisch verletzen. Veröffentlichung der Aktion Humane Schule. Im Internet verfügbar unter: http://www.aktion-humane-schule.de/Wenn_Lehrer_Schuler_seelisch_verletzen_-_Die_Wurde_des_Schulers_ist_antastbar.pdf (Zugriff: 12.12.2009).

Shenk, Joshua (2009). Was das Leben gelingen lässt. In: Psychologie heute, November, S. 28–33.

Sobiech, Gabriele 2008). Weg mit den Schablonen. In: Sportpädagogik 6, S. 12–14.

Sobiech, Gabriele & Marks, Stephan (2008). Beschämungen vermeiden: Anderssein respektieren. In: Sportpädagogik H. 6, S. 4–8.
Sonnenmoser, Marion (2009). Opfer empfinden tiefe Hilflosigkeit. In: Deutsches Ärzteblatt PP, H. 6, S. 271f.
Sontheimer, Michael (2008). Jung, gut und unerwünscht. In: Der Spiegel 21, S. 52f.
Spychiger, Maria (2007). Zur Rolle der Scham beim Lernen aus Fehlern und beim Aufbau von Normen und Fehlerkultur. In: Stephan Marks (Hg.). Scham – Beschämung – Anerkennung. Berlin: LIT-Verlag, S. 71–88.
Swertz, Christian & Wallnöfer, Elsbeth (2006): Internet und Scham – Sensationen, Skurrilitäten und Tabus im Internet. In: Sonja Ganguin & Uwe Sander (Hg.). Sensationen, Skurrilitäten und Tabus in den Medien. Wiesbaden: VS Verlag für Sozialwissenschaften, S. 69–76. Im Internet verfügbar unter: www.springerlink.com/content/m76743377225ux35/fulltext.pdf (Zugriff: 24.3.2010).
Symington, Neville (1999). Narzißmus. Neue Erkenntnisse zur Überwindung psychischer Störungen. Giessen: Psychosozial.
Teegen, Frauke & Meister, Verena (2000). Traumatische Erfahrungen deutscher Flüchtlinge am Ende des II. Weltkrieges und heutige Belastungsstörungen. In: Zeitschrift für Gerontopsychologie & -psychiatrie, 18. Jg., H. 13, S. 112–124.
Thies, Christian (Hg., 2009): Der Wert der Menschenwürde. Paderborn: Schöningh.
Thürmer-Rohr, Christina (2002). Das Gewicht des Anderen. In: Freitag 26, 21.6.2002. Im Internet verfügbar unter: www.freitag.de/2002/26/02261101.php (Zugriff: 13.5.2009).
Tiedemann, Paul (2006).Was ist Menschenwürde? Darmstadt: Wissenschaftliche Buchgesellschaft.
Vaulont, Manuel & Marks, Stephan (2009). Welche Emotionen haben Schüler zu Deutschland und seiner Geschichte? Eine Pilotstudie. Freiburg (unveröffentl. Manuskript).
Vázquez-Figueroa, Alberto (1989). Tuareg. München: Goldmann.
Weber, Doris (2010). ... aber das ist doch meine Mama. In: Publik-Forum 7, S. 46–50.
Wehner, Gudrun (2005). Wenn Mädchen sich verweigern. In: Sportpädagogik 2, S. 32f.
Werkentin, Falco (1995). Politische Strafjustiz in der Ära Ulbricht. Vom bekennenden Terror zur verdeckten Repression, Berlin: Ch. Links Verlag.
Wette, Wolfram (1995). Wehrmacht-Deserteure im Wandel der öffentlichen Meinung (1980–1995). In: Wolfram Wette (Hg.). Deserteure der Wehrmacht: Feiglinge – Opfer – Hoffnungsträger? Essen: Klartext, S. 14–27.
Wettlaufer, Jörg (1999): Das Herrenrecht der ersten Nacht. Hochzeit, Herrschaft und Heiratzins im Mittelalter und in der frühen Neuzeit. Frankfurt: Campus.
Wetz, Franz Josef (2005): Illusion Menschenwürde. Stuttgart: Klett-Cotta.
Wüllenweber, Walter (2010). Was der Mensch zum Leben braucht. In: Stern 6, S. 44–51.
Wichmann, Corinna (2010). Das perfekte Gefängnis (Interview). In: Der Spiegel 18, S. 50.
Wierlacher-Engelhardt, Monika (2009). Die Räuber – Schuld und Entschuldigung. Freiburg (unveröffentl. Manuskript).
Wurmser, Leon (1997). Die Maske der Scham. Zur Psychoanalyse von Schamaffekten und Schamkonflikten, Berlin: Springer.
ders. (2007). Scham, Schamabwehr und tragische Wahrheit. In: Stephan Marks (Hg.). Scham – Beschämung – Anerkennung. Berlin: LIT-Verlag, S. 19–32.
Ziegler, Jean (2007). Das Imperium der Schande. Der Kampf gegen Armut und Unterdrückung. München: Pantheon.
Zimbel, René (2008). Der zählende Mensch. Was Emotionen mit Mathematik zu tun haben. Göttingen: Vandenhoeck & Ruprecht.
Zimmer, Anne-Christin (2008). Schamlos mit Regeln spielen. In: Sportpädagogik 6, S. 20–23.